与孩子无话不谈

如何跟孩子聊成长中的重要话题

[美] 罗宾·西尔弗曼 著

肖坤雪 译

Talk to Kids
about
Anything

湖南教育出版社

· 长沙 ·

图书在版编目（CIP）数据

与孩子无话不谈：如何跟孩子聊成长中的重要话题 /
(美) 罗宾·西尔弗曼著；肖坤雪译. -- 长沙：湖南教育出版
社, 2025. 3. -- ISBN 978-7-5754-0483-9

Ⅰ. G78

中国国家版本馆CIP数据核字第20247TC233号

湖南省版权局著作权合同登记图字：18-2024-298

YU HAIZI WUHUABUTAN: RUHE GEN HAIZI LIAO
CHENGZHANG ZHONG DE ZHONGYAO HUATI

书　　名	与孩子无话不谈：如何跟孩子聊成长中的重要话题	
作　　者	［美］罗宾·西尔弗曼	
译　　者	肖坤雪	
责任编辑	张件元	
特约编辑	徐　昕	
装帧设计	page11	
出版发行	湖南教育出版社（长沙市韶山北路443号）	
网　　址	www.bakclass.com	
微 信 号	贝壳网教育平台	
客　　服	0731-85486979	
经　　销	新华书店	
印刷装订	北京中科印刷有限公司	
开　　本	710 mm×1000 mm　16开	
印　　张	26	
字　　数	322 000	
版　　次	2025年3月第1版	
印　　次	2025年3月第1次印刷	
书　　号	ISBN 978-7-5754-0483-9	
定　　价	59.80元	

如有质量问题，影响阅读，请与湖南教育出版社联系调换。

献给我的孩子们，

塔莉和诺亚，

让我们一直聊下去吧！

各方赞誉

罗宾博士的《与孩子无话不谈》堪称育儿领域为数不多的经典之作，建议每位父母人手一本，放在书架上随时温习——在孩子成长的各个阶段，你可以反复参考、翻阅和重复使用此书。

——蒂娜·佩恩·布赖森（Tina Payne Bryson），

《全脑教养法》（*The Whole-Brain Child*）的作者之一

这本书简直妙不可言。面对孩子们心血来潮抛出的问题，你措手不及，感觉这些问题很重要，但又发现自己支支吾吾、张口结舌……这本书就是你的救星。这是一部为最棘手的日常养育情境而准备的最真实的对话指南，它会让你与孩子的对话如鱼得水、游刃有余。

——内德·约翰逊（Ned Johnson），

《自驱型成长》（*The Self-Driven Child*）的作者之一

罗宾·西尔弗曼博士将数十年研究经验和数百次专家访谈融入这本温馨睿智、清晰全面的指南中，真正诠释了如何与孩子谈论任何事情。阅读本书就像与一位知识渊博的朋友进行愉快的交谈。这是送给所有父母的礼物。

——丽莎·达穆尔（Lisa Damour），

《青春期情绪密码》（*The Emotional Lives of Teenagers*）的作者

罗宾博士为我们提供了一本实用的育儿手册，通过现实生活中的具体实例，指导父母针对不同话题，如何与孩子们展开恰当的对话。她的对话指南可操作性强，言简意赅，是当下父母急需的资源。

——杰茜卡·莱希（Jessica Lahey），
《失败的礼物》（*The Gift of Failure*）的作者

在互联网文化大行其道的今天，让自己成为孩子们获取信息的首要来源不仅很重要，而且势在必行。在《与孩子无话不谈》一书中，罗宾博士向我们展示了如何做到这一点。

——米歇尔·博尔巴（Michele Borba），
《茁壮成长》（*Thrivers*）的作者

罗宾·西尔弗曼是一位宝藏作家，本书是送给广大父母和专业人士的绝佳礼物，因为他们都不可避免地会和孩子们讨论一些棘手的话题。西尔费曼博士将自己作为发展心理学家、母亲，甚至作为一个孩子的经验，与多年来与她交谈过的数百位专业人士的重要研究和智慧相结合，探讨如何与孩子谈话的问题。本书能帮助成年人以让孩子感到被理解、被爱和安全的方式与孩子沟通和交流。如果你需要与孩子谈论性、死亡、困难情绪、性别问题或其他棘手话题，这本书正适合你。当孩子们给你带来新的挑战并需要讨论时，相信我，你会一次又一次地查阅参考此书。

——威廉·斯蒂克斯鲁德（William Stixrud），
《自驱型成长》（*The Self-Driven Child*）的作者之一

罗宾·西尔弗曼分享了大量来自专家的广泛见解，能为父母们应对养育孩子的诸多挑战提供巨大帮助。

——乔安娜·法伯（Joanna Faber）和茱莉·金（Julie King），
《如何说宝贝才会听》（*How to Talk So Little Kids Will Listen*）的作者

与孩子谈论棘手话题，无疑是育儿中最难，但也最重要的环节。在这本充满睿智、深思熟虑且通俗易懂的书中，罗宾·西尔弗曼博士引导读者探讨一些最具挑战性的对话，并提供我们在与孩子们交流时所需的策略和话术，无论是关于友谊、犯错，还是离婚、死亡，题材应有尽有。我强烈推荐这本书给任何想要与孩子进行适时、恰当交流的父母们——也就是说，我们所有人。

——卡拉·农伯格（Carla Naumburg），

《如何停止和孩子发脾气》（*How to Stop Losing Your Sh*t with Your Kids*）的作者

随着孩子们不断成长，他们几乎会对每个话题——性、爱情、死亡、离婚等都有疑问。在孩子微妙、敏感的成长期，罗宾博士引导父母安然渡过了波涛汹涌、危机四伏的谈话困境。这是一本父母们的必读佳作！

——罗萨琳德·怀斯曼（Rosalind Wiseman），

《蜂后与蜂拥者》（*Queen Bees & Wannabes*）的作者

罗宾·西尔弗曼的话语平稳镇定，充满鼓励和同理心，这正是父母和其他照料孩子的人所需要的。在本书中，她不仅传授了相关科学知识，还提供了一系列可操作的交流策略、小诀窍和对话指南，无论是谈论友谊、金钱等日常话题，还是谈论性、死亡和多样性等艰难话题，她都给出了详尽的解答。读者可以随时查阅，找到解决当下问题的方法，同时把握下一次对话的主动权和方向感。

——克里斯蒂娜·科（Christine Koh），

《极简主义育儿》（*Minimalist Parenting*）的作者之一

这是一本值得父母反复研读的亲子谈话宝典，一本蕴含着深刻见解与实用智慧的好书，涵盖了在孩子情绪激动、抛出棘手问题或发表令人不适的言论时，父母所需掌握的核心谈话技巧与要点。

——纳芙蒂蒂·奥斯汀（Nefertiti Austin），

《白人母亲：美国种族、性别和育儿回忆录》（*Motherhood So White: A Memoir of Race, Gender, and Parenting in America*）的作者

《与孩子无话不谈》是与孩子进行艰难而关键对话的权威指南。罗宾·西

尔弗曼的神奇之处在于，她能够以深入浅出的方式，将最复杂的话题，如性、身体形象、金钱和离婚等，剖析得清晰明了。在此过程中，她为父母提供了所有需要的对话指南、技巧、工具和研究结果，帮助他们与孩子保持沟通顺畅，并自信地回答孩子们最具挑战性的问题。我对这本书爱不释手——对于任何想要培养健康、稳定情绪孩子的读者来说，这都是一本令人安心的必读佳作。

——菲莉丝·法格尔（Phyllis Fagell），

《中学超能力》（*Middle School Superpowers*）的作者

《与孩子无话不谈》是一本饱含珍贵建议、鼓励和舒心话语的宝藏之书，帮助父母在孩子们最需要他们时知道该说什么。罗宾博士的建议不仅反映了她深厚的同理心、丰富的经验，也展现了她在儿童心理发展研究领域中的卓越造诣。这本指南将成为父母的得力助手，帮助他们更从容地处理最艰难的对话。

——莫娜·德拉胡克（Mona Delahooke），

《全脑育儿》（*Brain-Body Parenting*）的作者

如果你和孩子谈论朋友、金钱、性或离婚等话题时曾经回避、搪塞，不知所措，这本书就是为你准备的。针对这些敏感话题，西尔弗曼博士提供了扎实的信息，通过引人入胜的章节，比如谈话要点、揭秘真相和应急对话指南，她将手把手指导你，助你胸有成竹地与孩子展开讨论。这是一本能够真正减轻父母焦虑的书！

——托马斯·W. 费伦（Thomas W. Phelan），

《1-2-3 魔法》（*1-2-3 Magic*）的作者

在《与孩子无话不谈》一书中，罗宾博士为父母提供了一份终极"备忘录"，教会我们以一种能够建立孩子自尊、能动性和亲密感的方式，自信地与孩子进行沟通和对话，包括应对最棘手、最艰难的话题。

——黛比·雷伯（Debbie Reber），

《不同思维》（*Differently Wired*）的作者

目录
CONTENTS

第1章

这又不是我的错！

如何与孩子谈论愤怒、悲伤及其他强烈情绪

1

第2章 为什么我总觉得不如别人做得好呢?

如何与孩子谈论自尊和身体形象

第3章 为什么他不愿意和我玩?

如何与孩子谈论友谊

第**4**章　　要是我搞砸了怎么办？

如何与孩子谈论错误和失败

第**5**章　　求你了，给我买一个吧！

如何与孩子谈论金钱

第6章　　最后，我们都会死吗？

如何与孩子谈论死亡

第7章　　妈妈，你是怎么把我生出来的？

如何与孩子谈论性

第 **8** 章　我们所有人都是平等的吗？

如何与孩子谈论多样性和包容性

第**9**章  为什么爸爸不和我们一起生活了？

如何与孩子谈论离婚和非传统家庭模式

如何与孩子聊好成长中的关键话题

那天，我正和女儿朋友的妈妈坐在公园长椅上，忽然，她转头对我说："我家弟弟最近一直问我有关死亡的问题。'你会死吗？那我会死吗？'半数时候，我完全不知道该怎么回答这些问题，只能支支吾吾搪塞过去，然后转移话题，比如问他们'谁想来点儿冰激凌呀？'"

这样的对话经常在父母和孩子之间上演，让人难以招架（比如，前一秒，我还在和儿子聊早餐麦片，下一秒，他就开始问我宝宝是怎么来的）。孩子的问题可能酝酿已久，也可能是心血来潮。它们可能出现在任何场景中——汽车后座、杂货店、入睡前，甚至是在影院排队的时候……面对这些忽然抛来的问题，我们也只能接招。但很多时候，它们来得猝不及防，没有任何预兆，让人一时语塞词穷，无法恰当回应，只能感受到一系列复杂的情绪——在真正为人父母之前，我们以为自己无所不知；面对这些情绪，才发现自己其实并未做好充分准备。

相信我，在有孩子之前，我一直都很善于表达。当不掺杂个人情感时，我思维清晰，冷静沉着，是全知全能的育儿专家。我不明白为什么有人在和自己的孩子谈论勇气、责任、犯错甚至死亡等重要话题时，会

觉得力不从心。只要开口说出来，问题不就解决了吗？

唉……没那么简单。现在我自己有了孩子，暗自庆幸还好没人给我评分。因为很多时候，我脑海里都有一个低低的声音对我说：是吗？你就这点儿水平了吗？

实际上，我们都只是凡人，不是谷歌，也不是维基百科，我们的人生经历各异，知识背景不同，对各种话题的接受度也有所差异。在育儿的非常时刻，实时给出一个充满智慧的答案绝非易事。但作为父母、老师和导师，我们还是想确保自己可以自信而完整地回答孩子们的问题，哪怕这些问题突如其来，让我们措手不及。

接着就是一而再，再而三地回答。

亲子间的关键谈话并非一次详尽的长谈，而是随着时间推移，由无数简短对话逐步积累而成。孩子们可能在4岁时忽然提起一个话题："这只虫子怎么不动了？"到了7岁又问："你死了以后，谁来照顾我呢？"9岁时再一个："罗弗死了以后，他的尸体会变成什么样呀？"14岁又一个："生与死有什么意义呢？"可能你的孩子会格外关注某个特定话题，不断向你抛出问题和感悟，这种马拉松式的交流会持续几小时、几天甚至几周。关键在于，在这些对话的时机出现时，你要保持开放的心态。研究表明，大多数年轻人认为在他们需要帮助或面临挑战时，能够求助的人还不到3个。那么，就让我们成为伸出援手的三者之一吧。

归根结底，对话是孩子成长的关键。在对话过程中，他们能够学着融入成人世界，学会如何表达、如何求助、如何理解和调节情绪，尤其是离开父母后，如何应对自己身体、思想和周围世界的变化。每一次对话交流，都是他们学习、沟通、发现、理解、反思和成长的宝贵机会。

遗憾的是，很多家长不会和孩子谈论那些难以启齿的话题。他们可能想谈，但不知该从何谈起。还有的家长只谈论一个关键问题，别的避而不提；或者只谈一次就到此为止，认为这样就算完成任务。但实际上，这些敏感复杂的话题并不是一个个清单项目，完成一项就可以彻底划掉。我们不能只针对"死亡教育""性教育"或"多元化"等单一问题与孩子展开一次性讨论，完成后便觉得万事大吉。如果真那么简单，那我只需为你提供一本手册，就不用写这么厚的一本书了！

市面上有很多教父母如何管教孩子的育儿指南（很感激能有这方面的资源！），但专门讨论亲子沟通问题的却寥寥无几，这也是我写这本书的原因。我不单想让家长、老师和指导员与孩子谈论那些重要话题，我还示范了一些具体的操作方法。书中根据设定的一些情境，提供了沟通建议，并分享了我个人艰难的沟通历程以及其他家长的故事。另外，我还有幸在播客节目《如何与孩子无话不谈》（*How to Talk to Kids about Anything*）中和诸多专家有过合作与访谈，在本书中，我也向读者分享了他们的真知灼见。我想通过本书将人们联结在一起，让大家由衷感到：是的，我们能做到。只有通过实践才能得出真知！

忙乱的生活让我们自顾不暇，往往在孩子最需要我们给出必要回应的时刻，我们缺乏足够的时间、精力或耐心来处理这些棘手话题。但如果我们不能好好把控这些谈话，就等于把第一时间影响孩子的机会拱手让人——他们可能是孩子在体育课上结识的某个玩伴，也可能是社交媒体上不经意刷到的某个网红。所以，让我们明确自己的目标和任务，全力以赴帮助孩子们。在孩子人生的每个阶段，每一个转折点，我们都会面临和孩子进行尴尬的讨论、微妙的对话，让我们做好随时应对挑战的准备。

我是谁？

30 年来，我一直致力于围绕儿童问题的阅读、写作、演讲和讨论等相关工作。作为一名儿童和青少年成长专家，我接触过各个年龄段的孩子，从幼儿园小朋友到即将上大学的高中生再到大学毕业生，从普通孩子、听障孩子、孤独症孩子，到有各种身心障碍的孩子，形形色色，各不相同。在这个过程中，我还特别关注女孩面临的问题，成立了多个女子团体，就身体形象、友谊等话题进行过深入探讨。同时，我也开设过反霸凌课程，重视孩子们的品格塑造。

然而，回首往事，我对与孩子对话这个主题产生兴趣却与我的职业无关，而是来自我小学五年级时一段不堪的经历。当时我遭到霸凌与孤立，而我身边那些最重要的成年人却不知该对我说什么，也不知道如何与其他当事人交流。想象一下，如果你是一个年仅 10 岁的孩子，周围的成年人想对你施以援手，却有心无力，这种孤立无援的感觉足以让人崩溃。所以从那时起，我下定决心，要成为孩提时代的自己最需要的成年人——不仅知道自己该说什么，也能帮助其他照料孩子的大人，让他们明白在孩子最需要他们的时候，该做什么和说什么。

我在塔夫茨大学（Tufts University）攻读儿童研究与人类发展博士学位期间，特别关注儿童之间的友情、校园霸凌、自我意识和身体形象。我编写了一门品格塑造课程教材——《语言的力量》。其中包含了系统的对话指南，还附带了丰富的支撑数据，旨在帮助教师、教练以及课外导师与孩子们对话，从尊重和责任到勇气与坚持，无话不谈。后来我和丈夫在马萨诸塞州经营过一所武术和健身学校，在长达 10 年的时间中，我们利用这些课程进行课堂实践，随后它们被一些国内外机构广泛采用，至今仍在使用。

然而，即使对儿童问题进行了深入研究，研发了相关课程，也并不意味着我们完全为真实情况做好了准备。比如当你的孩子睁大眼睛问，为什么他们的朋友没有爸爸，又或者为什么他们需要坐轮椅时，你可能依然会无言以对。我过去（现在也是！）一直在寻找方法，将专家提供的信息整合起来，将他们的建议转化为可以随时使用的"对话指南"。渐渐地，我获得了"对话专家"的美誉，有些家长会私下求教，问能否帮忙直接和他们的孩子交流，因为"如果你可以直接和我的孩子交谈，那就容易多了！"正是这些声音和反馈意见，促使我开设了《如何与孩子无话不谈》的播客节目来分享我的经验，学习和传播家长们渴望了解的相关知识。与此同时，我撰写了这本书，希望这部"对话指南"能帮助到更多家长。

如何阅读本书

显然，你可以根据自己的喜好选择阅读方式。你可以一次性读完，需要时再去回顾某些章节进行复习；也可以按顺序逐章阅读；或者根据需要，选择性阅读某些章节。本书分为 9 个章节，涵盖了我的演讲和与朋友日常聊天中最常被问及的话题：

- "我儿子第一天上学很害怕。我该怎么办？"
- "我女儿最近老在我面前抱怨自己胖，为什么？我没有说过她胖，也从未说过胖是坏事。"

- "完了完了！儿子向我坦白他是同性恋之后，我完全张口结舌，无言以对。我是不是毁了他一辈子？"
- "我的孩子有社交障碍，我该怎么帮助他试着去交朋友？"
- "我的女儿问：妈妈，'性'是什么呀？罗宾医生，帮我出出主意！"

这些复杂问题的答案，你在书中都会找到，其背后不仅有科学依据，也经过了我个人家庭的实践验证。我有做错的教训，也有做对的经验，最重要的是我都亲自实践过，从中领悟了哪些方法在我的孩子身上适用，哪些不起作用。

在这本书中，我将知无不言、坦诚相告——自己曾犯过的错误，与孩子间的真实对话，以及研究成果，这些都将帮助你应对与孩子之间各种大大小小、或美好或艰难的对话。读罢此书，相信你不仅会收获许多备忘录式的建议、对话指南式材料、真实案例和操作步骤，更重要的是，你还会记录下什么方法对你有效，积累你自己的育儿故事并与人分享。

虽然这本书是为父母而写，但孩子将是最终受益者。他们不仅会获得深刻的洞察力，解答心中诸多疑惑，掌握与他人讨论这些话题的语言能力，更重要的是，他们还将学会信赖成年人，将其视为自己的信息来源和坚实后盾——作为父母，我们不会因感到尴尬或难以应对而回避问题；相反，我们会及时出现、耐心倾听，适时提供建议——在一个交流愈发困难、沟通日益稀少的世界中，这真是意义非凡。

只有我们才能以孩子的成长所需和最大利益为考量，为他们揭示真相，给予帮助。作为孩子生活中最重要的成年人，我们是他们的避风港、缓冲区、共情者；我们是他们的老师、最忠实的倾听者和最可靠的顾问。我们希望，孩子和我们在一起时，可以畅所欲言，分享任何心事，而我们也会全情投入，及时提供他们当下需要的帮助。

　　最棒的是什么？你不必孤军奋战！因为我们在同一条船上，风雨同舟、共同进退。

　　那么，让我们开始谈谈吧！

罗宾·西尔弗曼

Robyn Silverman

第**1**章

如何与孩子谈论
愤怒、悲伤
及其他强烈情绪

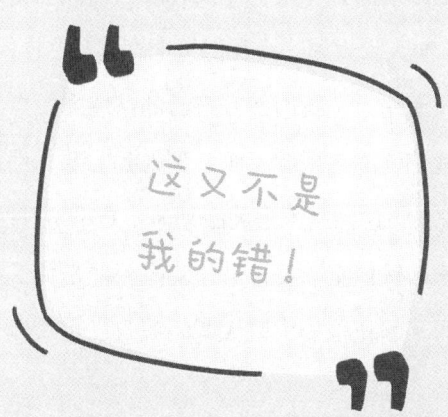

这又不是
我的错！

在操场上，一个男孩抢走了我儿子手中的球。我儿子6岁，心里满是沮丧、不解和愤怒，他的第一反应是推了那个男孩。最初的愤怒消退后，我儿子的怒气变成了自我埋怨。他对我抱怨说："是我的手太生气了，我控制不住我的手去推他。"

强烈的情绪通常伴随着未经思考、毫无前兆的本能反应，这种暴烈、肆虐、对抗和压抑的力量，就像沸腾的能量冲出体外，常常让人行为失控，做出违背常理的举动。

而这种情况，不仅仅发生在孩子身上。

愤怒的父母或其他监护人可能比孩子做得更甚，他们会大吼大叫、暴跳如雷、刻薄咒骂，甚至摔门而去。很长一段时间，我都感觉需要在身上挂个牌子：我已经忍了N天没发飙了。我们每个人都有这样的时刻。为什么呢？原因很简单，人无完人，我们都有自己的情绪爆发点。水槽里的脏碗碟洗了吗？地上湿漉漉的毛巾晾了吗？到处都需要你确认，确认，再确认！是不是翻白眼了？说话是不是尖酸刻薄？是不是有些暴躁、发脾气了？确认，确认，再确认！至于我，最让我头疼的是孩子们之间永无宁日的争吵，有时候为了制止他们大吼大叫，我自己也跟着失控吼叫起来！

当然，除了愤怒，人类还有其他强烈的情绪体验，如悲伤、恐惧、厌恶、惊讶、开心，以及各种情感交织混杂的复杂状态。据统计，人体可以感受和体验到大约 34 000 种不同的情绪。对于这些情绪，我们体验、应对和适应越多，我们就越能做到以下几点：

- 更好地表达自我、与他人交流
- 拥有更强的情绪敏捷性
- 减轻焦虑、恐惧和寂寞等不良情绪的强度

最后一点至关重要：强烈的情绪是我们身体对当下情况的反应和应对方式，这种反应机制深深根植于我们的大脑中，意味着我们无法阻止它们的产生。我们需要去感受它们，将其表达出来，并以有效的方式来调节它们。正如《培养高情商的孩子》的作者约翰·戈特曼（John Gottman）博士在书中所写："成为高情商父母的秘诀在于，当孩子情绪激动时，父母如何与孩子交流沟通。"我想补充一点，了解孩子大脑在行为失控时的运行机制，也同样重要。就像我对自己的孩子说的那样，我们必须学会管理好自己的强烈情绪，否则就会沦为情绪的奴隶，被它们控制！

理解强烈情绪背后的科学原理

你可能听说过，当我们的大脑感觉受到攻击时，就会进入战斗或逃跑模式。这是因为杏仁核，也即大脑中的"情感中枢"，或者神经精神病学家丹尼尔·西格尔（Daniel Siegel）博士和育儿指导专家蒂娜·佩

恩·布赖森博士所称的"楼下",会发出警报,下达指令,并暂时让大脑"楼上"的"思考部分"停止运作。当大脑杏仁核之门关闭时,会封锁上下楼之间的"楼梯",让"楼下"(大脑感知)部分独立运作。这就是著名的《情商》(*Emotional Intelligence*)一书的作者丹尼尔·戈尔曼(Daniel Goleman)所说的"情感劫持"(emotional hijack,原词为"杏仁核劫持"〔amygdala hijack〕),以及丹尼尔·西格尔博士所说的"情绪失控"(flipping your lid)。

这种"劫持"通常是好事,因为在紧急情况下,我们通常没有时间思考问题的解决方案——比如有人放火烧楼,或者有人用球棒去捅旁边的马蜂窝。我们只有很短的时间逃生。

人脑的"思考部分"要到20多岁才发育成熟,因此孩子的脑部警报系统可能会出错,它无法清晰区分暴怒的纵火犯、捅马蜂窝的人和抢走他们心爱玩具的小妹妹这些人之间有什么不同。因此,不管你说多少次"轮到妹妹玩了,你已经玩过了,不应该生气",他们还是会怒不可遏,气不打一处来。这时候如果你用大脑的思考部分("楼上"),去说服正在使用大脑感知部分("楼下")的孩子,他们绝对听不进去!完全就是两个外国人用彼此听不懂的语言在对话!

情绪具有多样性

虽然我们可能希望孩子能一直快乐,但事实证明,如果他们一直快乐,反而不利于健康。研究显示,能够体验到情绪多样性——同时体验过正面和负面各种情绪的人,会比那些长期情感麻木或只倾向于某一种情绪的人更快乐、更健康。此外,在只强调表达正面情绪的环境中,那些经历负面情绪的人往往会难以适应、畏缩不前。正如心理学家、畅销书《情绪可控力》（*Emotional Agility*）作者苏珊·戴维（Susan David）博士在她的 TED 演讲中所说，"艰难的情绪是我们与生活签订的契约的一部分。事业有成、家庭美满、让世界变得更美好，这些并非唾手可得，只有经历过压力和烦恼的人才明白其中的艰辛"。

压抑自己的情感、思想、感受和表达，可能会带来一系列负面后果。研究表明，长期抑制和否定会使儿童情绪失调、苦恼、抑郁、焦虑，变得更加消极。当我们试图拒绝、忽视或过早逼促儿童远离艰难的情绪时，他们反而可能会累积更多的负面情绪。此外，如果我们忽略或低估儿童的感受，可能会伤害亲子之间的关系，让孩子感到孤独或没有存在感。

相反，如果父母接纳孩子的情绪，抓住孩子表达情绪的机会进行共情、沟通和有策略的回应，那么孩子的情绪和行为，包括暴躁、焦虑和行为出格等问题往往会减少。"情绪是一种向我们传递的信号"，心理学家劳拉·马卡姆（Laura Markham）博士曾这样对我说，她是《父母平和，孩子快乐》（*Peaceful Parent, Happy Kids*）一书的作者。"当你允许自己去感受某种情绪时，它就会开始消散和愈合。"

很多父母经常问我，是否应该与孩子分享自己的负面情绪。当然，我们的直觉是不应该——我们希望保护孩子免受生活中不愉快事情的影响。但是研究表明，如果父母向孩子隐藏自己的负面情绪，这样做不但可能让孩子感到困惑，而且在情感上也会让孩子感觉疏离。华盛顿州立大学最近对 107 对父母及其孩子进行了一项研究，结果发现，当父母假装一切都很好时，孩子会表现出更多的压力迹象，父母和孩子之间的亲密度和融入感也更低。而那些承认并能应对常见负面情绪（如愤怒、难过和恐惧）的父母，实际上是在向孩子展示如何正视和处理这些情绪，使情况好转。

情绪多样性的关键在于感受到各种情绪，并以健康的方式表达出来，而不是让它们积聚成疾，伺机爆发。正如《允许一切情绪发生》（*Permission to Feel*）一书的作者马克·布拉克特（Marc Brackett）博士所说："受伤的感觉不会自行消失，它们不会自愈。如果我们不表达和释放自己的情绪，它们就会像债务一样滚雪球，最终让我们债台高筑，无法偿还。"

底线是什么？每种情感都有其目的。直面艰难的情绪并接纳它们，会让我们身心更加健康，并有可能为孩子和我们自己带来更多的幸福。

游戏

一,二,三，表情变变变!

在我为儿童教师设计的有关品格塑造的"语言的力量"课程中，当需要体会"共情"的力量时，我们会玩一个叫"一,二,三，表情变变变!"的游戏。在这个游戏里，有一个小朋友是"表演者"，其他小朋友是"游戏者"。表演者一开始背对其他小朋友，其他小朋友则一起大喊"一,二,三，表情变变变!"这时表演者会转身，同时脸上呈现出某种表情，其他小朋友猜测这个表情代表什么情绪。教师也可允许小朋友们加入肢体语言作为提示！这个游戏通常进行得很快，轮流进行多次，常常引起小朋友哈哈大笑，欢笑之余，孩子们可以学习如何感知和理解他人的情绪。

学习用更精确的方式来描述感受

在教导孩子辨别情绪时，很重要的一点是给他们标签供他们选择，教导他们准确区分人们可以感知的各种情绪的细微差别。显然，我们不能给一个有点小情绪的孩子贴上暴怒的标签，一个牢骚满腹的少年与一个心烦意乱、抑郁沮丧的少年贴的也是不同的标签。

格洛丽亚·威尔科克斯（Gloria Willcox）博士发明了著名的感觉轮盘，她提出，人有六种核心情绪：生气、悲伤、害怕、平静、有力和愉快。每一种核心情绪又被细分成更具体的情绪，在定义和强度上各不相同。例如，"悲伤"被分为"抑郁""羞愧"和"内疚"等不同种类，这些情绪还能再进一步分解为"懊悔""孤零零""自惭形秽"等。

也有一些更简化的轮盘图或者图片，提供了不同的基本情绪分类，比如罗伯特·普卢奇克（Robert Plutchik）博士提出了八种主要情绪：愉快、悲伤、厌恶、恐惧、愤怒、期待、信任和惊讶。其中一些你可能从迪士尼和皮克斯联合出品的动画电影《头脑特工队》（*Inside Out*）中看到过。轮盘图显示了情绪的强度变化和相关关系（如悲伤和愉快互为对立，而愤怒和恐惧相关），以及复杂的情绪组合（厌恶＋愤怒＝轻蔑）。这些工具都可以用来帮助你的孩子识别和归类各种情绪，并正确为其命名。

我们可以使用这个感觉轮盘来询问孩子，教导他们区分和描述自己的感受，告知他们的表现和行为会带给我们怎样的直观感受和想法，其他人又是怎么想的。

• "你坐在水边很放松，看起来很平静。"

- "你用拳头猛击桌子——你一定很沮丧！"
- "她一个人坐在那里默默流泪，我猜她一定感觉很孤独。"
- "你姐姐觉得自己还没准备好考试，所以她现在感觉很焦虑。"
- "我知道，听到朋友搬走的消息你既惊讶又难过。"

　　让孩子学习用更精确的方式来描述自己的感受，可以帮助他们更好地理解自己当时的情绪状态。此外，根据教育专家、畅销书作者罗萨琳德·怀斯曼的看法，如果年轻人能够用更细致入微的词汇来表达感受，他们就可以在需要时得到更合适的帮助，尤其是当他们感到焦虑、抑郁、心烦意乱、孤独、有自杀倾向或面临其他困扰时，这种能力也可以助力他们培养更好的社交技巧，建立更和谐的同伴关系。

　　打印一张感觉轮盘图或其他感觉量表，放在孩子们能看到、使用和

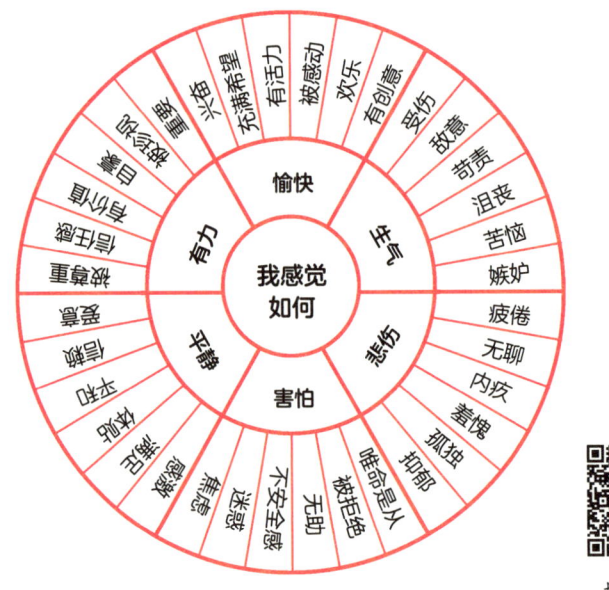

扫码获取
"感觉轮盘图"电子版
一键打印，即学即用

提问的地方。可以通过简单的提问，比如"你现在感觉怎么样？"或"你看小宝宝的脸，猜猜他在想什么呀？"来增加孩子们表达情感的词汇量。

帮助孩子勇敢表达自己的强烈情绪

针对不同的情绪词汇给出具体的示例表达，可以帮助孩子扩展情感词汇量，这个方法很有用。

- 你可以说："我现在好难过，因为我太想外婆了，所以我打算去做点蛋糕，听听音乐，这样我会开心点。"
- "我现在很生气，所以我得来个深呼吸，去散散步，让自己平静下来。"

这样做可以让孩子知道，我们每个人都有权利体会不同情绪，出现负面情绪时，我们可以积极采取行动来缓解它们，让自己感觉更舒服。正如情感培养专家阿莉萨·布莱斯克·坎贝尔（Alyssa Blask Campbell）在我的播客中所说，我们甚至可以告诉孩子，"表达情绪并不意味着失败"。我们都有情绪——父母也不例外！以下是一些可供参考的语言表达，可以帮助孩子更好地描述困扰他们的情绪。

💬 应急对话指南

情景: 孩子因最好的朋友搬走了而哭泣。这个朋友无法参加孩子的生日派对或他们明年不再是同班同学。

你应该怎么说: "你的好朋友搬走了,你感到难过很正常。(朋友的名字)是你很好的朋友,我知道,他不能来参加你的生日派对,下学期也不能和你同班上课,你很失望。这种感觉让人很难受,所以无论什么时候你需要我,我都会陪在你身边!"

情景: 因为你不给孩子买他想要的零食,他在超市里大喊大叫,"我恨你!""你是坏爸爸/妈妈!""你就是狗屎!"

你应该怎么说: "现在很生气吧!你很想买那个零食,结果我拒绝了,所以你气坏了。你生气很正常,但我不喜欢被别人骂。而且当你大喊大叫时,我也听不清你想对我说什么。如果你愿意平心静气和我再谈谈,从这个零食区挑选一款你喜欢的谷类零食,我会在这里陪着你。"

情景: 孩子在跟新老师见面时,躲在你身后,使劲把你往走廊拽,边走边说:"我想离开这里,我要回家!我讨厌这里。"

你应该怎么说: "我感觉到了,来这里见新老师你很紧张。怎么了呢?你在担心什么吗?什么都可以对我说,我在这里陪着你!"

孩子将情绪压抑还是表达,取决于你

一定要让孩子在家中(或教室或运动场)感受到安全感。问问自己以下问题:

- 我是否能意识到孩子的情绪，无论是积极的还是消极的？

- 我是否能识别自己的情绪，并以适合孩子年龄的交流方式分享我的感受，这样孩子也可以从中学习到如何以有益健康的方式处理情绪？

- 孩子表达情绪时，我会将其看作一个与孩子沟通、教育他们的机会，还是把它当作一个需要打击和惩罚的消极行为？

- 当我倾听的时候，是否能做到共鸣、共情，提供情绪支持，认可孩子的感受？

- 我是否能主动识别、归类孩子的情绪，帮助孩子用语言来表达自己的感受？

- 我是否能够帮助孩子讨论、解决问题，并以适合其年龄的方式积极帮助其面对挫折？

- 我是否向孩子展示我也会产生一系列的正面和负面情绪？我是否能以积极的方式表达这些情绪？

小诀窍

WIG 模式

　　心理学家和沟通专家伊兰·马根（Eran Magen）博士开发了一种巧妙的方法来反映孩子的感受，让他们知道我们正在倾听、努力理解他们复杂的情绪。这个方法可以概括为"WIG 模式"，

WIG 是 What I Got（我理解了）的缩写，类似这样的对话："听了你的话，我理解你有多么难过。摩根把你的秘密告诉泰勒这件事，确实让你很伤心。"

正如内德·约翰逊在我的播客中谈道，WIG 模式可以：

- 展示我们"理解孩子"，这是平复大起大落情绪最重要的方式，也能让孩子感受到被倾听。

- 避免我们直接冲动地进入解决问题、指责孩子和提供意见阶段。相反，WIG 模式可以让我们有时间"在心里默数到10"之后再采取行动。

如何表达和应对愤怒

记得有一回，我女儿为了完成数学家庭作业，从她很喜欢的一位四年级老师那里借了一个量角器带回家。当时 8 岁的儿子只是好奇想看一眼，同时作为弟弟，他也想小小地招惹一下姐姐——就像我们都知道的，小小地捉弄一下她。但当我女儿大吼着"别碰它！"，一边喊着"讨厌鬼"，一边在厨房里对他穷追不舍时，儿子冲动之下将那个薄薄的塑料量角器往地上一扔，结果它被摔成了 4 块碎片。

这个结果非他所料，他大喊着为自己辩护："我不知道它会断！"我女儿气得满脸通红，怒不可遏，又满腹委屈，指着弟弟又哭又闹，发誓再也不和他说话了。

也许你会觉得是我想多了，我当时也认为（也许是幻想？）等孩子们到小学高年级的时候，他们之间相处会顺畅许多。但其实情绪一直都在，怒气不会随着孩子长大而消失。不过，也有解决之道：当孩子们还小的时候，我们可以教他们如何表达愤怒、应对愤怒，以及在愤怒到极点无法自控之时如何处理。

什么情况会导致孩子情绪失控或爆发？

需求未被满足：他们口渴了，却忘了带水壶去公园。

期望落空：他本以为下午可以和朋友玩，结果你却要带他去看牙医。

认知僵化：他们想穿自己最喜欢的那件卫衣去上学，结果衣服正在洗，还是湿的，但他们坚持认为非那件衣服不可。

大人分身乏术：你有重要工作即将到达截止期限，当下无法陪他们玩。

冲动行为：他们抢走了妹妹的新毛绒玩具，妹妹尖叫起来，还打他们，于是他们推了妹妹。

筋疲力尽：晚上很晚睡，第二天又很早起床，现在刷牙都嫌烦。

饥饿或营养不良：他们没吃早饭，午饭又挑三拣四，现在才下午两点，他们已经饿得头晕心慌，心烦意乱。

创伤性生活经历：他刚经历了某些令人难过或伤心的事，比如父母离异、家暴、虐待或亲人去世。

这些是导致孩子情绪失控或爆发的根本原因，了解这些因素可以帮助我们理解诱因，并采取行动解决问题。

小诀窍

目光平视法：温柔驯服的力量

根据耶鲁大学儿童研究中心的临床心理学家丹尼斯·苏霍多尔斯基（Denis Sukhodolsky）的说法，小孩子每周可能有多达 9 次的哭闹。哭闹行为表现为持续 5 ~ 10 分钟的大哭、乱踢、乱蹦、乱打和推搡。

这些时候，父母很容易被孩子激怒，想通过吼叫、大声呵斥来控制局面，表现得气势汹汹——"一切都必须听我的"。父母的反应很正常，但可能会适得其反，使孩子的行为进一步升级。与其用威胁或吼叫的方式让孩子更加逆反、行为失控，不如看着孩子，目光平视，与孩子共情，心平气和地去理解他们。

1. 蹲下或坐下，与孩子的目光平视。

2. 深呼吸，平复孩子和自己的情绪。

3. 确认自己了解情况的同时，认可孩子所有情绪，轻声说："我看得出来，你不高兴。你今晚很想选电影，但这次轮到妹妹了。你希望轮到你了，当然会感觉心情不好。"

正如作家 L. R. 诺斯特（L. R. Knost）所说："当孩子们情绪激动、无法自控的时候，我们需要以自己的平和心态去感染他们，而不是火上浇油。"

当孩子很愤怒

愤怒的表现形式多样，有时是无声抗议，在内心酝酿已久；有时可能伴随着危险和恶意的行为，来势汹汹。当愤怒可能带来潜在危险或情感伤害的行为时，请遵循 CARES 模式。

C（确认和安慰 CONFIRM AND COMFORT）

要做什么：孩子们生气时，要肯定他们的感受。这样更容易让他们平静下来，感觉被关注、倾听和理解。你可以给他们一个拥抱，或者只是静静地陪伴在侧。

该说什么：

"感到生气很正常。弟弟没敲门就进你的房间，而你希望有自己的隐私，这会让人很难受。有什么不开心的都可以告诉我，我听着呢！"

"太扫兴了！你和朋友计划今天下课一起玩，结果她不能来了。我理解你为什么生气，确实很烦！"

A（坚持底线 ASSERT）

要做什么：在"肯定情绪"的同时，我们应始终毫不动摇地坚持善良和安全的底线。

该说什么：

"我们有各种情绪是正常的，但以尖酸刻薄、不公正或危险的方式表达自己的情绪是不对的。"

"生你弟弟的气没关系，但你气愤到用手去打他或伤害他是不对的。"

R（提醒和推导 REMIND AND RESULT）

要做什么：用顺其自然可能产生的后果来教育孩子，而非毫无根据或无关的惩罚。在帮助孩子应对强烈情绪的同时，确保他人安全和不受伤害很重要。

该说什么：

"我们再生气也不能往朋友身上扔沙子，所以现在我们得离开沙坑，让自己平静下来，也保证大家的安全。"

你还可以提醒孩子："记住，当你生气时，先做三个深呼吸，然后可以去玩玩你喜欢的橡皮泥，也可以去听听你下载到平板上的音乐。"

E（解释和共情 EXPLAIN AND EMPATHIZE）

要做什么： 等孩子平静下来，情绪稳定，能够好好交流时，将可能产生的自然后果或相关结果，与当时的情况（或可能的情况）联系起来。

该说什么：

"我们当时需要离开沙坑来平复自己的心情，因为扔沙子可能会伤到其他小朋友的眼睛。"

"我们当时需要暂停游戏，因为打人很危险，可能让别人受伤。是的，弟弟不遵守游戏规则，你因此感到生气也很正常。"（这还可以用来传达不同的观点："还记得你生气的时候朝奥利维亚扔沙子吗？要是她的眼睛受伤了可怎么办呀？下次你再生气的时候，怎么做才安全呢？"）

S（巧妙安排 SCHEDULE）

要做什么： 记得再试一次！孩子需要通过实践来学习如何应对愤怒。请再给孩子安排一个机会，让他们在实际情况下练习控制情绪。

该说什么：

"晚饭后我们可以再试试这个玩具。"

"明天我们可以再去公园试试。"

虽然每次孩子闹脾气、情绪失控时，我们的本能反应可能是当场惩罚，但如果使用 CARES 模式，随着时间的推移，可以帮助父母和孩子建立更好的亲子关系，增进理解，推动学习。

在我们自己发脾气的时候，CARES 方法也很有帮助：

- "因为弟弟上学前无理取闹，所以我感到生气是正常的。"（确认 / 安慰）

- "但是我吼他是不对的。"（坚持底线）

- "用那种语气说狠话会让人觉得自己被轻视，会感到难过。我需要离开房间，这样我才能冷静下来，洗个脸，做几次深呼吸。下次，我会试着这样做。"（提醒 / 推导）

- "我现在必须向你道歉，因为大喊大叫不是表达自己情绪的好方式——即使我很生气，担心我们会迟到。我想我的大嗓门吓倒你了，所以我想说'对不起'。"（解释 / 共情）

- "下次我感到烦躁的时候会给自己一个大大的拥抱，告诉自己'没事，事情没那么急，我很好！'这样我才能更好地控制情绪。我们来制订一个计划，明天早一点出发去学校，这样就可以避免车上大家心情烦躁、大吼大叫，我们也可以一路开开心心的。我们甚至还可以在车上开舞会！"（巧妙安排）

CARES 模式将对他人的同理心放在首位，同时也为重新理解情绪创造了机会。它给我们建立了这样的模型：（1）犯错是正常的。（2）我们需要考虑自身行为对别人的影响。（3）我们可以给彼此更多宽容和体谅，给予再试一次的机会，而不是惩罚。因为，我们每个人每一天都在学习和成长。

小诀窍

切勿紧急刹车

有一个奇怪的现象：吼叫常常会奏效。它可以让孩子停下来，有时甚至吓得他们直接停止发脾气。"吼叫就像在踩大脑注意力系统的紧急刹车，"德赫拉·哈里斯（Dehra Harris）博士在演讲时说，"就像经常踩紧急刹车带来的过度损耗一样，吼叫最终只会让一切消磨殆尽。"长远来看，育儿过程中频繁使用这种方法，最终它就不会奏效了。毕竟，它只是为应对真正的紧急情况而设计，不适合日常使用！这一点需要我们注意。

孩子的愤怒管理

事先帮助孩子了解强烈情绪突然爆发时应该怎么做，是化解愤怒的关键。当孩子情绪激动时，以下是一些实用的技巧，有助于他们放松身心：

大脑休息期： 还记得前面我们提到情绪激动的时候大脑会停止思考吗？德赫拉·哈里斯博士说："如果我们把孩子从某个一触即发的情绪中移开，通常他们大脑中负责思考的系统需要 20 分钟才能重启。"我们把这段时间称为"大脑休息期"。虽然暂停这种情绪感觉像是一种惩罚（因为孩子是由于"表现不好"被强行转移了情绪），但我们可以将其视作在情绪高涨时进行的自我修复。在大脑休息期间，孩子们可以释放情绪余热，恢复平静状态。他们可以拿出自己的"情绪发泄箱"（见下一项）或利用本章提到的其他缓解方法。

情绪发泄箱： 我们可以设计一个情绪冷静工具箱，我们可以预先按孩子的喜好精选一些小玩意儿帮助他们以积极、安全的方式发泄怒气。当我采访温迪·扬（Wendy Young）和琳恩·肯尼（Lynne Kenney）博士[《应对焦虑、愤怒和过分的孩子：50 件要说、要想、要做的事》（*Bloom: 50 Things to Say, Think, and Do with Anxious, Angry, and Over-the-Top Kids*）一书的两位作者]时，我们讨论了可以使用"情绪发泄箱"，让孩子们有一个随时可用的应对机制来发泄他们的"愤怒"。你家孩子的"情绪发泄箱"可以装些什么东西呢？你可以试试橡皮泥、提前下载好舒缓音乐的播放器、一本孩子最喜欢的书、一条柔软的毯子、一些蜡笔和纸、一个日记本、一本笑话书、一个压力球或手工折纸。任何对孩子有用的小玩意儿都可以。

"我感觉"： 当我们生气时，我们的本能反应通常是用"你"这个词开头进行表达（"你做了这个！"），这种说话的口气可能被视为带有攻击性。如果我们以"我感觉"开头来表达自己的感受，就可以完全改变别人的体验。例如，我们可以教孩子，不要说"你闯进了我的房间——你怎么能这么做！"而是用"当你没敲门就进入我的房间时，我感觉很生气"这样的表达方式。

简单的小纸条： 有时候孩子可能还没准备好对当时让他们生气的人说话。可以教孩子写下以"我感觉"开头的小纸条，陈述自己的情绪，然后塞到对方门下！合著了《如何说宝贝才会听》的两位作者乔安娜·法伯和茉莉·金曾对我说，写下来的好处是"纸条可不会大吼大叫"。

我很烦和我想要： 为了帮小朋友轻松记住"我感觉"的概念，儿童和青少年治疗师、注册社会工作硕士温迪·扬发明了"我很烦和我想要"模式。她在我的播客里谈到了这个概念，"我很烦你推倒我的积木，我想

要你停止这样做"。我在自己孩子身上尝试过这个方法，真的很有效！不仅可以教孩子表达困扰他们的事，还为他们提供了实操方法，表达想要改变的地方。这样可以帮助孩子传达信息，并向别人展示自己情绪的底线。

风平浪静之后

当孩子的情绪平复下来，一切风平浪静之后，与孩子谈谈当时发生的事，为下一次类似情况做好准备——我们都知道肯定还会有下一次！把下一次看作是改变的起点，让他们能够更深入地思考情绪，运用以下策略并经常实践以取得进步：

有效提问：《我们需要谈谈：如何进行有意义的对话》（ *We Need to Talk: How to Have Conversations That Matter* ）一书的作者西莉斯特·黑德利（Celeste Headlee）曾谈道："记住，有效提问很有用，一个精心设计的问题可以成为孩子与你良好交流的最好工具。简单直接地以'谁''做什么''在哪''什么时候''为什么'或'如何'开头提问很有效。"如果你的孩子大喊大叫、推搡、咬人或发脾气，请帮助他们厘清在情绪爆发之前到底发生了什么，可以这样提问：

- "你生气前发生了什么事？"
- "你看到了什么？听到了什么？想到了什么？体会到了什么？"
- "你内心是什么感觉？"
- "你知道你生气意味着什么吗？"

还记得本章开头的故事吗？我 6 岁的儿子在课间休息时推了一个抢

他球的男孩。使用这些问题，儿子能够告诉我："他拿走了我的球。我看到他拿走了！他嘲笑我。我感到生气。我在想，'把球还给我！你很坏！我不喜欢你！'"虽然可能需要几分钟来复盘和完全理解发生了什么，不过一旦你们都能认识到情绪爆发的原因，你就可以帮助孩子以有效、恰当的应对方式来管理愤怒情绪。

愤怒的山丘：愤怒的爆发往往会经历上升（升级）、巅峰（危机）和下降（恢复和平静）三个阶段。琳恩·肯尼博士称其为"愤怒的山丘"，你可以画出一座山的线条图，让孩子通过图画直观地了解自己的情绪变化。利用这一视觉提示，你和孩子可以探讨：（1）当时他在想什么（指向山脚，手指向上移动）。（2）当时他有什么感受，造成这些感受的原因是什么（手指继续向上移动）。（3）情绪升级时发生了什么（指向山顶）。（4）他做了什么使情绪平复下来（手指顺着另一边山坡下滑）。通过拆解情绪爆发的过程，你可以指导孩子在他们最难过的情绪阶段进行改进，也可以提供更多支持，或者制订可能更有效的策略，来应对下次的类似情况。他们甚至可以学习在情绪爆发之前采取有效的平静之法，直接跳过情绪巅峰。

我身体的哪个部位会感觉到愤怒？我们每个人对愤怒的感受不尽相同，但通常身体的某些部位会感受到强烈的情绪反应。这些反应可能包括肚子绞痛、心跳加速、手心出汗、拳头紧握、下巴紧绷、肩膀僵硬、呼吸急促、脸发烫，甚至头痛或头晕。这些生理反应可以作为我们个人情绪的预警信号，提示我们正一步步朝着"愤怒的山丘"巅峰前进。如果我们教会孩子关注这些生理指标，他们就可以学习利用应对技巧绕过巅峰，找到"下坡道"的捷径。你可以这样说："我们都知道喉咙发痒可能是生病的前兆，这种感觉提示你该歇一歇了，多休息，吃点维生素 C。同样，生气之前我们也可以察觉到一些细节。你对我说过，每次生气时

你的脸会发烫、肚子紧绷，那就是你的预警信号！一旦你感觉到身体出现了这些反应，就可以深呼吸，去找你的'情绪发泄箱'，或者来找我抱抱，帮助你让身体恢复平静，告诉你的大脑你没事。"

揭秘真相

有时候，我们会有一些强烈的情感体验，比如悲伤、脆弱和孤独；但通常我们只表现出愤怒，这被称作"冰山情绪"，因为我们只能看到表面的一小部分，即冰山一角。为了帮助孩子更好地认识和积极应对这些隐藏的情绪，戈特曼研究所的朱莉和约翰·戈特曼发明了"愤怒的冰山"（Anger Iceberg）这个视觉工具。在孩子心情平静的时候，你可以问问："你真正感觉到的除了愤怒还有什么？"帮助他们正视这些感受："有时候，当我感到悲伤或被冷落时，我也会觉得愤怒。"

悲伤是一种自然的情感反应

孩子们悲伤的原因有很多，例如输掉一场棒球比赛，失去了他们的狗狗，深爱的爷爷因癌症去世。有时悲伤会表现为皱眉和流泪，但有时表现得更加隐蔽——隐藏在茫然空洞的眼神或勉为其难的假笑背后。悲伤会让人感到心情沉重、孤独、麻木，甚至令人愤怒。

　　虽然社会可能将悲伤称为"负面情绪"，但这种情绪是正常且健康的。在这个崇尚愉悦、追求快乐、曝晒幸福和庆祝喜悦的世界里，允许孩子表达悲伤是内心强大的表现。孩子们需要知道，"没有人能一直快乐，悲伤是人类的一部分。就像你有时会难过一样，我也会伤心。你的哥哥、姐姐、叔叔也是如此——就连宠物有时也会难过！悲伤是一种自然的情感反应"。

　　悲伤给我们带来了一些重要的好处：

　　它是一种宣泄情绪的方式，让内心的痛苦从身体中释放出来。情绪困扰可能导致头痛、胃痛、肌肉酸痛，甚至让人深陷情绪泥沼，无法自拔。研究表明，通过哭泣等方式宣泄悲伤，可以释放压力和紧张感，调节心神，让各种情绪恢复平衡。

　　它让我们警觉某事不对劲、有什么让我们感觉失落或有特殊的意义。悲伤会让我们意识到，那些失去或错过的人、机会或情况，可能远比我们最初意识到的要重要得多。这一认识有可能促使我们纠正错误、解决问题。关键是要思考：这种感觉想告诉我什么？

　　它使我们能够调整自己、获得帮助或应对挑战。关于悲伤难过，电影《头脑特工队》中有智慧的阐释："哭泣帮助我放慢脚步，不被生活里的小困难打倒。"通过聚焦这种感觉，悲伤教会我们运用一些技巧来帮助自己感觉更舒服，并应对未来的挑战。

　　在我们感觉脆弱、需要帮助的时候，悲伤让我们与他人紧密相连。研究表明，悲伤似乎有一种力量，能让我们从周围的人身上获得支持。比如哭泣，就能为需要帮助的人带来他人的关怀和安慰。值得注意的是，研究还表明，女孩（尤其是进入中学之后）在悲伤时往往比男孩更容易哭泣，更倾向于寻求帮助。与女孩相比，同样是表露出悲伤的情绪，男

孩得到的鼓励更少。

悲伤向我们揭示了我们有能力处理好生活中的各种难受情绪。虽然悲伤是一种让人感觉不舒服的艰难情绪，但通过体验它出现时的感觉，留意到它何时消散，并意识到我们可以采用一定的技巧来帮助自己感觉更好时，我们在情感上就会日益成长、日趋成熟。

当孩子们认识到并非一定要快速消灭悲伤，才能感觉到快乐幸福这一点，他们就可以学习留意这种人人身上都存在的情绪，同时学会静下心来应对不适，克服困难并解决问题。苏珊·戴维博士建议父母可以做出示范，尝试对孩子说："看到了吗？这就是我难过时的感觉。这就是它消失之后的感觉。这也是我对付悲伤的办法，我们都可以做到，对吧？"正视悲伤的情绪，我们就不会再为其所困。

揭秘真相

哭泣的男孩

长期以来，我们的文化传播一种"男孩子不应该哭"的毒鸡汤：表露情绪是"软弱""不够坚强""不够男子汉气概"的表现。这些贴在男性身上的标签衍生出一项名为"男性的魔盒（Man's Box）"的研究。正如作家保罗·基维尔（Paul Kivel）和罗萨琳德·怀斯曼所说的那样——很多男性"用魔盒里男性的那些规则行事"——这是一系列严格的规则，告诉我们"真正的男人"应该怎样，或者一定要假装成什么样子，即强壮、自信、多金、高大、能吸引女性，总是镇定自若、坚强独立。

这项名为"男性的魔盒"的研究，调查了美国、英国和墨西哥年龄在 18 ~ 30 岁之间的男性，其中高达 72% 的人表示，周围的人和环境一直在告诉他们"一个真正的男人应有特定的行为方式"；59% 的人赞同即使内心感到害怕或紧张，也应该表现出男人很坚强；此外 40% 的人赞同"男人应该独立解决个人问题，无须向别人求助"。

但是唱反调的来了！《培养男孩》（ *How To Raise A Boy* ）一书的作者迈克尔·赖克特（Michael Reichert）表示，"必须拥有男子汉气概"这种毒鸡汤，无论是对男孩还是成年男性都极其有害。"那些认同应该以'男性的魔盒'里的规则行事的男性最有可能抑郁、焦虑、骚扰他人、霸凌他人、被欺负，同时具有自杀倾向。"他说，"如果你把自己隐藏在'男性的魔盒'里，不去表露自己的情绪，你会感到非常孤独"。

要想终结毒鸡汤和改变这一现象，唯一的方法是转变教育观念，告诉他们什么才是真正坚强的男孩，什么才是真正的男子汉。我们必须告诉他们：

- "哭没关系。"
- "感到难过、害怕或任何其他情绪是一个身心健全之人的正常情绪。"
- "在别人面前流露出自己的情绪也没关系。我有时也会感到难受，也会害怕，把这些感觉说出来会舒服很多。"（小男孩生活中的成年男性尤其可以这样表达。）

肯定孩子的悲伤情绪

如果孩子难过，父母会感同身受。因此，为了让孩子感觉舒服一点，父母可能会试图"减轻"孩子的悲伤，而这种做法却在无意中否定了这一情绪。相反，我们其实应该使用共情的言语向孩子释放以下信号：

- 他们的不安情绪是合理的，也是重要的。

- 在感觉难过的时候，他们应该和鼓励支持他们、对他们充满耐心与善意的人在一起。

- 他们可以对自己展现出同情和耐心，按照他们觉得合适的时间节点消解自己的难过情绪。

- 只要他们准备充分，他们就能掌握与悲伤共处的能力，并且可以使用有效的策略来帮助自己消解这个情绪。

避免做	不要说	这样说
"大事化小"/ 否认情绪	· 没什么大不了的。 · 这事在你以后的人生中简直就是微不足道。	· 我了解你对发生的事真的很失望。
搪塞	· 我也经历过这样的事情。最后都会好的，继续加油！ · 一切都只是你的想象。	· 听起来你真的很失望，能和我谈谈是什么让你这么心烦意乱吗？ · 我想了解你的感受。
居高临下	· 认为自己有问题吗？等你长大了再说吧！	· 这对你来说真的很重要。你想让我陪你坐一会儿，还是想一个人待一会儿？

续表

避免做	不要说	这样说
反驳	· 你其实不是这么想的！ · 你没事。 · 事情没那么糟。	· 因为这事感到心烦意乱是正常的。
有害的 "正向鼓励"	· 看看好的一面！ · 我家宝贝就应该开开心心的！ · 开心点儿！	· 不着急，你需要时间让自己放松，没必要急于处理自己的情绪。
忽视	· 不，你实际上有很多朋友，你的成绩也不错。 · 我们还是聊点开心的事吧。	· 我就在这里听你说话。 · 让我看看我是否听明白了。你的心情真的很低落，这是因为……
纠正	· 我认为你应该这样做。	· 你是希望我只是听听，还是希望我给你一些建议？
火上浇油	· 我警告过你不要那么做！	· 事情没有像你希望的那样发展时，确实让人很难受。
讽刺	· 哦，嗯！很明显，你看不出这件事最大的问题在你吗？！	· 我很在乎你。我能做点什么来帮你一把吗？ · 你不是孤身一人，如果你想找人说说，我就在这里。
羞辱	· 大孩子 / 男孩子不哭。 · 不要当个爱哭鬼。 · 你太敏感了。 · 你这人怎么回事？	· 说出来吧！ · 哭出来是正常的，也是健康的。 · 大多数人在这种情况下，都会有和你一样的感受。 · 你并不是软弱的 / 有问题的。
责备	· 这么想就是你的错。	· 你从来没想过会出现这种情况。你很难受，因为事情变成了这样。

请记住，当孩子面对悲伤、失落和痛苦的情绪时，即使你不赞同他们对形势的认知或处理方式，你仍然可以表现出善意、鼓励和支持。

 **我家的做法**

　　我女儿还小的时候，我们会在感恩节期间讨论生活中值得感恩的事情，她深受启发，希望这种做法能够一直延续下去。

　　我们做到了。

　　这项活动慢慢演变成了"讨论生活中的酸甜苦辣"系列。每一天结束时，我们都会聊聊白天进展顺利的事。这可能包括我们开心的时刻，我们遇到的善良的人，我们喜爱的宠物，或者我们帮助过的人。我们也会谈论这一天中发生的令人沮丧的事情，比如在棒球比赛中出局，比如孤独的感觉，或者看到的令人难过的事情。

　　通过这种方式，我们用专门的时间来感恩和庆祝生活中那些美好的事物，并承认生活中也时常充满烦恼。我们向孩子展示生活总是两面的：有阳光也有阴霾，有快乐也有悲伤，有积极情绪也有消极情绪——这才是生活的常态。

这是儿童抑郁症吗？

　　当我们经历人生的起伏时，会有悲伤的时刻，这再正常不过。然而，一些儿童和青少年会患上抑郁症，这是一种严重的临床情绪障碍，其主要特征是普遍存在绝望、无力、疲劳、烦躁和孤独感。根据《纽约时报》近期的一篇文章，甚至有一些年仅8岁的孩子因为未被确诊的心理问题，比如抑郁症和自杀念头（或企图），而被送进了急诊室——在经历了亲人去世、父母离婚等压力事件，或者面临非常时期如疫情期间，这种情况尤为突出。

　　了解悲伤和抑郁之间的区别很重要。抑郁症的表现可能因人而异。

注册临床社会工作者、《写给青少年抑郁症患者及家长的自救书》（*The Depression Workbook for Teens*）一书的作者凯蒂·赫尔利（Katie Hurley）表示："许多人认为抑郁的表现就是一直哭，但其实它更像是愤怒、孤独、无助和疲惫的混合体。抑郁症问题很难解决，因为它有多层伪装。"

寻找蛛丝马迹

我会如何描述孩子正在经历的事情，是不舒服、不安全，还是不健康？ 在生活中，遭遇令人不舒服的情绪、问题和情况在所难免。然而，一旦某些情绪或状况变得不安全或不健康，就可能让你的孩子陷入危险。

这些情绪是暂时和短期的，还是看起来更为普遍和持久？ 普通的情绪会随着注意力的分散和舒适度的提升而烟消云散，但抑郁症不同，它会持续存在。你的孩子无法仅凭意志力就轻易"摆脱"它。

孩子的情绪是否影响了他们的正常生活？ 你是否发现孩子在饮食（过多或过少）、睡眠（过多或过少）、人际关系（放弃了很重要的友谊）、喜欢的活动（避免参与），或者性格（异常烦躁、沮丧、易怒）方面出现了明显的消极变化？如果是这样，这些可能表明孩子正面临更大的问题。

虽然作为父母和监护人，我们可能无法仅凭孩子的外在表现就准确判断他们是否真的抑郁，但请相信你的直觉。你最了解你的孩子！如果你心里的声音告诉你，有些事情不对劲了，最好找专业人士为孩子检查诊断，而不是听凭运气、顺其自然。

📃 应急对话指南

我怀疑孩子可能患有抑郁症

拉近距离和巧妙开口："我发现你最近看起来不太对劲。"

体贴和关心："我很关心你，希望你知道我会一直在你身边。你现在最需要什么帮助？我们都可以一起解决。"

展示证据："我注意到你最近吃饭不太好，也没有见任何朋友，你睡得也比平常多得多。"

共情共鸣："最近的事情对你来说真的很难，你情绪低落也是有道理的。我真希望能为你赶走所有的伤心难过。"

聚焦寻求帮助："你觉得需要一些帮助来度过这个困难时期吗？"或者"许多人在特别难受的时候会寻求他人的帮助，这很有用呢！你也可以试一试，我会一直在你身边，陪你一步一步走下去。"

获取你需要的帮助：抑郁症不会自行消失。可以求助专业人士评估情况，获得下一步的建议。如果你的孩子正在上学，可以让孩子学校的班主任参与其中，因为他们可以提供有关孩子的丰富信息，而且能在孩子上学期间多加留意，为家长提供额外的支持和帮助。

自杀

全世界每年有近 80 万人自杀，大约每 40 秒就有一人自杀。自杀是全球 15 ~ 24 岁人群的第二大死因。这些只是冷冰冰的统计数据，但是我们与孩子提及自杀时，统计数据并不会与我们交谈，问及我们的感受，也不会询问我们关于这份生命中不能承受之重的答案。鉴于这是一个可怕的、容易让人情绪激动和感伤的话题，许多家长和教育工作者担心与孩子讨论这个话题可能弊大于利——可能会唤起孩子头脑中潜伏的某些想法。

但直接询问有关自杀的问题会让一个人的脑海中涌出这个念头吗？研究表明，绝对不会。马德琳·古尔德（Madelyn Gould）博士在 2005 年进行的一项经典研究表明，高风险的学生（那些表现出抑郁迹象、有药物滥用问题或之前尝试过自杀的学生）在被问及自杀时并没有表现出更多的抑郁——事实上，他们在谈论过这个话题后反而显得不那么痛苦了。

一大警告：如果你要向他人透露某人自杀身亡，请避免谈论细节。根据自杀意识教育之声（Suicide Awareness Voice of Education）执行董事、美国自杀预防基金会常务董事丹·雷登伯格（Dan Reidenberg）博士的说法，讨论自杀方式已被证明与高风险人群模仿自杀有关。"无论是社交媒体、传统新闻媒体、博客、播客、广告牌、广播还是电视广告，问题不在于你是否谈论自杀，关键在于如何谈论自杀。当我们安全地传达有关自杀的信息时，它不会伤害到某人或使某人面临更高的风险；可是当我们以不安全的方式（沟通模式、措辞、图像，甚至具体到剂量）谈论关于自杀的信息时，可能会带来负面影响。"

小诀窍

在安全范围内讨论自杀

1. 尊重个体之间的关系：专门从事自杀预防和干预工作的注册临床社会工作者乔纳森·辛格（Jonathan Singer）博士提醒我们："别人也许有过和你一样的遭遇，但是同样的事每个人的体

验却可能完全不同。"

2. 认可不同的悲痛表现方式：每个人都以不同的方式表达悲伤。有时它可能强烈而明显，有时它可能延迟而隐蔽。悲伤的方式不同，没有对错之分。

3. 让孩子清楚知道他们无须独自面对：雷登伯格博士建议，应该多次向那些听到自杀消息并正在应对自杀消息的孩子明确地传达这一信息。你可以说："我们需要进行一次艰难的对话，在对话之前，我只想让你知道我们会一直陪在你身边，帮助你渡过难关。"

4. 清楚且温柔地陈述事实：为了降低情绪感染和蔓延的风险，不要提及他人自杀方式和细节。雷登伯格博士建议可这样说："我们今天得知（逝者姓名）去世了。我们不知道具体的原因或情况，但我们知道她走了。真的很难接受这个事实。我们无法想象你听到这个消息时会有多么痛苦。我们会一直在你身边陪着你。"

5. 进行辛格博士所说的"后续干预"：他表示，在经历他人的自杀事件之后，与年轻人保持联系和随访可以作为一种"预防式的干预"。你可以这样说："我们想了解一下你现在感觉怎么样，还会觉得这事让你难以接受和痛苦吗？你想和我或其他人谈谈吗？我们想让你知道，无论何时我们都会在这里陪着你。调整心情的事也不要逼迫自己，我们不着急，慢慢来。"

应急对话指南

我的孩子可能在考虑自杀

当孩子们谈论自杀，表示绝望或暗示想死时，我们必须立即与他们谈谈。辛格博士建议我们可以这样做：

了解他们的困扰："这一年里，你经历了太多太多。任何人都不应该承受这些。"

提供帮助或为他们提供所需的支持："有人可以帮到我们。我知道这看上去似乎不可能，但真的有人能提供帮助。"

积极倾听："我想了解你正在经历的事。"

确保他们获得所需的帮助："我们一起努力，一定可以找到合适的人来帮助你。"

倾听并开启这个话题有助于建立信任，让孩子确信你是一个在他们需要时能够随时进行艰难对话的人。正如辛格博士所说，"让孩子感受到被倾听和认可，本身就能防止自杀"。

理解了恐惧才能更好应对

每个人在某些时候都会感到恐惧和焦虑，即便是冒险家、战士和救援人员也会如此。恐惧是对可怕或危险刺激的正常反应。

就像悲伤一样，恐惧可以提醒我们何时应该小心谨慎，何时应该采取行动以确保安全。当头顶上传来巨大响动时，恐惧可能会让我们立即

抬头或躲避。当我们正要过马路却看到一辆汽车飞驰而来时，恐惧会告诉我们要停下或者后退。当孩子们试图理解他们所看到、听到或经历的令人困惑或恐惧的事情时，我们可以通过以下方式来帮助他们：

称赞恐惧带来的好处： 比如说："我看到邻居的小狗从后院逃了出来，所以我在它冲上马路之前就把它抱起来了！还记得查理被车撞那事吗？那件事让我产生的恐惧居然让我今天行动迅速，变得勇敢。感谢恐惧存在！恐惧居然有这么大的帮助，这难道不是很神奇吗？"或者说，"那一回大黄蜂落在你的衬衫上，你吓得一动不动，那是你的恐惧在保护你！"

正常看待恐惧： 比如说："恐惧是一种正常的情绪。"或者"妈妈／爸爸／奶奶／爷爷有时候也会害怕。"或者说："当我害怕时，我会觉得恐惧就在我的脖子后面，在我肚子里。你在哪里感觉到恐惧了呢？"

分享自己童年时的恐惧： 比如说："你知道吗？爸爸在你这个年纪的时候也怕黑。"或者说："想听听我上一年级的第一天是怎么过的吗？我吓得赶紧躲到你爷爷的腿后面去了！你想听爷爷是怎么帮助我的吗？"

改变目标： 比如说："我知道你会有点害怕，但我真的对你有信心，多困难的事都难不倒你。即使觉得害怕，你也可以变得很勇敢。我以前见过你成功了很多次，就像上学第一天你就可以独自乘公交车，就像你开始骑没有辅助轮的自行车时一样。你完全有这个能力！"

提供支持： 比如说："准备好了，就迈出第一步。我会在这里支持你，爱你，一直陪着你。"

恐惧的情绪起起落落，会随着时间推移或滋生或变化。然而，许多孩子在整个童年时期都会经历一些常见的恐惧。

年龄	常见的恐惧
婴儿和幼儿	巨大的噪声（厕所冲水声、打雷声、重重的关门声、吼叫声）、与主要照料者分开、对陌生人认生
学龄前儿童和小学低年级孩子	巨大的噪声（打雷声、大狗 / 大声狂吠的狗、烟花、爆裂的气球）、穿着演出服的人、有魔法的 / 想象中的生物（床底下的怪物、衣柜里的鬼魂、外星人）、夜间的噪声、与主要照料者分开、黑暗、噩梦、封闭空间、陌生人和"坏人"、枪声 / 流血
小学高年级孩子	身体受伤、身陷危险、生病、封闭空间、未知 / 响亮的声音、夜晚或独自在家时嘎吱作响的地板或门、害怕自己或他们所爱的人发生不好的事、校园惨剧、自然灾害、校园霸凌、某些昆虫
青少年	被同龄人排斥、同龄人对他们的看法、害怕自己或他们在乎的人发生不好的事、在学校表现不好、没有入选球队、在家里 / 学校惹大麻烦、自然灾害、校园惨剧（比如学校枪击事件）、机械器具（如枪械和其他武器）、校园霸凌、死亡 / 受伤

虽然孩子们在整个童年时期都会经历许多常见的恐惧，但每个孩子的恐惧看起来都不同。根据《帮你的孩子克服焦虑》（*Breaking Free of Child Anxiety and OCD*）一书的作者、耶鲁大学 SPACE（针对儿童焦虑情绪的支持性亲子教育）项目创始人伊莱·勒博维茨（Eli Lebowitz）博士的说法，有些孩子会采取"逃避"策略，另一些孩子则会表现出攻击性、愤怒、易怒、发脾气和强硬姿态，选择"战斗模式"。勒博维茨提醒，我们需要"拓宽视野，了解焦虑的孩子是什么样的"，这样当孩子们的恐惧来势汹汹之时，我们才能为他们提供所需的帮助。

是恐惧还是其他情绪？

虽然恐惧、焦虑和恐惧症密切相关，但它们并不相同。《当你过于

担忧时怎么办》（*What to Do When You Worry Too Much*）和《智胜焦虑》（*Outsmarting Worry*）这两本书的作者唐·许布纳（Dawn Huebner）博士在接受采访时谈到，大多数人使用这些术语时很随意，因此这些词的定义并不清晰。然而，厘清这些词很有用，这样我们就可以分辨出什么是健康的、正常的情绪，什么是需要使用应对机制或临床帮助来解决的。

恐惧： 对真实存在的危险产生的一种自然、理想的反应。许布纳说："如果使用得当，恐惧就意味着威胁迫在眉睫。"

焦虑： 对可能发生的事情感到不安和紧张。这是对感知到的威胁而非实际威胁的反应。对可能发生的情况的担心引发了焦虑，而焦虑又可能触发恐惧反应，或释放出"虚假警报"，虽然实际上并没有危险。

恐惧症： 对某个对象或某种情形特定的强烈恐惧，会导致逃避和严重压力，最终影响健康或其他正常功能。许布纳说："恐惧症是极端且非理性的，常常与恐惧对象造成的实际危险不成比例。当恐惧强烈到你甚至改变了自己的生活方式来适应这种恐惧时，恐惧就变成了恐惧症。"

恐惧

情景： 孩子把一个球扔到了公园的蜂巢里，被激怒的蜜蜂立马飞向孩子。孩子想："我得离开这里！我好害怕！"

你应该怎么说： "在愤怒的蜜蜂蜇你之前，听从你身体和大脑的声音逃离危险，这是绝对正确的。蜜蜂可不喜欢有人骚扰它们的家园。通常，蜜蜂与人类互不打扰、相安无事，但如果它们的蜂巢被飞来的球击中，它们肯定会采取防御措施保护自己的家。"

焦虑

情景: 孩子想知道:"如果公园里有只蜜蜂怎么办？"上次你们一家人去公园的时候,孩子在秋千附近看到了一只蜜蜂。孩子告诉你:"当我靠近蜜蜂时,我的心怦怦跳得好快！我怕它会蜇我,要不我们去另一个公园？"

你应该怎么说: "我很理解蜜蜂会让你感到紧张。当蜜蜂受到攻击或蜂巢受到干扰时,它们会采取防御措施,还有可能会蜇人——就像上次你扔球砸中蜂巢时那样。你当然觉得很可怕,所以现在每次你去那个公园,身体都会发出警报——即使实际上没有任何危险。别忘了蜜蜂可不想蜇你。它们忙着呢！它们有更重要的事要做！今天我们在公园里可能看不到任何蜜蜂。如果我们真的看到了蜜蜂,你可以深呼吸,告诉自己,'这不是上次那种紧急情况,我没事',然后走开。"

恐惧症

情景: 你注意到每次孩子看到蜜蜂,甚至只是想到蜜蜂,都会立即充满恐惧。孩子可能会想:"我不会和朋友去公园玩了。那里可能有蜜蜂,蜜蜂会蜇人！太可怕了！蜜蜂蜇人会很痛的。"孩子可能会说:"我不去公园。蜜蜂很可怕,我就待在家里。"

你应该怎么说: "一想到蜜蜂你就会感到害怕。每次你觉得可能会看到蜜蜂,你的心就怦怦直跳,开始担心被蜇,然后你就想待在屋里。这就好像你的大脑和身体在警告你有可怕的危险,但其实你被蜇的机会很小,而且即使你真的被蜇了,也没事。你的身体和大脑其实对你发出的是错误警报:这个警报让你感觉自己很危险,但实际上并没有。这个错误警报会让你错过和朋友一起玩的好机会,你会很难受的。我们得做一些改变,让自己一点点适应待在户外,一步一步慢慢来,你本来可以玩得开开心心,别让恐惧影响到你。"

当大脑被焦虑和恐惧占据，孩子们需要学习识别这些情绪，了解有效的应对机制，以及熟悉克服焦虑和恐惧症的步骤。当焦虑和恐惧症影响了身体健康，妨碍了幸福生活时，求助于经验丰富的专业人士可能是你的孩子和家人的绝佳选择。

焦虑思维

有时，孩子的大脑（以及我们自己的大脑！）可能会欺骗他们，向他们释放比实际情况严重的错误信号。他们脑中的声音夹杂着对他人的责备，夸大了的负面想法，并且变得越来越严苛和主观。如果他们反复温习这些想法，这些歪曲事实的认知就会变得越来越强大，最后让他们几乎相信这就是事实。在我的播客中，作家埃米·莫琳（Amy Morin）讨论了将"沮丧的想法"转变为"陈述事实"的必要性，这样向孩子们呈现的就会是真实存在的事实，而不是非理性和不准确的东西。

以下是一些值得你与孩子们讨论的重要"思维陷阱"：

杞人忧天者："如果我这篇论文得不了 A，我六年级就完了！"

指责者："是我爸爸忘记提醒我把作业放进书包里了。"

预言家："我要上台了，每个人都会嘲笑我！"

一概而论者："我没有入选球队，我永远也不会入选任何队伍了！"

贴标签者："我忘记了你的生日，我是最大的蠢货！"或"我在课堂上举手回答问题时答错了，我真是太笨了。"

走极端者："好吧，我已经错过了这次作业，我还不如全部都错过！"

过度判断者："我没有进球，我打曲棍球太烂了。"

悲观者："我没有得到那个剧的角色，我的生活中就没有一件顺心的事。"

当你听到这些负面想法时，选择一个孩子心平气和的时候，给他们指出来。你可以问孩子，"这是陈述事实还是沮丧的想法？"（正如莫琳所说，最终孩子们将能够自己提出这个问题。）然后帮助他们把消极的想法转变为单纯的陈述事实。例如："我知道你没有得到你想要的角色很失望。但是'我的生活中就没有一件顺心的事'这个说法准确吗？"一般这样的提问会促使孩子们想到美好的友谊或是自己曾经取得的小小成就，以及除了这次失望之外，他们生活中其他颇有收获的事。

直面恐惧和恐惧阶梯

我经常告诉孩子，应对常见恐惧的唯一方式就是去做那些让他们害怕的事。有时，这意味着从跳水板上勇敢地跳下来，或者在开学第一天自己走上校车。而其他时候，需要的是更多的耐心和额外的步骤来克服恐惧。

安德烈亚·昂巴克（Andrea Umbach）博士是一位专门研究焦虑的心理学家，也是《战胜青少年的恐惧与恐惧症》（*Conquer Your Fears and Phobias for Teens*）一书的作者，她在我的播客中解释说："就像婴儿蹒跚学步一样，我们需要带着恐惧迈出最开始的一小步，然后一步一步地来。再靠近一点，再坚持得更久一些，忍受我们可能产生的不适和其他感觉，这样我们就能告诉我们的大脑和身体，其实这并不危险，没什么大不了的。这就是学习的过程。"

做到这一点可以通过暴露法。为孩子们"诊断恐惧"，制作一个"恐惧阶梯"可能是一个很好的可视化的方法。

你可以问孩子：

- "你最终的目标是什么？"
- "在你内心深处，你最终真正想做的是什么？"
- "如果恐惧对你来说不是问题了，你会做什么？"

　　然后根据孩子的回答，倒回去提问。例如，孩子的目标可能是"去朋友家，在他家后院和他家的小狗一起玩"。你可以和孩子一起来个头脑风暴，规划一下步骤，并由易（步骤1）到难（步骤10）进行排序：

步骤10：在朋友家院子里，和小狗一起奔跑玩耍。

步骤9：让小狗舔自己的手和脸。

步骤8：在朋友家有围栏的院子里，奖励小狗一块零食。

步骤7：轻轻抚摸没有拴绳子的小狗。

步骤6：当小狗晚餐后特别累并且睡着了时，抱抱它。

步骤5：当朋友抱着小狗站在马路边的时候，摸摸小狗的头。

步骤4：和牵着小狗的朋友站在马路的同一侧。

步骤3：站在街对面和朋友的小狗挥手打招呼。

步骤2：观看网站上网红宠物狗的视频。

步骤1：看热门网站上小狗的照片。

孩子的思维方式很具体——因此，用可视化的工具来观察昂巴克博士提到的这些类似婴儿学步的小步骤，可以帮助记录他们克服恐惧的每一点进步。每上一级阶梯，他们就朝着成功克服恐惧的目标迈进了一步。

对于父母来说，关键在于不要心急，保持冷静并庆祝孩子每一次小小的胜利。勒博维茨教授在我的播客节目中鼓励父母们承认恐惧并"看到孩子的经历"（"我知道这让你现在感觉很害怕……"），然后表达你对孩子的信心（"我知道你可以处理好这种感觉，所以如果你想试一试，我会一直陪在你身边。"）。在孩子克服恐惧的每一级阶梯上，尽可能耐心地陪伴他们。当然，如果孩子的恐惧症特别严重，那只能求助于专业医学人士。

知识就是力量：现实真谛

还记得我们在本章开头讨论的"情感劫持"和"情绪失控"吗？帮助你的孩子应用这些知识，理解他们在应对毫无意义的焦虑时，他们的身体会发生什么。心理学家卡伦·扬（Karen Young）是"嘿！西格蒙德（Hey Sigmund）"网站的创始人，也是儿童读物《嘿！勇士》（*Hey Warrior*）的作者，该书旨在帮助孩子寻找内在的"勇气"。她建议我们帮助孩子改写他们大脑中不断重复的信息。他们可以这样告诉自己：

- "我的大脑正在给我补充特殊的身体能量，让我做好战斗或逃跑的准备。但我并不需要战斗或逃跑，所以我的身体只是在积聚越来越多的能量而已。"

- "我心跳加速可不是因为有什么坏事会发生（也不是我心脏病马上就要发作了），而是因为我的心脏正在努力跳动，输送能量到我身

体的各个部分。"

• "我的腿和手臂感觉紧绷，并不是因为有什么坏事要发生（也不是
我生病了）；而是因为我的大脑在让我的手臂做好准备，以便我需
要战斗，它让我的腿也做好准备，以便我需要逃跑。"

🏠 我家的做法

我 7 岁的女儿塔莉（Tallie）正在为第一次在外露营过夜做准备。她
的情绪很复杂：紧张、害怕、兴奋、焦虑。每晚睡觉前，她都会开始一
番反复的独白，"我真的很害怕在外面过夜……我会想念你们的……万一
我想回家怎么办？万一我必须去洗手间怎么办？万一我害怕了怎么办？"

当我们希望孩子尝试新事物，却发现恐惧已经占据上风、挥之不去
时，这真的很难。那么，我们如何帮助孩子面对让他们既兴奋又害怕的
新鲜事物呢？

注意时间：当孩子非常疲惫时，可能不是和他们谈论恐惧的最佳时
机。你可以说，"我知道你对 [××] 感到紧张，我很乐意和你谈谈，但现
在已经很晚了。你先美美地睡一觉，等明天早上你大脑清醒了，我们再
讨论这个怎么样？"

帮助孩子意识到他们才是主角：我喜欢伊丽莎白·吉尔伯特（Elizabeth
Gilbert）在她题为《欢迎恐惧》的演讲中说的话："亲爱的恐惧，我承认，
你也是这个家庭的一员，但是我绝不会接受你的建议。你在家里可以有
一席之地，可以发表意见，但你没有资格决定我们要做什么。我们决定
怎么做的时候你最好待一边儿去，最重要的是，你没有一丁点儿的权力
操控我们做什么。"让孩子感觉对自己的情绪和选择有主导权至关重要。

我曾告诉女儿这种主导权意味着什么："恐惧最多鬼鬼祟祟地尾随你，但决定方向的司机是你，不是它！"

什么会让你感觉平静，没那么害怕？ 当你这样提问时，孩子可以积极主动地去探寻对他们有帮助的做法，而不是专注于问题本身。女儿决定露营过夜时睡在一位辅导老师旁边，认为这会让自己没那么害怕。这么做可以吗？我告诉女儿："你可以问问辅导老师阿曼达（Amanda），我相信你自己就可以做到。"自己说出这些话并亲耳听到答案，会让人振奋、充满力量。女儿隔天回到家跟我说，她已经问过老师了，她将睡在阿曼达老师旁边。

让孩子写下他们的担忧并表达出来： 我让女儿拿出一张纸，写下第二天召开过夜露营会议的时候她要问的问题。第二天下午，我收到了她所在的营地发来的电子邮件，邮件里说："塔莉在我们的会议上非常清楚地询问了关于明天过夜她所有的问题，口齿伶俐、表达清晰！"塔莉离开家的时候，已经大致了解了在外露营过夜可能会遇到的所有问题。

认识到充分准备和解决问题也是胜利的一部分： 我们希望孩子能直面恐惧，在克服恐惧的整个旅程中，还有很多值得庆祝的胜利。例如，承认恐惧，勇敢面对，而不是简单地说"我不做了"，这个过程就是胜利。我女儿从"我害怕"到"我会写下我的担忧并询问什么会让自己感觉平静和不那么害怕"，这又是一个胜利！哪怕最后她没有去露营地过夜，也已经进步了。

将胜利与孩子的性格联系起来： 例如，你可以说，"现在可以确定的一件事是你有勇气直面恐惧，提出问题并做出明智的决定，走出你的舒适区。我希望你知道，你是可以相信自己的。你很勇敢！做得太棒了！"

事实证明，我女儿成功了！我收到了露营负责人发来的电子邮件，说："你绝对会为你的女儿感到骄傲，她在露营的时候表现得非常突出。

当我们说'是时候关灯了'时，她非常尊重我们、听从指挥。她在湖里游泳也非常开心，而且对我们这里有提供冰激凌的餐吧感到非常兴奋！她的表现真的太棒了！"

强烈情绪的正向应对策略

我们很难眼睁睁地看着孩子因为强烈的情绪备受煎熬，而自己却袖手旁观。通常我们都想做点什么来让他们"转悲为喜"，或为他们消除烦恼。但是，根据前面提到的心理学家苏珊·戴维博士的说法，试图管理孩子情绪的父母，其实等于在让孩子坐"情绪直升机"。急于提供即时缓解，可能会干扰和破坏孩子培养某些性格特质的能力，比如勇气、毅力和适应能力。她告诉《纽约时报》，当涉及情绪时，要教孩子先去感受、表达、了解、归类自己的情绪，再来正确应对，最终和它们挥手道别。

通过教育孩子们实践有益健康、正向的应对策略，我们可以向他们展示如何使用适合他们的特定技巧。在我的播客中，注册心理治疗师贾妮娜·哈洛伦（Janine Halloran）谈论了下面的应对策略，包括舒缓技巧，运动技巧，分散注意力技巧和处理技巧等，"正如孩子们有不同的学习方式一样，他们也有不同的应对方式"。关键是要找出哪些策略最适合你的孩子，以便他们在需要时使用。

舒缓技巧

这些技巧可以舒缓神经系统，可以在你的孩子感到压力大、无法承受、害怕或愤怒时使用。它们替代了"请你冷静一下"这样几乎不起作用的说法。（因为我们不可能只听到"你需要冷静"，就真的冷静下来。）哈洛伦还提醒我们，舒缓技巧可以让我们的孩子从"战斗或逃跑"状态转变为"休息和处理"状态，这样他们就可以进行自我调节了。

舒缓技巧示例

- 深呼吸

- 冥想

- 在大自然中散步

- 想象待在你最喜欢的地方

- 热水淋浴或泡澡

- 用手指描绘图案

- 让你的手在细沙里轻抚穿行

- 喝一杯茶

- 专注地吃一块黑巧克力

你可以说："当我们的身体感到愤怒或恐惧时，我们的呼吸会加快，心跳会加速，肌肉会紧绷。这是因为，很久以前我们的身体需要随时做好与熊战斗、逃离猛虎或躲避狮子的准备。但现在我们不需要与熊、老虎、狮子作战，所以当我们生气或恐惧时，我们可以告诉大脑和身体：'没关系，这里没有熊，我很安全，我只是在生弟弟的气而已。'我们可以通过深呼吸，向我们的大脑和身体传递这个信息。"

运动技巧

有时候，孩子们只需要通过运动就能排出体内的负能量。运动可以

帮助他们将注意力转移到积极的事物上，比如专注于将球踢进球门，而不是对不愿分享新游戏的姐姐一直耿耿于怀。此外，运动还能降低身体压力激素（如肾上腺素和皮质醇）的水平，刺激大脑产生情绪提升剂、天然止痛药——内啡肽。即使是小而持续的动作，如摇摆、晃动、荡秋千和在床上弹跳，也能帮助孩子稳定前庭系统。研究表明，前庭系统在孩子的健康和情绪调节中发挥着重要作用。了解孩子在情绪激动时可能喜欢的活动，这样一旦他们情绪开始变得激动时，你就可以引导他们参与这些预先选定的活动。

运动技巧示例

- 体操或嘻哈舞

- 跑步

- 跳蹦床（或者直接在床上蹦！）

- 捶打枕头

- 捏气泡膜包装材料

- 揉捏橡皮泥

- 挤捏压力球

- 跳绳

- 徒步旅行

你可以说："我知道你生气的时候喜欢摔东西！虽然我不能让你扔电视遥控器或坚硬材质的玩具，但我可以给你准备一桶跳跳球，你生气的时候可以随便扔，怎么样？"或者"当你像昨天那样，在重要考试日感到紧张时，我们可以跟着视频一起做大概十几分钟有趣的运动（比如晨跑、开合跳、俯卧撑和深蹲），这样在你出发前就可以释放掉一些紧张能量，你觉得怎么样？"

分散注意力技巧

应对强烈情绪的好方法包括玩游戏、参加活动、照顾他人或忙于别的事情。分散注意力的技巧可以打断焦虑的循环。正如哈洛伦在我的播客中所说："当你好不容易把长长的一段话都讲完了，你可不想从头到尾把话再讲一遍！"换句话说，我们要避免养成反复纠结于某一种思绪的习惯。分散注意力可以让孩子暂时离开焦虑的源头，只要注意力被转移的时间够长，孩子就有可能发现其实还可以换个角度看问题，他们的身体也会因此获得重新调整和平静下来的机会。

分散注意力技巧示例

- 烘焙

- 清理衣柜（可以想一想，对吗？）

- 给朋友写信

- 计划生日派对

- 写一个故事

- 玩拼图

- 遛狗

- 做一些慈善工作

- 帮助年迈的邻居

你可以说："我很抱歉你现在感觉很难过。把你最喜欢的拼图拿出来，我们一起玩怎么样？"或者抛出一个简单的问题，例如："你认为谁需要

帮助？"或者"你太喜欢阅读了，在别人看来这甚至可能是一种天赋，这个问题你怎么看？"可以选择在孩子心情平静、非对抗状态下进行这样的对话。

处理技巧

这一策略是为了帮助孩子理解和整理自己的想法和感受，让他们能够以安全的方式表达情绪。和分散注意力的方式不同，这一策略鼓励孩子通过唱歌、画画或写作等创造性的方式来识别和面对自己的负面情绪，并将这些情绪从身体中释放出来。

处理技巧示例

- 与信任的人开诚布公地谈论自己的问题

- 唱一首情真意切的歌

- 画一张热烈明快的涂鸦

- 使用代表不同情感的颜色来绘画

- 写作——可能是一封孩子永远不会寄出的信，写给一个"让你有倾诉欲的"同学，或者以一个富有创意的写作提示开头，比如：如果我有一个无所不能的机器人，我会给它设定以下功能……

你可以说："有时候，通过倾诉自己的感受，我们可以更好地应对它们。但如果我们现在不想这样做，也可以通过写作、唱歌或画画来释放这些消极情绪。在这个过程中，你可以思考一些问题，例如：'是什么让我心烦意乱？在我大吼大叫／推搡／躲藏之前发生了什么？其实当时我的本意是什么？这让我有什么感觉？'以及'我希望下一步事情会变成什么样？'你做以上这些事是为了释放你的情绪，所以不必非要让自己做得尽善尽美——画画也好，写作也罢，大大小小、字迹潦草或歪歪扭扭都无所谓，这些只是将你内心感受转化成图画和文字的情绪处理策略。只要能将你的负面情绪从身体中释放出来，你就会感觉舒服很多。"

成功的关键在于，预先了解哪种技巧最适合你的孩子。学会如何以这种方式进行自我调节，可以让孩子终身受益。

做孩子处理强烈情绪的重要盟友

在帮助孩子处理强烈情绪方面，父母是孩子极其重要的盟友。只要假以时日、辅以耐心，你可以教会孩子如何以健康的方式更好地调节和处理他们的情绪：

接纳：认同孩子的感受，告诉他们"感受到自己的情绪是正常的"和"表达自己的情绪是健康的"。

自信：对孩子有信心，对他们说："我知道你可以应对这些情绪。"

支持：给他们提供支持，告诉他们"这里有一些应对情绪的方法"和"如果你需要我，我会一直在这里陪着你"。

没有一种放之四海而皆准的策略来应对和处理强烈的情绪。不同的策略适用于不同的孩子，而且时机不同，效果也不同。头一天可能一个拥抱就能解决问题，而第二天可能只有唱起孩子最喜欢的歌他们才有反应。你得为这些不同的情况做好充分的安排和计划，才能及时预判和处理。

同时请记住，没有任何情绪会一直持续下去。

 谈话要点

问题	你的答案
关于感受和控制自己的情绪，我想向孩子传达怎样的信息？	
在处理情绪这个问题上，我怎么做才能确保孩子能够感觉到并知道我会一直支持、鼓励、倾听他们，并为他们提供空间？	
我对孩子们理解、表达或管理他们强烈情绪的最大担忧是什么？	
当孩子学习应对让人难受的强烈情绪，如愤怒、悲伤和恐惧时，我怎样才能更好地与他们共情并给他们提供支持？	
哪些应对策略真正让我印象深刻？我想将哪些技巧融入帮助孩子应对强烈情绪的对策中？	
在接下来的几个月（或一年）里，关于处理情绪这个问题，我想确保与孩子进行哪些关于情绪的具体对话（通常包括愤怒、悲伤或恐惧）？	
关于强烈情绪，我自己是否需要转变或改变某些认知或行为，以便在应对（或帮助孩子应对）强烈情绪时，可以改变某些信息的传达方式或行为？	

第 **2** 章

如何与孩子谈论
自尊和身体形象

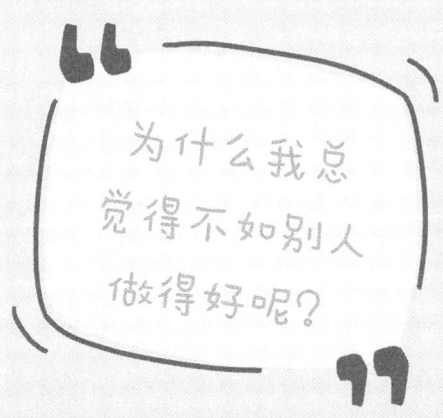

为什么我总觉得不如别人做得好呢？

上小学时，我发现许多学业对我而言颇为困难；而就在几年前，我的哥哥们却能够游刃有余地完成这些功课。他们入选了针对"聪明孩子"的提高班，而我没有。他们无师自通地学会了乘法口诀表，而我却不能。他们在第一次尝试拼写测验时，不仅能写出简单的单词，复杂的也不在话下，而我仍然做不到。

　　日复一日，感觉自己如此平庸，我得出了唯一一个我认为合理的结论：我很笨。

　　这一明确的结论悄无声息地影响着我对很多事情的判断和决策，成了我解释自己为何无法在学业上表现得像哥哥们那么优秀时常用的理由。每次我试图尝试但又不尽如人意时，这就像是我随身携带的座右铭"我就知道……"。

　　作家兼心理治疗师纳撒尼尔·布兰登（Nathaniel Brande）认为："自尊的人会觉得自己能够应付生活中的基本挑战，值得享受快乐。"自尊影响着我们生活的方方面面，这一点已经得到了充分的证明。在20世纪80～90年代，加利福尼亚州"提升自尊、个人责任与社会责任工作组"认为"自尊在预防社会问题方面有奇效"，它在"解决困扰我们的一系列社会问题中发挥了核心作用"，这些说法来源于对这个话题的立法讨论。虽然其他研究，包括社会心理学家罗伊·鲍迈斯特（Roy Baumeister）及其团队在 2003 年进行的详尽文献综述，都表明高自尊并非心理建设的"灵丹妙药"——也就是说，它不能解决所有问题，但研究人员（甚至鲍迈斯特本人）认为高自尊为人们带来了很多独一无二、至关重要的好处，这些好处也影响着我们每个人的终身幸福，包括：

降低抑郁和焦虑等一系列心理健康问题的风险：更具体来说，研究表明，低自尊与抑郁症、药物滥用、反社会行为和自杀有关，而高自尊则与幸福感以及生活中所需要的健康应对技能有关。

提高积极性：高自尊的人更容易有所成就！他们更可能去建立新的关系，在群体中畅所欲言，工作更加努力。他们会取得更好的成绩。当他们认为当前所走的道路没有前途时，更愿意做出改变，投入新的目标。

更多幸福感：有着健康自尊的孩子更容易快乐，更容易建立并维持积极的友谊，而自尊心较弱的孩子则较难体验到快乐，更有可能面临情绪问题和社交挑战。此外，当父母关注并培养孩子的积极品质时，孩子会更加了解自己的性格优势，这也会增强幸福感，提升自尊。

更强的适应力：高自尊的人在遭遇拒绝和失败后还能坚持，研究人员认为这在学业和工作中会带来更好的成绩，拥有更好的健康状态和人际关系。

鉴于自尊在助力孩子健康成长方面能起到关键作用，当务之急是帮助他们培养自尊。然而，具有讽刺意味的是，就像育儿专家和作家休·阿特金斯（Sue Atkins）有力指出的，这是"一项内心的工作"。我们不可能从外部按下一个按钮，就能轻易达成培养自尊这件事，孩子们得在逐步了解自己的价值和重要性的过程中，随时间推移，慢慢形成这种

内心的力量。作为孩子们生活中关键的成年人，我们的任务是为他们举起一面镜子，让他们看清自身的优势和做出的贡献，再向内自省和总结，从而获得自信，相信自己的能力。

拥有健康自尊的人会认识到：

- "我知道自己是谁就足够了。"
- "我已经做到了最好。"
- "我在这个世界上的表现已经足够出色。"

梅琳达·温纳·莫耶（Melinda Wenner Moyer）在她的著作《如何培养不混蛋的孩子》（*How to Raise Kids Who Aren't Assholes*）一书中说道："在我们养育孩子的过程中，让他们萌生出他们天生就是善良的、可爱的、有价值的感觉时，他们就可以不再纠结自己的想法，不再担心别人的看法，过上有意义的生活。"关于如何建立或改变对自己的优势、能力、身体和人际关系的看法，儿童和青少年自身发挥着至关重要的作用——前提是他们得知道如何去做。这就是我们的切入点。

术语表

身体形象：当你照镜子、看照片上的自己或在脑海中想象自己的样子时，你如何思考、感受和看待自己的身体。

客观看待身体：一种理念，它并不要求我们去爱或去恨自己的身体，而是旨在培养我们接纳和尊重自己的身体及其能力。

身体自爱：一项社会运动，主张接纳身上的所有特征，无论尺寸、体形、肤色、性别和身体能力如何，建立积极的身体形象。

身份：使你独一无二的一系列品质或信念。

自信心：对自己的信心，对自己的能力、素质和判断力的总体信任程度。

自我效能：针对特定任务的信心，相信自己拥有达成特定目标的技能、知识和能力的积极信念。

自尊心：对自己的感觉和对自己整体价值的看法。

身份认同决定自我价值感

在我丈夫的爷爷 90 岁生日时，他开玩笑地抱怨说："我老了。"与他相伴了近 70 年的妻子，也就是我丈夫的奶奶，用意第绪语回答"vau 'ikh bin' iz, du bist"，意为"你是谁，我就是谁，我们都一起变老啦"。奶奶一边吃着自己做的苹果蛋糕，一边解释说，你必须小心那些附加在"我是"后面的词语，因为不管是消极还是积极的，你现在都给了它们存在的"许可"。

这句话就像千斤巨石击中了我。我小时候不正是这么干的吗？一直

宣称"我是个笨蛋",用这样的"自我定义"把自己逼上了绝路。尽管随着时间的推移,我逐渐意识到其实自己的学术研究能力还不错,但由于我选择了一种愚蠢的方式来定义自己的智力,多年来我一直回避挑战并顺从他人。"我是个笨蛋"这种定义也导致我更加关注自己的外貌,因为我认为相比智力,我更能控制自己的外貌。(关于身体形象的问题稍后再谈)

事实上有一种理论描述了这种现象,叫作自我肯定理论,它有完整的理论框架。根据这一理论,当我们对自己抱有积极的看法时——当我们知道自己是谁,了解自身价值,以及自己所珍视的特质时——我们就可以维持一个积极的心态(即使事情进展不太顺利,或者别人给了我们负面反馈)。正如哈佛大学教授埃米·卡迪(Amy Cuddy)在她的著作《高能量姿势》(*Presence*)中指出:"这是为了提醒自己,什么对我们来说最重要,进而提醒我们认识自己。"

这是非常强大的一种力量。当我作为儿童发展专家和主讲人,在全国巡回演讲时,面对着众多学生和辅导老师,我开始构建一种想法,思考在孩子、父母、教师、行政人员,以及孩子生活中其他关键成年人彼此交流过程中,"我是(什么样的)……"这一表述的力量。

"不管'我是'后面跟着什么",我会大声喊出来,让声音飘荡在空中,然后等待大家回应道,"都将会成为现实!"我开始让孩子们深入思考,说说他们会如何描述自己,为什么这些价值对他们来说很重要,以及他们每天如何表现出这些积极的自我描述。然后我请他们大声分享他们的"自我肯定",我称之为"我是",甚至有些观众会上台和我一起分享他们的"我是",强调这些信念。

"我是谁?"的答案就是孩子对自己身份的认同。无论答案是肯定的、中性的、现实的,还是否定的,都会影响他们对自己以及自我价值的感受。正如詹姆斯·克利尔（James Clear）在他的《掌控习惯》（*Atomic Habits*）一书中所说："你的身份可能会阻碍你成长……也可能推动你前进。"对孩子们来说，可能会像这样：

身份可能阻碍你成长		身份可能推动你前进
"我的数学很糟糕。"	→	"我很擅长阅读。"
"我对一切都感到害怕。"	→	"关键时刻我很勇敢。"
"我四肢不协调。"	→	"我是一个愿意尝试新事物的人。"
"我是最不擅长接球的。"	→	"我擅长投球和奔跑。"
"我画画不如你好。"	→	"我在舞台上表现力很强。"
"我考试一团糟。"	→	"我努力学习，做事坚持到底。"
"我是个笨蛋。"	→	"我在这门课上需要多一点帮助。"

当我们认识到，我们能够自主定义自己的身份时，就牢牢把握了身份的主导权，我们是谁由我们自己决定。这些简短、有力、基于价值的陈述会像防护斗篷一样保护着我们的孩子，在他们遭遇歧视时为他们提供减震缓冲的力量，帮助他们拥有更好的整体幸福感，增强对他人的包容心。如果孩子们能学会通过自身优点来认识自己，那么当他们面临挑战的时候，这些肯定性的陈述就可以引导他们稳步前进，不偏离前进的方向。

"我是（I Am）"项目

我建立了一个研究身份认同的工作坊，同时也变成了一个"善于发现别人长处的人"，我喜欢让孩子们做一些"我是"项目的练习，让孩子们动手动脑，发挥自己的创造力。以下是两个例子：

"我是"诗： 在我的播客节目中，《培养批判性思考者》（*Raising Critical Thinkers*）的作者朱莉·博加特（Julie Bogart）指出，我们的身份往往具有多维性。她鼓励孩子们写一首题为《我来自……》的诗，这个实操项目的灵感来自美国诗人乔治·埃拉·莱昂斯（George Ella Lyons）的一首充满力量的小诗。这首诗鼓励孩子们思考他们喜欢的故事、他们所属的社区，以及他们一路走来养成的习惯。从这个想法出发，我也邀请孩子、父母、老师和学生们写一首题为《我是……》的诗，捕捉构成他们独特身份的方方面面。例如，你可以鼓励你的孩子写：

- 我是（我是从事什么工作的）一个作家、一个艺术家、一个运动员、一个游戏玩家、一个保姆。

- 我是（我喜欢什么）一个爱狗人士、一个爱吃巧克力的人、一个书虫、一个海滩爱好者。

- 我是（对于他人的角色）一个女儿、一个儿子、一个父亲、一个母亲、一个老师。

- 我是（我来自哪里）一个美国公民、一个新泽西女孩、一个骄傲的澳大利亚人、一个乡村男孩。

- 我是（我的种族、宗教、性别）一个亚洲人、一个犹太人、一个女孩、一个 Z 世代者、一个二代移民。

- 我是（性格特质）勇敢的、凭直觉的、敏感的、坚持不懈的、有责任感的。
- 我是（未来的愿望）一个未来的医生、一个未来的领导者、一个未来的厨师。

　　和你的孩子坐下来，讨论他们的"我是"。（你的也可以！）询问他们对这些回答的看法："你如何理解'直觉'？你为什么将自己描述成一个彻头彻尾的纽约人？当你把自己定义为一个艺术家时，你认为这将如何影响你的思考、感受和行为？"将他们的"我是……"贴在冰箱或墙上，时不时地重新审视它们："有什么变化吗？"你可能会敦促他们问问自己："我还是我所说的那个人吗？"

　　"我是"文化墙：为何不在孩子们的房间里搭一个展示板，让他们可以提醒自己：他们是谁，以及他们能做什么呢？"我是一个有能力的学生""我是一个友善的朋友""我是一个有动力和勇气的人"。我特别喜欢做的一件事是，让孩子们邀请他们的朋友写一张纸条，宣告写上去的内容是真实的。例如，一个朋友可能会写，"你是我最好的朋友！当我需要你的时候你总是在我身边，而且你特别有意思。你甚至教会了我如何骑自行车！"（或者对已经存在的"我是"进行一个加强的点评。比如，对于这一条："就算失败了，我也是一个优秀的体操运动员"，他们可以在一张便利贴上写上"真相"二字，粘贴在旁边，再搭配一个箭头指向这个"我是"。）在人生低谷期，你的孩子可以转身看看这个展示板，不时提醒自己，他们其实很棒，并且有能力做得更好。

小诀窍

允许孩子表达希望获得关注

拥有健康自尊的孩子能够恰当地表达他们的需求。他们不会通过消极对抗、发牢骚、控制性或粗鲁的行为"等待"父母、老师或朋友来猜测他们需要什么。如果你注意到任何这些行为，请告诉你的孩子：

"你有权利！""你有权（要求你需要的东西，请求我的注意，表达沮丧）。"当孩子表现出不恰当的寻求关注行为时，注册育儿指导师德斯蒂妮·安·戴维斯（Destini Ann Davis）会这样对孩子说："你希望我关注你吗？你希望我的关注是可以的。如果我现在没有集中注意力，我保证稍后可以给你双倍的关注。"

"你可以采取行动！""你可以提问，例如：'妈妈，你可以单独陪我一会儿吗？'"或者"宝贝，你可以制订一个计划，例如：'为了享受我们特别的亲密时光，我希望我们一起阅读这本新书。'"

"你可以提出时间。"教他们如何询问，例如："今天什么时候合适？"然后你可能会说："等我把你妹妹哄睡后，我们能不能在你出去玩之前一起待20分钟？"

当你告诉孩子们他们有权满足自己的需求时，他们会在下次有需要时，更自信和有技巧地表达自己——即使他们需要等几分钟。

让身份认同形成正向循环

当孩子们对自己的身份有足够的认识和信心时，他们不仅知道什么时候感觉不对劲，而且还能重新调整自己，并决定如何让自己回到正轨。因此，在需要做出重大决策时，对自己的身份认识就成了检查单或者出发点："这符合我的形象吗？"根据加州大学河滨分校的简·斯特茨（Jan Stet）和彼得·伯克（Peter Burke）的说法，这种过程会形成一种反馈循环，不断地强化我们的孩子定义自己的方式、他们的行为、人们评价他们行为的方式，以及所有这些因素之间的一致性。

例如，认为自己友善的孩子很可能会选择表现出友善的行为。然后，他们会从其他人那里得到反馈，告知他们是友善的人，这反过来又强化了他们对自己身份的认识和定义。

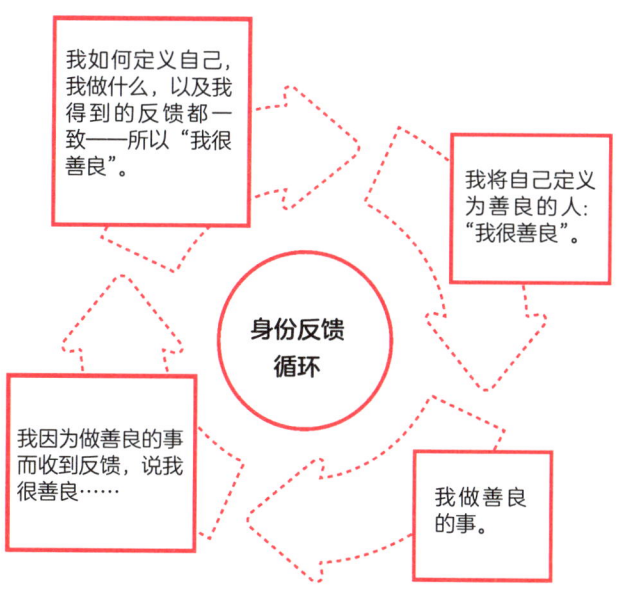

当然，反之亦然。如果那些认为自己刻薄无礼的孩子（即使这个标签不真实）选择采取刻薄无礼的行为，并收到反馈认为他们是刻薄无礼的人，这就会给这种身份认同火上浇油。

为了深入了解你的孩子如何看待自己，你可以尝试以下方法：

询问："你认为哪三个积极的词语最能描述你的特点？""你认为自己什么时候表现出了这三个词语描述的特点？举例说明。"

将积极的描述反馈给他们："当朋友忘了带外套时，你慷慨地把自己的外套给了她，表达了你的善意。你是一个善良的人。"

分享你如何描述自己，以及如何向他人展示这些你对自己身份的认知："我是一个有条理的人，所以我把所有的日程都记在这个日历上，还会标记一些需要即刻处理的重要大事，这样我就不会忘记。"

不要将缺点视为定义性的特征，而是看作可以持续改进的："有时候我做事会有点拖延，但是我正在努力改变，让自己不至于在最后一刻匆匆忙忙赶工。我正努力让自己变得更有责任感。"

在任何时候打断反馈循环，都可以帮助孩子们重新定义自己，进而重新定义自己的行为，使他们走上一条不同的、更积极的道路。这需要坚持不懈的努力，尤其当大脑已经习惯以消极的方式思考问题时。虽然有时候负面情绪是健康且适宜的（比如，当有人抢走孩子的玩具时，谁能责怪孩子生气呢？），但这些大脑把戏——或叫作"消极思维（Stinking Thinking）"，著名心理学家阿尔伯特·埃利斯（Albert Ellis）在20世纪50年代就曾用这个词来形容它们——可能会造成一种无法逃脱的消极恶性循环，成为一种无意识的自我破坏。

当孩子们了解到他们的言语对自己思想、情绪和行为的影响力时，可能会意识到，他们可以成为自己思想的掌控者。事实上，如果孩子们能更好地以一种可以缓解和安抚负面情绪的方式与自己对话，他们就能重塑大脑，从而在未来更容易进行富有成效的自我对话。

不要这样说	你可以教他们这样说
"我的教练没让我展示技能，他一定讨厌我。"	"我的教练没让我展示技能，他今天想给别人一个机会。"
"我的朋友今天在学校里谁都不搭理，他几乎没看我一眼。我敢打赌他不想再和我做朋友了。"	"今天我看到我的朋友很安静，'不像他自己'。也许他在某节课发生了什么事，或者他和他妈妈在家里吵架了。我得去关心关心他。"
"我的数学测验考砸了。我太笨了，简直是个傻瓜！"	"我的数学测验考得没有我想的那么好。我会去寻求额外的帮助，看看下次我该怎么做。"

根深蒂固的"消极思维"习惯需要时间来打破。在引导孩子走出阴影的同时，也要着重培养切实可行且积极的自我对话习惯，以增强他们的自尊心。

把"应该"和"必须"替换掉

提出"消极思维"概念的阿尔伯特·埃利斯也使用了直接、幽默的话语——"不要对自己说'应该'"。让你的孩子将"我应该设置闹钟"这句话重新表述为"我想养成设置闹钟的习惯，这样我才能按时起床，避免错过校车。我会在枕头边贴一张便利贴，这样我就能记住今晚要做这件事"。同样，对于"我应该早就知道我不应该吃掉所有的冰激凌"中

出现的"应该"和"不应该"的双重用法，你可以教你的孩子用一些不那么容易引起内疚感的话语来替代："吃非乳制品甜点会让我感觉更好，所以下次我可以试一试。"

其他可以用来替换"应该"的有效句型包括：

- "如果……那就更好了。"
- "如果……我将不胜感激。"
- "如果……那就太好了。"
- "我想……"
- "如果我真的愿意，我可以……"
- "我更喜欢……"
- "当我……时，我感觉很棒。"
- "我希望……"
- "对我来说，……真的很重要。"
- "这对我来说意义重大……"

发现孩子的长处

每个孩子都有自己的长处。有些长处很容易被发现——他们是天生的艺术家、多产的作家、杰出的运动员。其他时候，有些长处可能不那么明显。也许它们还没有凸显出来，或者被我所说的"脏衣服"掩盖了——过去一些令人不安的经历、贴在身上丑陋的标签和痛苦的伤疤，这些东西只会让我们的孩子用自己的缺点或错误来定义自己。当他们看不到自己的天赋时，我们需要成为那个发现他们长处的人，帮助他们展现出自己的潜能。

帮助他们以新的眼光看待自己：你可能是第一个注意到这一点的人——他们作为公众演讲者的天赋、他们的领导才能、他们的创新思维方式。而且你的话语可能会以一种前所未有的方式传到孩子耳边。记得在我九年级的时候，我的老师奥尔西尼先生对我们正在学习的莎士比亚文本提出了一个分析性的问题。我举手回答，他听了之后回答说："我会留一个更难的问题给你回去思考。"就在那一瞬间，他对我的信任让我在内心情不自禁问自己："我是能够回答这个课堂难题的人吗？我想是的！"我从未那样审视过自己——直到通过奥尔西尼先生的眼睛看到了一个完全不同的自己。面对你的孩子，你可以这样说："你真的很擅长在超市里找到最好的水果和鲜花。我很高兴你和我一起来了超市！"或者"你对待动物总是那么温柔。难怪猫猫狗狗都会直接走到你身边，亲近你。"

"对于你，我了解的一件事是……（提供细节）"：作为父母和教育工作者，我们与孩子共度了许多时光。我们了解这些孩子，也必须花时间来评论我们在他们身上看到的长处。务必添加具体细节：

确定长处："你一次又一次地表现出了奉献精神。"

细节："还记得你参加学校音乐剧的时候，另一位主演中途退出；而你继续坚持表演，保证了演出的顺利进行。"

总结："作为集体的一员，你表现出的责任心和奉献精神，是你真正的天赋之一。它将助力你的人生，让你一生受益匪浅。"

如果你的孩子仍然不确定，请一定要补充强调，正如我的同事兼育儿专家休·阿特金斯在我的播客中提到的："你可以像我相信你那样相信你自己，直到有一天你真正拥有发自内心的无比自信。"

"偷听"：想象你的孩子在附近的某个房间里，而你正在打电话和闺蜜闲聊，你说："我迫不及待地想让你来这里听艾普丽尔弹钢琴！她真的很努力，看她弹琴很有意思。她的弹奏充满了感情，她弹琴的时候简直魅力四射。"我的朋友兼同事米歇尔·博尔巴将这种方式称为"顺风耳表扬"。"无意中听到"可以帮助孩子们得出这样的结论：当他们不在场时，如果有人对他们做出了正面评价（尤其是当他们认为自己不应该听到的时候），这评价一定是真的！

想象一下：我最喜欢的一张女儿的照片，是她背对镜头拍摄的。那是夏令营过夜期间，在探访日所有父母都离开之后，她搂着一位朋友，用手搂着朋友的头，安慰着她。对我来说，这类照片远远超越了那些她摆好姿势显得自己很可爱或准备出门参加万圣节"不给糖就捣蛋"游戏的兴奋表情照片，这才是凸显她真实面貌的照片。请一定要拍摄、展示和谈论能够强调孩子长处的照片，以便他们能够看到——并且让他知道你也看到了照片。"我喜欢这张照片，因为它展示了你的同理心。在这样艰难的时刻，你朋友一定感到非常欣慰和感激，因为你在那里陪伴她。你看她把头靠在你的肩膀上，而你正在安慰她。你是一个善解人意的人，对他人来说，你也是一个很友善的朋友。"

"你做得真棒！"便条：便条有一种奇妙之处，可以一举两得，它能在当下为你的孩子提供鼓励、支持，传递"我看到你了"的信息；同时，在孩子们情绪低落时，这些便条也能成为他们反复阅读的慰藉。留下这种"你做得真棒！"的便条，以一种细微又具体的方式来赞扬孩子的努力，强调你明白他们性格中的这些优点。（在这个强调视觉效果的时代，我也以视频形式做过15秒"你做得真棒！"的便条！）

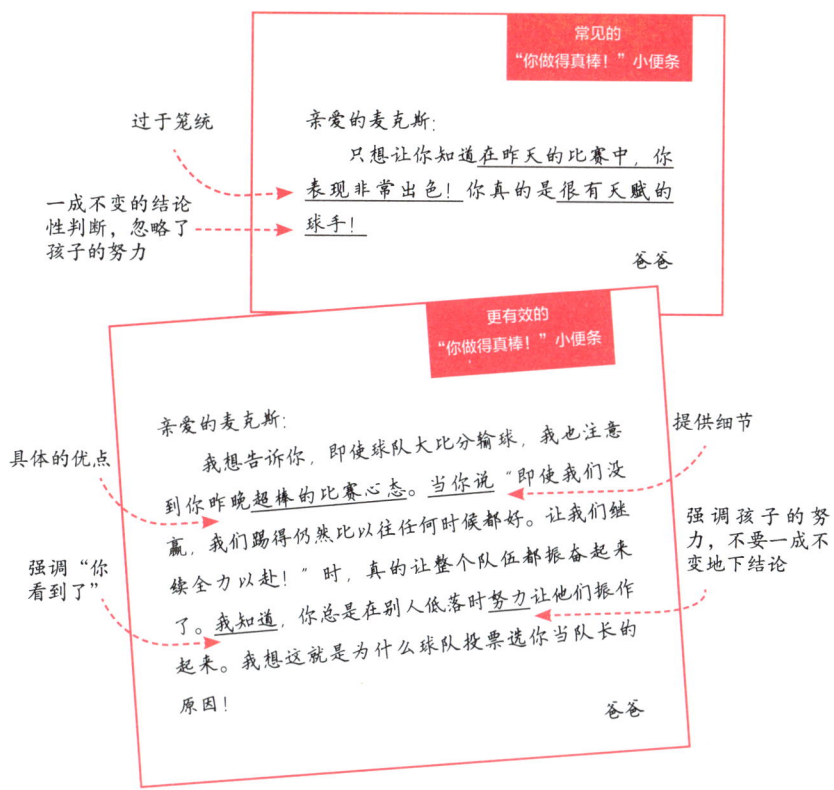

一旦我们的孩子能够"看到"自己的长处，他们就能更好地运用它们。当他们意识到自己有能力克服障碍、实现目标，并坚持到最后时，他们就更加可能实现自己的目标。

用积极词汇重新描述性格特点

Facebook 首席运营官谢丽尔·桑德伯格（Sheryl Sandberg）曾经说："当你想说你的女儿'专横'时，请深吸一口气，改说'我女儿有高管领

导才能'"。当我们将潜在的长处视为弱点时，孩子更有可能试图压制它们，而不是培养它们。我们可以重新构建并重新贴标签：

消极标签		积极标签
专横	→	果断、有主见
寡言	→	深思熟虑、善于内省
话太多	→	有效且透彻地沟通思想
傻乎乎	→	善于发现生活中的乐趣
过于情绪化	→	富有同理心、感情丰富

有时，我们只是把孩子隐藏的优势看成了劣势，认为需要重新打磨，而我们实际应该做的是帮助孩子，让他们以全新的视角看待自己和自己身上的特质。

每个孩子都需要听到的话：

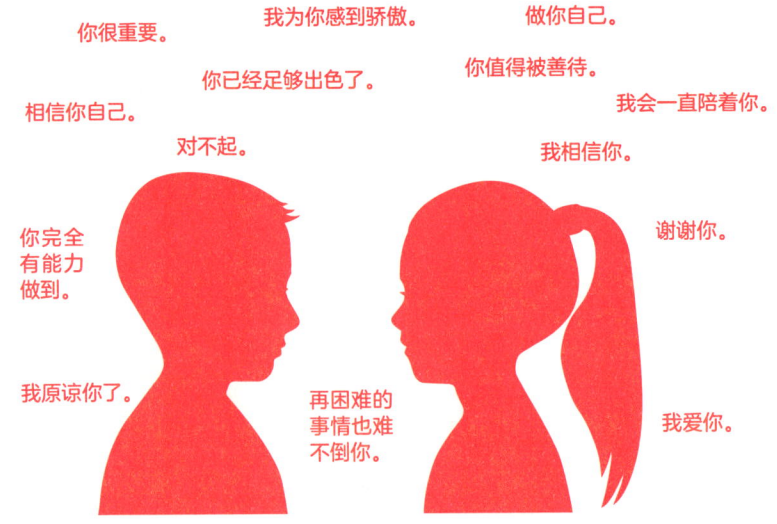

我能做到的已然足够

自信——对我们的能力、品质和判断力的信念——也会影响自尊。自信的作用（或者说天然职责）是激励我们向内提升自己，敦促我们前进，并在我们耳边低语，"你能做到！"和"你有能力！"这些内在的重复吟唱会成为我们的一部分，并转化为富有个性化的口头禅，比如"是的，我能！"和"是的，我做到了！"相反，缺乏自信会阻碍我们的进步。正如作家布里塔妮·帕克尼特·坎宁安（Brittany Packnett Cunningham）在她广受欢迎的 TED 演讲《如何建立你的自信并激发他人的信心》中所说："没有自信，我们就会停滞不前；而当我们停滞不前时，我们甚至无法重新开始。"

研究表明，自信是：

学习效果、取得成就和未来成功的有力预测指标。相信我们能做好或做成某件事，这种自信可以提升我们具体做事的能力。

帮助我们设定目标并为之奋斗。与自信较弱的人相比，具有强大自信的人更有可能选择更困难或更具挑战性的目标，并致力于实现这些目标。事实上，过去 30 年的研究表明，自信强的人往往不会将挫折和障碍视为对自己能力的质疑和攻击，反而会利用这些时机更加努力，提升自己的能力。

帮助我们从逆境中恢复。自信与抗挫力相关，抗挫力是我们从挑战中恢复过来的能力。在遇到问题或事情不如意时，具有高度自信和对自己持积极态度其实对自己是一种保护。

促使我们参与新奇的体验。当我们对自己和自己的能力充满信心时，

69

就更愿意尝试新事物。而当我们学会新技能时，又会变得更加自信！

防止焦虑、孤独和恐惧。 自信不仅是运动员在可能引发焦虑的竞技环境中的缓冲，还能在极端情况下（例如疫情期间）防止焦虑症状。反之，缺乏自信会导致焦虑和抑郁。

虽然自信看不见摸不着，也并非一成不变，但当它来到我们身边或让我们放开胸怀、昂首挺胸之时，我们就理解了它的力量。凯蒂·凯（Katty Kay）和克莱尔·希普曼（Claire Shipman）在《自信密码》（*The Confidence Code*）中写道："自信……很容易识别。有了它，你可以征服全世界；没有它，你永远无法发现自己的潜力所在。"

将内心的小魔怪调成静音

自信的最大障碍来自内在的自我批评，有个心底的声音在告诉我们，"你不能"。在心理辅导中，我们把这个老是唱反调的声音称为"小魔怪"——这是作家里克·卡森（Rick Carson）在 20 世纪 80 年代创造的一个术语——我们让客户给内心这个反对的声音起一个名字，将它看作一个小人儿，以便他们能够回应它、挑战它。这个名字可以是笼统的，比如"恶霸"或"巨魔"，也可以是具体的，比如"珍妮丝"（也许是一个你潜意识中认为会对你造成不利的人的名字）。

杰茜把她的小魔怪称为"保罗"——这是小学四年级时总折磨她的男生的名字。杰茜列出了让她付出了惨痛代价的许多讽刺和挖苦。"他告诉我'我拼写一塌糊涂''我在课堂上朗读时听起来像是用力过猛''我体育运动比我弟弟还差''我什么都不擅长'。"渐渐地保罗的声音变成了杰茜内心的声音，这个内心的"小魔怪"告诉她要保持安静，不要尝试新事物，以免尴尬。杰茜对生活持消极观望的态度，一如《乖乖女的诅咒》(*The Curse of the Good Girl*) 的作者雷切尔·西蒙斯 (Rachel Simmons) 所描述的：蜷缩、紧张，胳膊死死抱住身体，看起来像个椒盐脆饼 (pretzeled) ——这在女孩中并不鲜见——眼睁睁看着别人对自己的生活指手画脚，却无能为力。

当杰茜内心消极的声音越来越大，并渐渐占据主导地位时，我鼓励她在日记中给保罗写信，告诉保罗她如何看待他对自己的评价，并用积极的陈述来表达她自己的能力——"我阅读的时候总是充满了感情和表现力，这就是我去年在音乐剧中获得重要角色的原因！""我今年要参加垒球比赛，因为我一直打得很好！"——这帮助她表达出了对自己的信心。她每次都以"你不了解我，你也无法阻止我。我再也不听你的了"来结束练习。随着时间推移，这些宣言变成了与她如影随形的自言自语，需要的时候她就会重复练习。慢慢地她意识到，保罗的声音不是她自己的声音，她不必接受那些外部声音所说的话。

你可以为你的孩子准备一本"小魔怪"日记本，这样他们就可以抵制消极的自我对话和不正确的认知。你也可以提问："如果这个小魔怪（某人）现在坐在你面前，你想告诉他你能做什么？他一直对你说的是准确的吗？"鼓励孩子们添加一些可以实实在在证明他们能力的证据：比如你女儿克服恐惧第一次骑马的照片，你儿子自愿与来访剧团一起表演的票根，你孩子完成的第一个暑期阅读挑战的积分……所有这些都可以告诉孩子他们有能力完成很多事情——事实上，他们都已经做到了！

找到他们的声音

一旦孩子们识别出他们自己内心的小魔怪，我们就得帮助他们反击小魔怪，并由此重拾信心。在《自尊》（*Self-Esteem*）一书中，作者马修·麦凯（Matthew McKay）和帕特里克·范宁（Patrick Fanning）称其为我们孩子的"健康声音"。雷切尔·西蒙斯称其为"最好朋友的声音"。"在你人生最低谷的时候，"她说，"用你最好的朋友的口吻和自己对话。"

例如，"我数学很差！我应该放弃！"我的女儿塔莉抱怨道，她10岁就陷入了消极思维。

我会提问："如果凯蒂（她在学校里最好的闺蜜）听到你对自己说这些话，她现在会对你说什么？"（或者"如果凯蒂对自己说这些话，你会对她说些什么？"）

塔莉回答说："你只是需要一些数学方面的帮助，因为你不知道如何将分数变成百分比。"

将自己从这种情况中抽离出来并引入同理心，给了塔莉所需要的视角，让她可以换一个角度看问题。当你的孩子在内心猛烈抨击自己时，用新的眼光（比如好朋友的眼光）看待这种情况，可能正是他们所需的帮助。这样就封住了他们内心小魔怪的声音，而最终通过练习和坚持，这种更友善、更温柔、更准确的声音将成为他们内心的健康之声。

自信源于能力

自信，或者说个体对自己能否利用所拥有的技能，完成特定任务的自信程度，不仅仅来自结果，也来自学习、实践和取得进步的过程；还来自一开始就失败，然而却没有放弃，最终学习掌握了一项新技能，继而实现目标的那种成就感。实践经验告诉我们，我们有能力——并且我们将来也有能力——让我们看到努力和结果之间的必然联系。

一个在穿衣时手忙脚乱的孩子最终会做得越来越好、游刃有余。随着他的能力日益增强，他会越来越有信心完成这项任务，同时其他生活自理能力也会越来越强。如果我们不给孩子适当锻炼和受挫的机会，孩子会：（1）慢慢形成应该依赖别人完成任务的看法。（2）正常的学习不应该包括锻炼和受挫。（3）如果这成为一种定势，每次他接触到新任务或具有挑战性的事情时，他都会不自信。"你不能代替他们做事情，"屡获殊荣的卡丽·戈德曼（Carrie Goldman），《霸凌》（*Bullied*）一书的作者，在一次采访中告诉我，"你能做的最好的事情就是成为包容他们的那张网。"

为了完成任务，我们需要给予孩子机会，让他们走出自己的舒适区。你可以问这些问题：

- "你做了什么让自己走出舒适区，开始尝试新事物并磨炼技能？你现在已经进入勇气区了，真了不起！"
- "什么技能是你必须不断练习才能掌握的？"
- "当你第一次尝试时，感觉如何？"
- "当你努力克服困难学习时，感觉如何？"
- "你现在感觉如何？"

通过这些锻炼，当孩子们明白自信源于直面挑战，即使困难重重也要坚持到底。他们会认识到，自信不是老天赐予某些幸运儿的天赋，而

是努力工作和坚持不懈的结果。

让表扬发挥效力

"你帮了我大忙了！""这幅画太棒了！"父母和老师经常想说一些他们认为孩子需要听到的话，希望孩子也能开始用同样积极的语言来自我肯定，这一做法完全正确！当孩子表现出低自尊、消极的自我对话或思维扭曲时，让他们意识到自己擅长做什么事，就变得至关重要。

然而，研究表明，大约 25% 的情况下，父母会给予孩子夸大或过于积极的表扬。阿姆斯特丹大学（University of Amsterdam）的副教授埃迪·布鲁梅尔曼（Eddie Brummelman）和他的同事们发现，尽管初衷是善意的，但用夸大的表扬来提高孩子自尊心会适得其反，尤其是对于那些低自尊的孩子而言。换句话说，随着父母的表扬增多，孩子的自尊心反而降低了。

"自尊大师让我们相信，我们可以通过表扬和其他积极的话语，把自尊变成像是可以直接放在银盘上的物品，直接递给孩子，然后孩子就获得了自尊。"斯坦福大学（Stanford University）心理学教授卡罗尔·德韦克（Carol Dweck）在接受采访时说道，"我们曾认为好父母就是要源源不断地给孩子灌输自尊，但这行不通。"相反，我们可以采取以下措施。

让表扬更具体

"你做得真棒！"虽然有时听起来很不错，但往往孩子会左耳进右耳出。

科学说： 研究表明，针对特定行为的表扬，明确指出孩子因为什么行为受到表扬，有助于孩子更加积极地投入学习、增加课堂参与度、减少破坏性行为，并更专注于完成任务。最好的具体表扬并非酝酿已久，而是发自内心、自然流露出来的真诚赞赏。

示范对话：

□ "你写的故事中包含了很多深思熟虑的细节。我很喜欢阅读这些人物角色，因为你把他们描写得栩栩如生！"

□ "你一直等我打完电话，才询问你要出去玩的事，我很欣赏你这样的行为。这表明你是一个很有耐心的人。"

□ "你把蜡笔和所有朋友分享，真的很大方！"

表扬努力

当孩子们因努力而受到表扬时，就会有一种力量驱动他们继续努力，尝试挑战和克服困难。而当他们因聪明才智或天生的才能而受到表扬时，他们可能会因为担心自己不如别人想象的那么聪明或有能力而避免尝试。

科学说： 斯坦福大学教授卡罗尔·德韦克和医学博士克劳迪娅·米勒（Claudia Mueller）表示，当孩子们遇到具有挑战性的数学问题，并被夸奖为"你一定非常努力"而不是"你在这方面一定很聪明"时，他们在未来更有可能选择解决具有挑战性的问题，而不是要求解决"简单"的问题，他们也不太可能为了让自己看起来更好而撒谎。

示范对话:

□ "你学习很努力，自己还主动做测验，而且不懂的时候会及时请教、获得帮助。这就是我所说的意志坚定！"

□ "我们试着在你的每个否定句末尾添加一个最震撼有力的词："我做不到……但是……"，"我不知道……但是……"，"我不太擅长这个……但是……"。只要付出努力和时间，"但是"后面的内容都会一一实现！"

□ "你还记得舞蹈的前五个步骤！你学习它们的时候一定很努力。"

表扬与成就相关的进步

看到孩子获奖或者在考试中名列前茅固然令人激动，但不要忘记取得这些成绩所需要付出的努力。成功源于优秀的品质还是娴熟的技能？我们可以表扬孩子们为目标所付出的努力，同时也可以认可他们迄今为止通过努力所取得的成就。

科学说：德韦克表示，虽然我们应避免过分关注结果，但我们并不希望忽视持续学习和进步的重要性。我们希望孩子能为他们不断提升的技能感到骄傲。德韦克鼓励我们帮助孩子前进，从失败中触底反弹、继续前行。一个因为努力而受到赞扬的孩子，更愿意把自己的错误当作学习的机会。

示范对话:

□ "虽然你还没有完全把这首诗背下来，但是看到了你的进步！你已经记住了这首诗的前三行，而且差点就记住第四行了。这并不容易，需要高度集中精力才能完成！你一直都在进步！"

☐ "你绕着整个街区跑了两圈！你和你那些哥们玩追逐捉人的游戏，还和其他朋友一起练习骑自行车，一直在努力提高自己的耐力。继续加油！等春天到来的时候，就能如你所愿，实现跑完 5 公里的目标啦。"

避免比较

看到孩子表现优于同龄人时，我们可能会觉得有必要指出这一点。例如："你是团队中最棒的。"或者"如果没有你，合唱团可什么都不是，因为你的歌声简直就是天籁之音。"但研究表明"社会性比较赞扬（social comparison praise）"存在问题。

科学说： 虽然社会性比较有时可以激励孩子，但也可能适得其反。这种比较可能会暗示孩子，只有当他们保持领先地位时，他们才值得称赞。研究表明，当孩子们受到社会性比较赞扬时，一旦他们的竞争优势下降，他们就会失去动力。这种赞扬还可能向孩子们传达这样的信息：他们的目标是击败其他孩子，而不是精进技能或促进团队共同进步。然而在孩子们磨炼技能或完成任务时，我们真正希望的是他们向内审视自我的成长（或向外伸出援手，与他人合作）。

示范对话：

☐ "我注意到你今天在球场上真的很拼！你把球传给了队友，后来你又将球一脚射入球门，这靠的全是你的坚强决心和高度专注！你对球队帮助很大！"

☐ "我真的很喜欢你和你的姐姐都来参加我们的晚餐讨论。看待事

情时，你们都有自己独一无二的见解。当我们都参与其中的时候，对话会更有意思，你认为呢？"

悦纳自己的身体

面孔、身体、衣服、头发，我们的孩子以各种不同的、美妙的"外包装"与周围的世界建立联系，参与其中并体验生活。然而，不幸的是，社会对于所见之物都有着或明显或隐晦的评论，而社会传递出的信息可能会引导孩子们审视自己：我是否符合大家公认的魅力型人设的标准？我是否一直符合他人的期待，值得表扬？

令人惊讶的是，这种情况从孩子还是婴儿时就开始出现了。记得有一回我坐在理发店里，小女儿塔莉在我旁边的婴儿车里咯咯地笑着，突然一个中年妇女走过来，凑近婴儿车，惊叹道："哦，快看她！"我还来不及微笑或说一句亲昵的话，那位女士继续兴奋地说道："看这肥肥的小胖腿！天哪！享受现在，亲爱的。这是唯一一个胖子也很可爱的阶段。"在这样的信息包围和轰炸下，孩子们，尤其是女孩，在3岁的时候可能就开始挑剔自己的外貌、体重或体形，也就不足为奇了吧？

49%至84%的青少年都曾对自己的身体感到不满，即他们理想中的身材与真实身材之间存在差异，无论男女——尽管女孩在成长过程中通常表现出比男孩更多的不满。研究发现许多女孩常常担心自己"不够瘦"，而相当多的男孩则担心自己"不够强壮"。健康倡导者乌娜·汉森（Oona Hanson）说："在身体形象方面，许多男孩感到了竞争压力——既不想'太瘦小'，又害怕'太肥胖'。因为我们的文化总是将外表问题与女孩联系起来，导致许多男孩怀疑如果他们也关心自己的外表，会不会是哪里出了问题。"有时，对身体形象的不满过于极端，影响了日常生活，进而导致年轻人面临厌食症、暴食症等饮食失调的风险日益升高。

你可能会问："这是怎么回事？""我的孩子在哪里学到的这些？"一句话：无处不在。你只需要看看这些例子：

- 性别化和性意味浓厚的万圣节服饰选择和广告（穿着很少或紧身暴露衣服的苗条模特，此类广告将年轻女孩定位为潜在客户）
- 芭比娃娃（某些完全不可能存在于现实生活的、过分纤细的身体特征）
- 动作人偶（夸张的胸肌和二头肌）
- 热门影视明星（为电影减肥和增肌）
- 网红（使用＃完美体形、＃强壮肌肉等主题标签）

信息很明确：女孩的价值在于苗条，男孩的价值在于肌肉。如果你处于这两个极端之间，你基本得不到重视。〔虽然有人试图提供一些体形多样性——例如，迪士尼的动画片《魔法满屋》（*Encanto*）中有更多体形不同的人物，芭比娃娃也推出了"丰满"系列，有些讨论身体形象方面的书籍也承认男生同样受身体形象问题困扰——但在这方面还需要我们做更多努力去改变。〕

不过，我们能做的也有很多。虽然媒体渗透性强，信息量大，但是和孩子关系最近的人能够转化或者消解这些信息，维护或打破孩子眼中不切实际的标准。朋友、老师、教练、兄弟姐妹，还有我们自己，我们需要和所有孩子讨论身体形象问题，告诉他们，如果根据外貌来评价自己或他人是多么不公平。我们需要做到以下几点：

- 讨论"完美"的幕后真相。
- 重新关注我们的身体能做什么，而不是它们看起来如何。
- 说明好的人、好的身体有各种各样形状和大小。

当我们主动进行上述讨论，而不是等到孩子提出这些问题时再说，我们就能用他们需要的信息武装他们，帮助他们抵制周围人和媒体传递的负面信息。正如青少年教育学专家、畅销书《蝴蝶效应》（*The Butterfly Effect*）的作者安迪·安德鲁斯（Andy Andrews）在我的播客中说的一样，我们希望他们知道："他们不仅仅有身体，他们也是有价值的人。"勇敢地迈出第一步吧，就从今天开始。

🏠 我家的做法

塔莉三年级的时候，她告诉我校车上的一个男孩让她说"I. M. S."。她照做了，说完之后，那个男孩告诉她这三个字母意味着"我很性感（I am sexy）"。然后她笑了。

"哦？"我问道，"那是什么意思？"

"我不知道。"她回答，"'性感'是什么意思？"

"这是一个成人用语，意思是你对其他人有吸引力，其他人会因为你的外表而想要拥抱、触摸和亲吻你。"

她立刻警觉起来，"我才不性感！"她惊呼了好几声，脸上露出尴尬的笑容。

说到身体形象的发展，不可否认的是，年轻女孩甚至在青春期之前就知道了"性感"是一个她们需要达到的标准。通过同伴关系、时尚、社交媒体和主流媒体（针对 6 ~ 11 岁女孩的研究显示，热门儿童节目中每集平均出现 24 次"性感"内容，从性暗示的评论到不必要的性触摸），她们接收到的信息是，性感或者吸引人是成为一个受重视的成年人不可或缺的一部分。以这种方式"匆忙"成长也会影响女孩子们对自己身体的感受，使她们在越来越小的年纪就将外貌和性感的压力视为常态——更不用说这有可能让男孩也形成"女孩子就是性对象"的观念——这为自我物化埋下了伏笔，而自我物化与身体形象障碍以及饮食障碍症状都有关联。

至关重要的是，不仅女性需要和她们的女儿们谈论早期性化，男性也应该多和女儿交流，因为"性感"这个标准常常让女孩觉得，通过这种标准获得男生的注意才是重要的。试试对孩子说这些：

- "你不需要将自己物化以求得他人的关注。"
- "你看见那个广告牌了吗？一个四肢趴地、几乎全裸的女性出现在那个广告画面上，以此来推销产品。女性不是物品——她们是母亲，也是女儿和朋友，同样有感情。你怎么看？"
- "如果 Facebook 上的这个广告没有品牌名字，你以为他们在销售什么？你认为他们为什么把演员放在那个位置？如果让你去宣传那个电影，你会制作什么样的广告？"

请记住，你可能不会让孩子接触含有性化或性暗示图像的媒体，但这类图像随处可见——在 Ins 里、杂志上、电影和电视节目中，甚至在逛商场时也会看到。当你揭开这些潜移默化的信息本质时，就消除了这些信息对孩子的影响，同时提高了孩子识别和评估媒体信息的能力以及他们解构所见内容的能力。

了解媒体背后的真相

在我 20 多岁到 30 出头期间，我组织了一个面向 8 ～ 12 岁女孩的项目，名为"超级姐妹团（Sassy Sisterhood Girls Circle）"，我们一起讨论与友谊、自尊和身体形象等相关的问题。在一次令人难忘的讨论中，我们围坐在一台台式电脑旁，我向女孩们展示了杂志封面照片是如何 P 图的。她们开始指着照片，大声嚷嚷她们看出哪些地方改动过：

"看！他们把她的胳膊 P 瘦了！"

"他们把她的腰 P 瘦了好多！"

然后，梅根，一个非常喜欢思考的女孩，问我："你是想说，杂志封面上的女孩甚至看起来已经完全不像本人了吗？"

那是大约 20 年前的事了，现在情况更加不容乐观。儿童和青少年看电视和阅读纸质杂志的频率可能在下降，但社交媒体上的青少年用户却在上升。最近皮尤研究中心（Pew Research Center）的"2022 年青少年、社交媒体与技术调查"显示，67% 的青少年使用 TikTok，62% 的青少年使用 Instagram，57% 的青少年使用 Snapchat，高达 95% 的青少年使用 YouTube。而且他们经常被 Photoshop、Facetune 和其他自拍修图软件的强大功能所愚弄，这些工具每天都会在网上发布经过修饰的图片，伪装成"真实的生活"。

我们需要教育孩子们社交媒体背后的真相，让他们明白并不是所有在社交媒体上看到的东西都是真实的。《超越身体》（*More Than a Body*）一书的作者之一，琳赛·凯特（Lindsay Kite）博士在播客中告诉我："当你能帮助孩子们意识到，即使是他们认识和喜爱的人所发布的大部分图片，可能也是经过滤镜、编辑和裁剪的，这些图片只是人们的精彩片段，这将帮助孩子形成更具批判性的眼光。"以下是一些关于如何培养孩子媒体素养的想法：

比较照片

科学说： 当年轻人不断接触描绘"完美身材"的图片和视频时，他们会感觉更糟糕，使用以图像为主的社交媒体网站会引发身体形象问题，如对自己身体形象不满和自我物化。来自澳大利亚弗林德斯大学（Flinders University）的研究表明，将"经过编辑的照片与真实照片"对照着来看，可以减少对自己身体的不满。

怎么做： 社交媒体上有一个显著的趋势，即对比照片，将经过大量修饰、配滤镜和处理的图像与真实照片对比。搜索"Ins 照片对比名人真实生活照"或"PS 失败"，就可以找到一些这样的对比照片。

你可以这样开始对话： "让我们看看这两张照片，你注意到了什么？把这两张照片放在一起对比之后，你有什么感觉？你认为（编辑、广告商、明星）为什么要修这张照片？你觉得你的朋友把照片发到网上之前会修图吗？如果要为这张照片修图，你会给（广告商、明星、朋友）什么建议？关于身体形象，这张修过的照片传达了什么信息？记住，修图后的照片是制造出来的——它们并非现实。"

破解技巧

科学说： 像 Snapchat、TikTok 和 Instagram 这些应用程序都内置了滤镜和修图工具，允许用户改变自己的外观。当我们在图片和视频中看到大部分被修图后的面孔和身材时，心里就会形成一个念头：这就是我要达到的标准，而这个标准却是不现实的。来自波士顿儿童医院

（Boston Children's Hospital）的儿童心理学家肯尼莎·辛克莱－麦克布赖德（Keneisha Sinclair-McBride）说："有证据支持这一观察结果：虽然孩子们注意到了滤镜和修图软件……但他们不一定完全理解背后的工作原理。"

怎么做：当我们与孩子们讨论滤镜和修图软件的使用时，为他们展示一些社交媒体账号（可以使用你的账号做示范），演示如何使用这些软件使人看起来"完美无瑕"。为他们展示人类身上的橘皮组织、粗大毛孔、脂肪和皱纹，以及如何通过修图软件修理我们认为不完美的部分，讨论这些功能如何欺骗我们并使我们感到自卑。

你可以这样开始对话："你知道如何修图让名人看起来更瘦、更有肌肉线条或者更'完美'吗？你想看看普通人是如何在他们的照片上做同样的事情吗？就像人们可以使用滤镜让自己看起来像迪士尼动画里的人物一样，他们也可以使用滤镜让自己看起来没有痘痘，还可以修出超级细腰！你认为他们为什么会这么做？你认为当人们看到这些照片时会怎么想，会有什么感觉？记住，世上没有'完美'这回事！"

精心筛选你的信息流

科学说：科学研究表明，年轻女性经常看到一些广告、弹出的消息窗或宣传整容手术的视频，包括丰唇填充和手术整形，这些信息宣称可以改变女性的面容或身材，使其看起来更加"理想"。许多人使用社交媒体来评估自己的外貌，并从他人那里获取关于自己外表的反馈意见。研究表明，不管什么肤色，不管什么性别，如果社交媒体使用不当，都会对人们产生负面影响；尽管相对于年轻男性，年轻女性更倾向使用社交媒体来比较自己。年轻人还看到社交媒体上的网红们宣扬节食。节食已成为自律的某种代名词。正如《饮食本能》（*The Eating Instinct*）的作者弗吉尼娅·索尔 – 史密斯（Virginia Sole-Smith）所说的那样："食物变成了一种可以分类的东西——纯天然或人工加工，原装正品或假冒伪劣，干净无害或肮脏不卫生——而且让人感觉恐惧。"社交媒体将这一切都呈现得淋漓尽致。

怎么做：与孩子谈论"数字修剪（Digital Pruning）"——主动取关那些让他们感到不好或导致自我质疑的账号，与肯定身体健康形象、真实的和积极自尊的账号互动。另外，建议孩子使用社交媒体时专注个人兴趣（如气候变化、园艺、宠物等），完全避免身体比较。

你可以这样开始对话："当你打开社交媒体时，你看到了什么？这些账户让你感觉怎样？许多人在浏览社交媒体时感觉进入了一个无尽的循环中，无法自拔。当他们滑动屏幕浏览内容时，会被不断更新的信息、图片和视频所吸引，进而不断点击、浏览和阅读，他们看到的内容让他们对自己和外观感到不满。因为算法的原因，你会看到更多流行的内容，以及你喜欢或关注的内容。但是你可以掌控你的信息流。你想要屏蔽谁？或取消关注什么？你希望看到更多什么内容？"正如《屏幕智慧》（*Screenwise*）和《在公众面前成长》（*Growing Up in Public*）的作者德沃拉·海特纳（Devorah Heitner）博士在我的播客中所说："你可以告诉你的孩子，'如果某些账号或内容使你感到不好或不自信，你可以主动选择不再关注和浏览这些内容'。"

坚持真实

科学说：大量研究表明，社交媒体活动，比如浏览或上传不真实 / 经过加工的照片，与身体形象问题和饮食失调有关。伦敦大学城市学院

（City, University of London）的罗萨琳德·吉尔（Rosalind Gill）教授最近开展了一项研究，结果显示，90% 的年轻女性在发布自己的照片之前会使用滤镜或修图工具来均匀肤色，或修出自己想要的肤色，改变面部五官的某些部位，显得更瘦，牙齿更美。研究人员发现，即使是对自己的照片进行修图，也可能导致人们患上"修图软件畸形症"——患有这种病症的人会对微小或想象中的瑕疵过度在意或关注，并将经过滤镜处理的自拍照片带给外科医生，以展示他们希望通过手术实现什么样的改变。

怎么做："坚持真实"同样适用于我们自己。如果我们希望孩子们做正确的事，我们自己就不能修图后再上传照片，或沉迷于那些让我们感觉不对劲或不自信的公众号。正如《身体戏剧》（*Body Drama*）的作者南希·雷德（Nancy Redd）所说："我们生活在这样一个时代，就连学校里拍证件照的都提供修图增强效果服务。"我们要的是一个经过修图编辑后的自己或子女吗？让我们将"坚持真实"作为一项家庭行动和家庭约定。

你可以这样开始对话："我爱你，我喜欢你本来的样子，你知道吗？没有必要改变任何事情。你记得我们曾经谈论过人们如何修图编辑照片，使它们看起来更'完美'吗？我认为我们不应该那样做，还有什么比真实更美丽、更完美的呢？让我们将精力重新集中在我们的身体所能做的一切真实事情上，我们可以用我们的身体去到真实的地方，与真实的人共度时光，聚焦所有真实的人和事。你赞成吗？让我们坚持真实！"

控制你的时间

科学说：美国儿童和青少年精神病学学会（The American Academy of

Child and Adolescent Psychiatry）报告称 8 ～ 12 岁的美国儿童每天使用屏幕的时间为 4 ～ 6 小时，青少年则高达 9 小时。非营利研究机构常识媒体（Common Sense Media）报告称，从 2019 年到 2021 年，8 ～ 12 岁儿童的社交媒体使用量大幅上升——尽管这些平台并非为儿童设计——这在很大程度上是由新冠疫情造成的。

怎么做：赛博网（Cyberwise）创始人戴安娜·格雷伯（Diana Graber）建议孩子们每天记录日志，记录自己在屏幕上花费的时间，创建一份"愿望清单"，列出如果不面对电子屏幕他们会做什么事情，安排一个"无屏幕日"，让孩子们有机会实际执行他们愿望清单上的事项，体验屏幕之外的世界带来的乐趣。

你可以这样开始对话："通过记录日志，你有没有发现自己的时间都去哪儿了？你看通过记录我学到了什么，有没有想过我们的'无屏幕日'，你想做些什么一直想做的事？想想就让人兴奋！你觉得以后我们每周 / 每月设立一次'愿望清单日'怎么样？这样我们就可以实现一些清单上的项目，专注做那些真实和美好的事情啦。"

最近的一项研究发现，当大学生在 Facebook 上看到大码模特的照片时，他们对身材的不满会减少，心情也更好。此外，当人们对大码模特做出负面评论时，参与者也更有可能做出负面评论。我们需要确保孩子可以接触到各种体形，并讨论这种"群体攻击效应"。也许那句老话是最好的：如果你没有什么好话要说，那就什么都不要说！

专注于身体能做什么

一天早晨，我的健身教练凯文·吉德雷告诉我们这群满头大汗、气喘吁吁的学员，说有一位同学早上没来上课，因为要去做化疗，对抗一种侵袭性的恶性肿瘤。"记住，"他说，"你今天早上还有机会锻炼身体。活着的每一天都是美好的，拥有健康和行动能力是多么荣幸。"同一天，在我的播客中，林赛和莱克西·凯特两位博士多次重申："我们的身体是一种工具，而不是装饰品。"

这些评论引起了我的思考。我们有多少次与孩子们一起集思广益，讨论他们的身体每天能让他们做哪些令人惊奇的事情？是时候将我们的注意力转移到我们的身体上，将其视为享受、互动、进步、健康和幸福的工具了。拿出一张纸和几支笔，然后问你的家人这些问题：

"你的身体做的让你最开心的事情是什么？" 他们可能会想到一些体育活动，比如曲棍球和啦啦队，或者像拥抱和为他人做饭这样的人际交往。这会提醒我们的孩子，我们的身体允许我们参与和行动，而不仅仅是用来评价他们外表的道具。

"我们的身体让我们去过哪些地方，看过、听过、感受和体验过哪些奇迹？" 你的家人可能会谈到他们感受到冰凉的海水拂过皮肤，看到科罗拉多大峡谷（Grand Canyon），或听到他们的小妹妹第一次叫他们的名字。我们的身体是奇迹，它们让我们体验奇迹！

"因为你的身体允许，你可以花时间和谁在一起？" 无论你的孩子告诉你他们可以和最好的朋友去公园，与爸爸一起观赏蓝天白云，还是乘飞机去拜访奶奶，他们都会认识到身体是联结互动和享受的载体。

以这种方式让家人思考和交流，可以重新定义我们对身体的讨论，不再专注于我们的身体需要修正、称量体重、重新设计或挑剔批评等外观问题，而是转变为对身体功能的感恩和拥抱。这种转变可以改变我们对身体的看法，让我们开始欣赏和珍视身体所提供的功能和便利，每天依赖和享受这些功能。

不要这样做，要那样做

营养

不要鼓励孩子们限制饮食、跟随时尚饮食或远离"不好的食物"，比如"别吃那个松饼，会让你变胖"或"你需要吃非碳水化合物的食物"。

《女孩身体形象书》（*The Body Image Book for Girls*）的作者夏洛特·马基（Charlotte Markey）提醒父母们"鼓励孩子们大多数时候吃有营养的食物，并告诉他们在感到饥饿或口渴时要倾听身体的声音"。

社交媒体

涉及你的孩子在网上关注和倾听的内容时，不要充耳不闻。多芬自信养成计划（The Dove Self-Esteem Project）制作了一部名为《有害影响》（*Toxic Influence*）的情感短片，揭示了网络如何向孩子们传达有害的"建议"，比如"如果你的牙齿不整齐，你可以用指甲锉把它磨平"，"你可以

在家使用唇部填充套装，自己注射丰唇"，以及"不断告诉自己你不饿"。

直接讨论年轻人通过社交媒体和广告所接收到的信息。你甚至可以使用多芬的那个短片来引发讨论。不要害怕提出以下类似的问题：

- "你听到过哪些与外貌和漂亮外表相关的信息？"
- "你认为这位女士为什么要谈论从整形医生那里获得的肉毒杆菌毒素'改变了她的人生'？"
- "这些广告让你有什么感觉？"
- "你有什么想问的吗？"

家庭价值观

不要让家庭成员因孩子的体形、体重或整体外观而羞辱或取笑他们。即使是开玩笑，也不要给孩子们起绰号或对他们的身体发表贬损性评论，这可能导致他们以负面的方式看待自己的身体。研究表明，许多人曾经因外貌遭到取笑，这是导致他们形成低自尊人格和饮食失调的决定性因素之一。

在家庭中创造一种文化，一个避风港，接纳所有体形，禁止"肥胖话题（Fat Talk）"，即一种专注于抨击肥胖、体重和身材的贬低性谈话（通常伴有自我贬低的情绪）。在与父母和教育工作者交谈时，我经常鼓励他们创造一个"肥胖话题禁区（fat-talk-free zone）"，在这里禁止讨论最新的节食方法，体重增减，朋友、家人和名人的体形或外形。如果需要，可以在门上贴一张纸条："如果要谈论肥胖话题请在门外。你也可以在离开后再谈。你来到的是一个肥胖话题禁区。"

错误信息

不要让你的家人、朋友或家里的媒体传播有关健康、体重和幸福的错误信息。良好的健康不是通过节食、限制饮食、过度运动或服用减肥药物获得的。根据著名的饮食失调治疗机构伦弗鲁中心（Renfrew Center）的说法，虽然那些与我们的孩子最亲近的人不会"导致"饮食失调，但孩子为什么对身体形象形成负面看法，很有可能就是因为他们无意中的"推波助澜"，而这些负面看法往往又助长了有害饮食习惯的形成，加深了有关体形、体重、身材、健康和幸福的负面看法。

无论体重多少，请与孩子讨论健康和幸福的真正根源：

- 吃有营养的食物
- 每天摄入足够的水
- 获得充足的睡眠
- 每天锻炼和活动身体
- 发泄情绪，以有效的方式管理压力，例如和朋友一起大笑

研究表明，健康的行为与积极的身体自尊高度相关！

关于称体重

当谈到体重和健康时，我喜欢举一些例子："想象一下，一个名叫莎拉的女孩穿的衣服是 2 码，另一个女孩安娜穿的衣服是 14 码，谁更健康？现在，如果我告诉你莎拉一整天只吃一个苹果，喝无糖苏打水，不做任何运动，而且通宵达旦地刷视频会怎么样？安娜饮食健康、均衡，每天晚上九点半就睡觉，在足球场上轻轻松松跑在她所有朋友的前面。

你会不会有不同看法？我们应该对安娜说为了健康她得减肥吗？健康和体重不是一回事。"

你的内在已足够完美

自尊和关于身体形象的看法是需要内在培养的品质。为了形成这方面积极健康的理念，我们的孩子们需要看到：

- 他们做好自己就足够了。他们有长处，也会遇到困难和挑战，但没关系。
- 他们所做的已经足够了。他们能力很强，只要努力就能取得显著进步。
- 他们向世界展现自己的方式都很出彩。他们的身体是体验世界的一种载体——不是被动等待世界评价他们价值的躯壳。

当孩子们停止寻求外界的认可，就会意识到他们的内在原本就足够"完美"。自尊感来源于他们每个人内心，不是因为生活中某些关键人物的认可——而是因为孩子们生活中某些关键的成年人为他们举起了镜子，让他们认识到那些内在的美好，而后就可以肆无忌惮地展现自我、表达自我和面对世界。亲爱的读者朋友们，这才是真正的美，不是吗？

📍 谈话要点

问题	你的答案
你孩子最明显的长处是什么？	
你如何强调孩子的长处，让他知道自己受到重视和关注？	
有哪些身份习惯或思维误区可能会阻碍孩子的发展，该如何与他们交谈，才能将那些"消极的假设"转变为"正确的想法"？	
你的孩子有"小魔怪"吗？你什么时候听到过？你的孩子怎么才能当场抓住小魔怪并把它扫地出门呢？	
你该如何表扬孩子？为什么要表扬？你是否需要做一些改进来增强表扬的效果？	
在孩子人生的这个阶段，与他们进行哪些关于身体形象和自尊的对话是最重要的？	
你认为孩子已经从你这里学到了哪些关于自尊、身份、自信和身体形象的信息？	

第 **3** 章

如何与孩子谈论
友谊

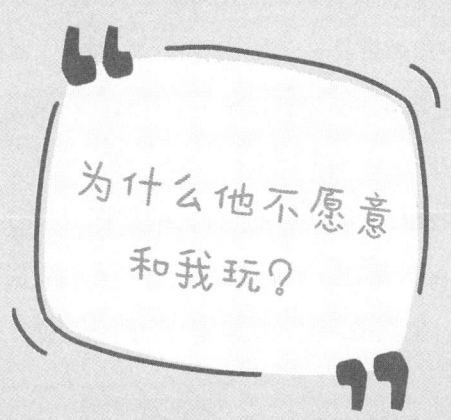

为什么他不愿意
和我玩？

有一天，我接到女儿一个朋友妈妈的电话。显然，这不是一个寻常的电话。

"我家孩子今天哭着回家了。她说你女儿不让她在课间休息时和游戏组的其他组员一起玩，她不知道为什么。"

哎，那会儿孩子们上三年级，所谓的"组内成员和组外成员"就是他们的游戏规则。被"排斥"永远都是令人难过的。

我感到心跳加速，没有父母愿意听到自己的孩子让别人的孩子哭泣。到底发生了什么？她们前几天还一起玩过。我深吸一口气，提醒自己不要怒气冲冲地冲进塔莉的房间。毕竟，过去的经验告诉我，那行不通。

当我和女儿都坐下来之后，我告诉她："B同学的妈妈说，B回家的时候非常难过，因为在学校里做游戏时，大家都不让她参加。"我故意不责怪或指责我的女儿，因为我并不清楚到底发生了什么。我保持开放的态度来讨论，这样她就可以在不被评判的情况下做出回答。

"B太霸道了！"她对我说，"我们本来准备玩过家家，她走过来说，'我不想玩过家家，我们玩捉迷藏吧！'她叫所有人都过去，我们告诉了她很多次，我们已经在玩过家家了，但她就是不理，所以我说，她不能和我们一起玩。"

儿童之间的游戏规则可能让人感觉有点非黑即白。大多数孩子在小学阶段还没有完全掌握让步折中、温和拒绝他人、轮流玩耍或寻找共同点等社交技巧。但我知道，在那一刻，喋喋不休地谈论给予和索取并不是一个好主意。当涉及友谊问题时，孩子们往往会情绪激动（就像成年人一样），无论给出多么富有智慧的建议，他们也会选择充耳不闻。因此，沟通的方式需要尽量温和才好。毕竟，有什么比友谊更触动人心的呢？

什么是友谊

俗话说，知音难觅。每个人对友谊的需求都不同，并随着生活经历的变化而变化，这使得友谊难以定义。然而，我们所知道的是，当我们称某人为"朋友"时，我们传达了一种确定性，表明我们与这个人之间存在某种联结，同时表达了我们对于这个联结的行为、期望和感受。

友谊，是一种我们选择的关系，通常建立在共同的兴趣、关怀、尊重和信任的基础上。正如《友谊：生命基本纽带的演化、生物学和非凡能量》（*Friendship: The Evolution, Biology, and Extraordinary Power of Life's Fundamental Bond*）一书的作者莉迪娅·登沃斯（Lydia Denworth）所说："一段高质量的友谊，至少要满足三个基本条件：持久、积极和合作。"但友谊的好处还远不止于此：

培养社交技能：友谊可以教会孩子如何让步折中、照顾他人、表达共情、倾听他人、解决问题、分享、轮流发言、做出明智选择和发表自己的意见。

提升自尊：得克萨斯大学奥斯汀分校（University of Texas at Austin）

的研究发现，个人的自尊感和友谊呈现出相互促进关系。换句话说，在友谊中获得强大支持和认同会转化为更高的自尊（反之亦然）。

提升融入群体的感觉：麻省理工学院（MIT）的一项研究表明，我们对社交互动的渴望根植于我们的大脑，并且与我们对食物的渴望一样，源于大脑的同一区域！而且，我们被社交排斥时的感受和大脑对身体疼痛的感觉也来源于大脑同一区域。难怪人们会因被孤立而痛苦。

提供支持：研究表明，拥有亲密、支持性的朋友可以帮助孩子渡过各种困难情况。英国的一项研究揭示，相对于那些没有好朋友的孩子，来自低收入家庭、拥有强有力的支持性友谊的孩子，更有可能成功地渡过生活中最艰难的困境。

减轻压力：北卡罗来纳大学教堂山分校的克莱尔·扬教授及她的团队分析了4个大型数据库，其中包括从青少年时期到成人时期的国民健康纵向研究（National Longitudinal Study of Adolescent to Adult Health）数据。他们发现，友谊与血压降低和炎症水平降低等特定的健康指标有关，从而帮助人们更好地避免心脏病、中风和癌症等长期健康问题。

提供保护性社交权力：加州大学的发展心理学家詹娜·尤温森（Janna Juvonen）表示，在应对同伴压力、社会孤立和霸凌时，"朋友可以起到减轻伤害的作用"。她发现，那些曾遭受霸凌的孩子，如果团结起来，被孤立和被遗弃的感觉会减弱，也减少了成为新的霸凌目标的可能。

让我们更健康、快乐：精神科医生罗伯特·沃尔丁格（Robert Waldinger）在他的 TED 演讲结束时，曾谈到"美好的生活是建立在良好的人际关系之上的"，该演讲详细介绍了哈佛持续时间最长的关于幸福和生活满意度的研究。研究表明，拥有良好人际关系（定义为温馨、深情和亲密）的人更快乐，身体更健康。事实上，研究显示，拥有好朋友对于健康和长寿的重要性不亚于戒烟，其益处是体育锻炼的两倍！

可能这就是为什么《兔子效应》（*The Rabbit Effect*）一书作者、哥伦比亚大学精神病学家凯莉·哈丁（Kelli Harding）告诉我："我多希望我能为所有患者开出'友情'的处方。"

友谊的成分

和孩子们探讨友谊的一个简便方法就是集思广益，讨论浓浓友谊的"成分"。让整个家庭都参与其中！你可以问："你们认为制作最美妙的友谊大餐需要哪些成分？"大家可以围着餐桌坐一圈，或在房间内逐一询问，让每个人都为友谊大餐添加一些原料。答案的范围可以很广泛，从四分之一杯的善意，一勺满满的诚实，到两分的纯真，一罐的信任，再加四升的可靠。你还可以组织一个美术活动，在彩纸上画一口大大的"友谊之锅"，让你的孩子（用文字、照片或图画）在锅里装满他们喜欢的成分和配料，然后把作品挂起来，让大家都可以看到。

岁月里的友谊

随着人生阶段的变化，我们对友谊的看法和理解也随之变化。《友谊的发展过程》（*Friendship Processes*）一书的作者贝弗莉·费尔（Beverley Fehr）表示：

学龄前儿童倾向于通过可观察到的他人所做之事，来定义朋友。比如朋友会"分享玩具""不会打你"，甚至可能通过他人的外貌或拥有的物品来判断，比如"她的头发是红卷发"或"他有很多积木"。

小学生在描述或定义朋友时，较少强调外貌或可以轻易观察到的一些细节，而是变得更为关注亲密和支持，例如"他们会帮我解答数学题"或"愿意把薯条分享给我"。

青少年更在意和友谊关联的一些抽象特质，如忠诚、亲密、帮助、支持以及共度时光。

成年人则趋向于从共同兴趣、信任度、互利互惠以及享受彼此的陪伴等多个维度来看待友谊。

何谓"好朋友"？

我和兰迪还在蹒跚学步时就认识了，年龄相差三个月，小时候我们两家中间只隔了两栋房子。从那时起我们就一直陪伴在彼此身边，我们一起经历和见证了彼此人生中友情的变迁、心烦意乱的分手、惊心动魄的车祸、喜庆的婚礼、欣喜的生儿育女、家人离世时的无助，还有煎熬的育儿挑战。她和我拥有作家安·弗里德曼（Ann Friedman）和阿米纳托·索（Aminatou Sow）所说的"伟大的友谊"——细致入微、复杂、深厚，是一种"你已经拥有了很久，希望能一直持续下去的友情"。

那么，好朋友需要具备哪些品质呢？就像我上面提到的，这是极其个性化的，理想的品质可能无穷无尽。但是，如果我们回顾上文，同意优质的友谊就是持久、积极、合作的关系，那么下面几个关键词，我们可能需要为孩子们解析其中的含义：

可靠性

可靠性是指能够向他人表明他们可以依赖并信任你的一种能力。当你让人感觉可靠时，你就是在告诉你的朋友："你可以信赖我！"

与你的孩子们一起思考，集思广益！例如，"一个可靠的朋友会做什么？"（信守承诺、朋友需要时出现、清理游戏玩耍后的场地、守口如瓶、履行承诺，以及勇于承担责任。）你还可以探讨相反的情况："一个不可靠的朋友会做什么？"

提供支持

愿意提供支持的人在朋友经历困难的时刻，总是在一旁鼓励他们或在他们需要时陪伴在身边。这样的人也会为朋友的梦想或目标加油打气。当你提供支持的时候，就像在对你的朋友说："前方无论晴空万里，还是暴风骤雨，我都会与你风雨同舟！"

不妨试试扔沙包游戏！与你的家人围坐一圈，把一个小沙包随机扔给另一个人。每次接到沙包的人都要对家庭的其他成员说一句赞美或鼓励的话，然后再把沙包扔给下一个人。或者你也可以发起一场"支持贴纸"活动！在朋友陷入困境的时候，利用便利贴向朋友传递鼓励或支持的话语。例如，可以在便利贴上写上"祝你考试顺利！"或"我在想念你"。你还可以在孩子的午餐盒中放上一个便利贴，写上你想对孩子说的话，这样你就为孩子示范了如何实现这个想法。

始终如一

当我们表现出始终如一的态度时，朋友们就会明白，他们可以对我们抱有怎样的期待。我们不会今天在此，明天就消失得无影无踪。我们传达的信息是："我不会随意离你而去，我会长久陪伴你！"（这里也需要强调，你的朋友也会遇到不顺心的时候。朋友偶尔对我们表现糟糕并

不代表他就是一个不好的朋友。有时候，我们只需要给彼此一些时间和空间！）

制作一条友谊链吧！ 询问你的孩子："你的朋友表现出了哪些品质，让你感觉他们是始终如一的好朋友？说具体一点！"然后把这些品质或特点写在一张张小纸条上，再将它们连接在一起，做成一个纸质的链条。（将它展示在游戏室或任何你希望他们看到的地方！）接着问："你又表现出了哪些品质，让你的朋友感觉你也是一个始终如一的好朋友呢？"帮助孩子们认识到，友谊的坚固和持久，来自所有这些品质的结合。

合作性

莉迪娅·登沃斯提到，一个合作的朋友是"一个给出回应或回报的人"，"就是说，双方有来有往"。换言之，"如果你的朋友在你需要的时刻施以援手，并在你心情低落时给予你支持，作为一个好朋友，你也需要为你的朋友做同样的事。如果你想拥有一个好朋友，那么你也需要成为一个好朋友"。

当你看到合作行为时，要指出来！

☐ "卡伦真的太好了，他愿意和你分享他的玩具。这样当我们和朋友一起轮流玩玩具时，每个人都可以玩得很开心。真是一个好朋友！"

☐ "我很喜欢你和麦考拉一起搭的那座积木塔，这就是好朋友们之间的美妙合作，真的好棒！"

☐ "我看到迈克尔和马克斯正在与拉吉一起打扫溅出来的水。真是好朋友！"

☐ "多贴心的朋友啊！今天索菲亚受伤时你拥抱了她。那天你伤心的时候，她送了你一幅画。"

小诀窍

"你会用哪三个词来描述一个好朋友？"这是我在讲述友谊的力量时，向全国各地的孩子们提出的问题。这个问题能让孩子们想到诸如"忠诚""善良""值得信任"等形容词——认为这些是最能代表他们描述友谊的词汇。一旦他们说出了三个词，我就提出了关键问题："当你想到你最亲密的朋友时，他们是否符合你对友谊的定义？"这个问题可能会引发大量讨论，讨论哪些朋友是好朋友，哪些朋友还不够亲密。

🏠 我家的做法

吃晚饭时，我喜欢提出一些探讨性的问题。我把这些问题都写在小纸条上，放在我们餐桌中央的一个罐子里，这些是我们"餐桌谈话"的内容。孩子们喜欢从罐子里随机抽出一个问题，让全家一起来回答。这是一个绝佳的分享时机，我们可以一起探讨那些关于牢固关系的一系列核心问题。例如，"好朋友应该怎么做？"诸如此类的问题。

如何交朋友

作为社会性物种，人类有一种与生俱来的需求，渴望与他人建立联系，以及被某个群体所接纳。一旦你的孩子明白了什么才是好朋友，什么才是好朋友应该做的事情，那么接下来谈论如何建立和维持这些联系就会轻松很多。虽然大部分孩子都渴望交朋友，但是对有些孩子来说，迈出第一步却并不容易。除了走上前去和对方打个招呼，说声"你好"，表示你留意到了他们，希望和他们建立友谊之外，这里有一些友谊初始阶段的建议：

1. **提问：**人们通常喜欢谈论自己！让他们打开话匣子。同时，提出问题也表示出你的好奇心。对你的孩子说："如果你想在学校或其他课外活动中和某个人交朋友，通常你可以问一些什么问题呢？我们一起来想一想。"问题可以从"你好吗？"到"你最近都看了些什么电视节目？"，不一而足。你和孩子可以写下自己最喜欢的问题，进行角色扮演来练习提问。

2. **关注他人的优点：**我非常喜欢给予真诚的赞美——而这恰好也是表达你感兴趣的好方式。你可以问孩子："你喜欢他们什么地方？他们哪些地方做得很棒？他们哪些地方让你觉得有趣、好玩或者很了不起？"答案可能从"我喜欢她的穿着风格"到"他篮球打得真好"或"他们画画真的很厉害"，五花八门，各种各样。当我们留意到他人的优点并表达出来时，会让对方感受到被欣赏的美好。

3. **分享一些自己的事：**教导孩子们与新朋友分享自己事情的时候，需要一些技巧——一味地把自己的事情讲个不停，不给别人开口的机会，可能会让人感到很有压力，给人以自我为中心的印象。而若是只问对方各种问题，却不分享自己的事情，也会给人可疑或防备心很重的感觉。这就需要找到一个平衡点。我们的目标是帮助孩子寻找到和对方的共同之处，进而建立友谊，而非苦苦地想方设法让人印象深刻，或者对他人进行深度窥探。试着教孩子：

- 分享一些自己的个人特点。"业余时间我真的很喜欢自己做首饰，尤其是用珠子做手链。"适度透露一些关于自己的信息，不仅会让人感到亲近，也会激发对方的分享欲。
- 提出一个相关的问题。"业余时间你喜欢做什么？"这表现出你的兴趣，有助于孩子们找到和新朋友之间的共同点。

4. 找出共同之处： 鼓励孩子化身"小侦探"，找出自己的兴趣与班级同学、小区其他小朋友或课外培训班里的小伙伴在兴趣上的相同或相似之处。这些潜在的好朋友有什么相似之处呢？那就是友谊最美妙的地方！《成长的友谊：儿童交友和维系朋友指南》（*Growing Friendships: A Kids' Guide to Making and Keeping Friends*）一书的作者之一艾琳·肯尼迪 – 穆尔（Eileen Kennedy-Moore）指出，两个孩子兴趣交汇的地方，就是"友谊开始的地方"。比如，如果你的孩子注意到，一个同学和自己一样有着某种独特的爱好，他便可以这样说："我看见你在课间捡石头，你在搜集石头吗？我也喜欢！"或者"我听说你这个周末去瀑布湖露营了，我们一家也超喜欢那里！你们在那里都玩了些什么呀？"

5. 主动发起聚会： 对于害羞的孩子来说，这可能是个难题，但如果孩子们有着共同的兴趣爱好或喜欢的活动，他们可以从放学后一起度过的时光、课外活动中或小组聚会中受益。这也许需要一些勇气，但孩子

可以学习主动邀请，比如，"你愿意课后来我家一起玩玩具火车吗？"或"你愿意周末一起去公园玩吗？"这种集中的时间有助于加深友谊，建立更牢固的情感联结。

揭秘真相

你的孩子想结交更多朋友吗？告诉他们要假设"他们都喜欢你"！依据"接受预言"，这种思维方式的简单转换，最后会变成一个自我实现的预言。也就是说，以这种积极的方式思考，能让我们变得"更友善、更热诚、更开放"，这样我们就能吸引更多朋友进入我们的生活，这是畅销书《纯友谊：依恋科学如何帮助你结交朋友和保持友谊》（*Platonic: How the Science of Attachment Can Help You Make-and-Keep-Friends*）的作者玛丽萨·佛朗哥（Marisa Franco）博士的观点。而这一切反之亦然。"当我们害怕他人拒绝我们的时候，我们就会变得封闭和退缩。"所以，当孩子们提前假设自己不受欢迎，会被拒绝，那他们就很难交到朋友。

迈出第一步的 ASK 策略

如何帮助孩子鼓起勇气开口询问呢？"人类科学（Science of People）"的创始人瓦妮萨·范·爱德华兹（Vanessa Van Edwards）告诉我，她建议大家谈话时先找到跳板，即一个人可以利用与对方共同拥有的东西来引入话题。虽然她是指成年人，但同样的原则略做调整也适用于儿童，我称之为 ASK 策略：

1. **切入（Approach）** 时想好一个话题：提出一个你和对方可能都会感兴趣的活动或地方。

2. **分享（Share）** 感受：增加一些潜在的兴奋感，关于这个经历会多么酷、多么惊人或有趣。

3. **保持（Keep）** 简单和随意：没有必要把它变成一件大事。"你不是推销员。"凡妮莎·范·爱德华兹说，"永远不要强迫或让对方感觉不舒服。"

整合所有步骤后，对话听起来会是这样的："我听说有部漫威的新电影这周末就要上映了。据说超级精彩！你想一起去看吗？"提醒孩子，当他们主动开口提出邀请，本身就是一种勇敢的表现。当他们一次又一次地这样做时，事情就会变得容易。这是一项需要练习的技能，一旦他们找到合适的人并成为朋友，那将是最美妙的回报！

小诀窍

　　我曾做过一些讨论成功路上的障碍（例如拖延症）问题的演讲，在那些演讲中我会设置一个名为"那就是我！"的环节。我会大声喊出影响成功的某个障碍，如果其他人认为这也是阻碍他们成功的障碍，就会一齐高呼："那就是我！"整个过程生动有趣，并且也发掘了大家的共性。对于孩子来说，我听说过一种相似的游戏。比如某个孩子先分享一些关于自己的事情（如："我喜欢体操！"或"我喜欢玩游戏！"），接着，那个可能会成为朋友的小伙伴会跟着说："那就是我！"或"我也是！"——这是一个寻找共同兴趣的方法，很有意思。

📢 应急对话指南

为一次愉快的玩耍聚会做好准备

　　在孩子们熟悉且舒适的环境中安排一次玩耍聚会，是锻炼他们社交技能和加强友谊的好方法。同时，也能让你有机会在实际情境中解决一些困扰你的育儿难题，比如如何与他人分享和让步协商。

　　当孩子们第一次办玩耍聚会，又或是过去举办玩耍聚会遇到过问题，你都可以在聚会前向他们提一些问题：

分享就是关爱："你愿意和朋友们一起分享哪些玩具和游戏？我们先把它们拿出来吧。哪些玩具和游戏你还没做好分享的准备？我可以暂时收起来。"如果你的孩子对自己的某些玩具格外珍惜，而你却让其他人随意玩这些玩具的话，就可能引起冲突。

留意食物："当你和朋友们一起玩的时候，我们应该准备什么样的有趣零食，或者我们做些什么美味供大家享用呢？你认为大家可能会喜欢什么呢？"考虑到很多孩子对这样或那样的食物过敏，了解其他孩子能吃什么食物，以及准备哪些食物会让他们感受到关心和体贴，会是一个很明智的做法。我儿子诺亚患有乳糜泻，当有新朋友特意为他准备了无谷蛋白的零食时，相信我，那真的让人感觉很不一样！

欢迎新朋友："有时候，初次踏入一个新朋友的家会让人感觉有点陌生。当新朋友来访时，你该如何迎接新朋友，让他们感到轻松自在？你应该问什么或者说点什么，让他们感觉你热情好客？"

当好东道主："如何判断新朋友们是否感觉自在？你怎样从他们的面部表情或肢体语言上察觉问题？有时，当孩子们感到不自在，他们可能会交叉双臂，无话可说，甚至远离你。"

安排双方都满意的活动："你怎么知道你的朋友对你们正在玩的东西不再感兴趣，而是想玩其他游戏？通常情况是，当人们不再感兴趣时，他们会开始坐立不安，寻找其他选择，甚至直接提出要做其他事情。如果发生这样的情况，你要怎么应对呢？"

愉快地告别："有时候，当你和新朋友正玩得开心时，可能很难说再见。你怎样才能让大家都以愉快的心情结束聚会呢？在剩下的最后 15 分钟、10 分钟或 5 分钟进行倒计时会很有用，这样你们就有足够的时间整理和告别，不会有匆忙的感觉。你需要我到时候提醒你时间吗？"另外，艾琳·肯尼迪－穆尔建议，"当玩耍的时间到了，要平静地接受游戏或聚

会的结束。不要大吵大闹或是企图拖延时间，这会让大人们感到烦扰，也会让你的朋友感觉不安"。正如我母亲经常告诉我的，"你如何告别，决定了别人是否愿意再次邀请你"。也就是说，你告别的方式决定了你的朋友是否愿意再次邀约！

融入群体的六个步骤

让我们面对现实：对于任何年龄段的人来说，融入一个已经稳固的同龄人群体绝非易事。你可能会觉得自己像个入侵者，又像个局外人。我们不是要唐突地打断别人或突然插话，关键是要融入或者加入其中，而非打破原有的结构（参见下面"我家的做法"里面的例子）。肯尼迪 – 穆尔博士建议，想要加入一个群体时，可以尝试以下策略：

1. **倾听和观察：** 对孩子说："我们先一起静静地看看他们在做什么，好吗？看起来他们好像都很友善，而且玩得很开心，对吧？"

2. **靠近一点：** 通过拉近距离，让孩子进入玩伴的视线。试试说："我们可以再靠近一点，这样就可以了解怎样才能更好地融入他们的活动，或者加入他们的讨论也不错！你听到他们在讨论什么？看到他们在做什么呢？"

3. **提供帮助：** 通过行动，让可能成为朋友的人知道，你的孩子乐于助人，能为群体带来积极的贡献。试试说："他们的球滚到你这边了。也许你可以把球捡起来，递给他们？"

4. **赞美你所见：** 比如正在打篮球的某个人投进了一个球，鼓励孩子说："好球！"试试这样对孩子说："这可以成为你示好的一种方式，让大家知道你友好、善良，希望加入他们。"

5. **提出建议：** 这是口头语言与实际行动的一次融合，正所谓言行一致。比如："刚刚有个男孩说，他希望能再多一个球玩就好了。我们车上还有一个球呢！你可以去跟他说'如果你们愿意的话，我可以跟你们分享我的球'！"

6. **排队等候：** 这时候孩子已经完成了群体融入。你可以说："把球递给那个人，然后说'给你！'接下来排队，等待轮到自己。"孩子们学会配合他人的行动，加入其中，享受乐趣。

♠ 我家的做法

还记得我们本章开头的那个故事吗？我女儿的朋友 B 试图改变一群朋友正在玩的游戏。她并没有加入和融入——而是"闯入并干扰"，结果从我的女儿那里，她得到了不能参与游戏的信息。

我对女儿说："哦，B 不想玩朋友们已经商量好的游戏吗？她想让大家一起玩捉迷藏？听起来是有点让人沮丧。"

"就是这样！"她表示同意，然后说，"她一直呼喊着，'过来，J！K！我们现在改玩捉迷藏了！'这简直太烦人了。她从不听任何人的意见，只在乎自己想做什么。太不公平了！"

"太不公平了！"听听这句话。所谓公平，在孩子眼里尤为重要，同时也是友谊中永恒的主题。"对此感到恼怒完全正常，"我说，"假如我们已经计划好了玩一个游戏，有人跑过来告诉我们，我们得改玩他的游戏，我也会不喜欢。"在理解和肯定孩子们友谊中存在问题的同时，拉近孩子和其他伙伴的距离，可以建立良好和谐的关系，同时也让孩子明白你了

解他的感受。"我知道你现在很生气。但我也知道你其实挺喜欢 B 的，上周末在她家你们玩得很开心，所以这对你来说就更难过了。"

"我不喜欢她的霸道。"

我重申："你对我说的是，当她告诉你什么可以做，什么不可以做，或者当她想要改变你和朋友们原来的游戏计划时，你就不愿意和她一起玩了。"

"是的，她不能老想掌控大家，真烦人！"

"没错，我知道这真的让你很烦。我可以说一件事吗？ B 的妈妈打电话来，说 B 不知道为什么你不想让她玩，她以为你不再喜欢她了。但我从你这里得到的信息是，你不是不喜欢她，而是不喜欢她颐指气使、想要掌控别人的样子。我想知道你能把你的感受告诉她吗？"

"哎，我必须这么做吗？"

我有时候也会怀疑，为何处理这种事情非得如此繁琐。"我们试着换个角度看看，"我说，"如果你做了一些事让你的朋友无法接受，不愿跟你一起玩，你却不知道是怎么回事，你希望有人告诉你吗？"

"我想我希望有人跟我说。"她想了一会儿，"好吧，我同意。"

我给那个妈妈回了电话，然后两个女孩子在电话里进行了一番开诚布公的对话。我并不是说这件事情很容易，也不是说一定要以这种学龄儿童特有的不加掩饰、陈述事实的方式（"我不喜欢你的专横，不喜欢你一定要我们都按照你的想法来玩"），指出朋友的专横行为。但是，这种真心的告白进行得相对顺利，得到了对方的理解和接纳。很快，聊天的话题就转向了 B 家的猫，那只猫当时正想挤进 B 的背包里。

第二天，这个小群体又在课间休息时聚在一起了，她们玩了一个完全不同的游戏，似乎大家都能接受。看来实践确实是进步的阶梯。

小诀窍

孩子大约 4 岁时，他们开始发展出"意识理论"，即意识到他人的想法、兴趣和感受可能与自己不同。这种共情的能力可以"帮助孩子们建立友谊"，正如艾琳·肯尼迪-穆尔所说，当我们"学会换位思考"时，能"催生出更为深厚的情谊，让彼此间的关系变得更亲密"。

育儿专家米歇尔·博尔巴在接受采访时告诉我，我们可以引导孩子们共情，或者说，通过"我们的力量，而不是我的力量"让孩子们采取以下行动，帮助他们在冲突中形成观点：

1. 停下来想一想，如果角色互换，对方会有怎样的感受。

2. 把自己代入对方角色，讨论问题：

"如果你是对方，你会说什么？"

"如果你想象自己是对方，你会有怎样的感觉？"

"你认为这种情况下对方会想做什么？"

"假设你是你的朋友，你认为他想对你说什么？"

你还可以进行角色扮演。你扮演孩子的角色，孩子扮演朋友的角色，通过情景演练，让孩子亲耳听到并体验这种实际情境下的对话。

创造友谊与破坏友谊

研究人员发现，被同龄人拒绝或忽视的孩子（由于他们的社交能力较低和缺乏参与度）往往是那些不善于与潜在朋友沟通的孩子。特别是对患有注意缺陷多动障碍（又称"儿童多动症"）和其他神经系统差异的孩子来说，建立和维持友谊所需的社交技能，可能不会像神经正常的孩子那样自然而然地出现。学习和积极处理有益于建立友谊的技能，明白哪些因素可能毁掉友情，这对所有陷入困境的孩子都有所帮助。

"创造友谊与破坏友谊"的游戏可以帮助孩子们加强沟通技巧。你可以参考给出的例子或者自我发挥创新！你可以问他们，"你能对你的新朋友马特奥和曼尼说出哪些真诚的赞美？"或"如果你说了一个讽刺他们的恶意笑话，你认为你的新朋友会有什么反应？你可以做哪些事情，让他们开怀大笑？"（小技巧：你可以使用一种棋盘游戏，每掌握一项能增进友谊的技能就可以进一格，每出现一种可能破坏友谊的行为就退一格，这样孩子们就能更直观地了解这些行为是怎样影响了他们的人际关系。）

创造友谊的行为	破坏友谊的行为
给予真诚的赞美。 "你的鞋子真酷！""你跑步的速度真快！" "我喜欢你画画的颜色搭配。"	扮演规则警察。 "老师明确说过应该把你的外套挂在你的小储物柜里，而不是座位的后面，山姆！"
提出开放式问题，表现出兴趣，并鼓励开放式的回答。 "你平时放学后都喜欢做些什么呢？""你最喜欢哪一部电影？""中场休息时你做什么呢？"	拒绝参与、袖手旁观，抱怨参与的活动、天气状况、提供的点心等。 "为什么我们得在公园举行这么愚蠢的集会呢？我可不想踢球！我只想读我的书。"

续表

创造友谊的行为	破坏友谊的行为
见到人的时候，与对方有眼神交流并打招呼。 "你好，杰克！你周末过得愉快吗？" "嘿，佩奇，你怎么样？"	当计划或活动出现变动时，无法适应。 "你之前说好的我们要玩《我的世界》那个游戏！我才不想玩这个无聊的新游戏呢！"
适时问候，记住朋友的情况并随时问候他们。 "你好，罗斯！你奶奶怎么样了？她现在感觉好些了吗？""嘿，利亚姆！比赛进行得如何了？"	拿别人的失误开玩笑。 "你看到帕克把他的午餐掉地上了吗？太搞笑了！""嘿，帕克，我以后要叫你大笨蛋！哈哈！"
分享并表现出善意。 "哇哦！你今天要带这么多东西到学校吗？要我帮忙吗？""需要我陪你去看医生吗？"	总是纠正别人。 "你把这句全念错了！那个单词不应该读成 'breffast'，应该是 'breakfast'！""内特，你应该站在这儿，不是那儿……真服了！"
寻找共同点。 "水蓝色也是我的最爱！""你也踢足球吗？我也踢！课间休息一起踢球吗？"	毫无体育精神。 "你作弊！那个球没有进。它在外面！我再也不和你一起玩了，骗子！"
包容。 "要和我们一起玩吗？""你可以和我们一起坐。我们会给你腾地方！"	专横跋扈。 "跟着我，别和她说话——我们从不跟她说话。""把那个捡起来，到这边来！"
能够灵活处理计划并有能力让步协商。 "我们先玩你的游戏，然后玩我的怎么样？""好可惜你今天不能来，但是这个周末我们就可以相聚啦。"	忽略他人的"停止"信号，一直取笑他人、作弄他人，喜欢插话。 "别再叫我'矮子'了！真的很烦！"孩子："好的，'矮子'！哈哈哈，要不我叫你'矮冬瓜'好了？"（大笑）
邀请新朋友一起玩耍或聚会。 "今天和你一起玩很开心。周日来我家玩怎么样？""明天放学后我们一起出去玩好吗？"	吹嘘、试图让自己成为焦点、自我中心、总是比较、贬低他人。 "你只会侧手翻！我可是会后空翻！我连续三年都是体操班的第一名！"

续表

创造友谊的行为	破坏友谊的行为
给新朋友一些空间，不支配他人，也不让他人感受压力。 "你今天和埃弗利一起玩抓子游戏？好的，那我和贾登一起玩四方游戏。也许明天或周五，我们可以再一起去人行道用粉笔涂鸦！"	独占某人，不让他与其他人相处。 "你是我的朋友，所以你必须每天上学前、课间休息，还有放学后都和我玩。这周末到我家一起玩吧？就我们两个玩。"

友谊之舞：红灯、绿灯

要维持友谊的健康状态，孩子们需要理解前进和后退之间的微妙平衡：就像舞蹈一样。他们应表现出珍视朋友，愿意与朋友相处，关心朋友，并不希望自己的行为让朋友感到压抑、不知所措或心烦意乱。

对有些孩子来说，这并不难。他们能够察觉他人何时需要额外关注，何时需要独处的空间。如果他人不喜欢别人做什么事，他们也能感知。

但对另一些孩子来说，就没那么简单了。很多时候，社交能力较差的孩子很难察觉同伴发出的"停止"信号，因此他们可能会无意中继续他们的冒犯行为或令人恼火的举动，最后导致不良后果。

《我与我的友谊》（Me and My Friendships）一书的作者，曾在公立学校任教的乔安·克罗恩（JoAnn Crohn）指出，这些要求"停止"的暗示可能比较微妙，因此告诉孩子"有时只是一点小小的变化都很重要。可能上一秒你的朋友还在微笑，下一秒已经嘴唇绷紧，抿成了一条薄薄的直线"。换句话说，告诉孩子们，我们需要去寻找这些信号，就像我们过马路时需要看信号灯一样。你可以问孩子："你看到朋友释放出绿灯信号了吗？那意味着你可以继续了。有没有看到朋友发出的红灯信号？这时候你得停下来。"例如：

行为 / 意图	可能的问题	绿灯 / 红灯
开玩笑。	笑话冗长无趣或带有刻薄的言辞。	你的朋友正在大笑，或加入进来。
逗朋友开心。		你的朋友说："够了，有什么好笑的！"或试图改变话题。
和朋友说话，确保自己就待在朋友旁边，对朋友说："我会和你一起搭档 / 我们坐一起 / 有空可以和我一起。"	过于强势或过度占据对方的时间和注意力，使其无法与他人交谈。	你朋友的反应和你一样热情。
渴望与他人建立联系，一起享受乐趣，利用空闲时间外出、聊天或者玩耍。		你的朋友正接近其他人，而且告诉你"我很忙"；你的朋友邀请其他人在就餐时坐在身边，并与其他人一起制订计划。
告诉朋友假期的详细情况或看过的球赛的精彩瞬间。	说个不停，不给对方分享的机会，没有倾听对方说话。	你的朋友还想知道后续的事，催促你讲更多的细节。
分享自己所做的事情或感兴趣的东西。		你的朋友望向别处并坐立不安。他们小声嘀咕，或者开始有翻白眼的动作。

　　让游戏变得更有意思，与孩子一起玩一个改编版的"红绿灯"游戏。为他们创设一种情境（例如此处提供的场景），并进行角色扮演。或强烈

或微妙，你都可以展示自己发出的绿灯或红灯信号。当他们看到你的积极回应时，他们可以喊："绿灯！"而当他们识别出你发出的停止信号时，他们也可以大叫："红灯！"然后互换角色！让你的孩子也展示他们的停止信号。告诉孩子："一旦你注意到这些停止信号，请立即停止，这一点很重要。"对于许多孩子，尤其是刚开始学习的孩子，他们也可以成为自己最好的教练。很简单，他们可以练习大声说出"对不起，我马上停下来"这句话，让自己的耳朵听到。这种练习会在以后真实的场景中发挥作用，让别的孩子知道你的孩子已经察觉到了停止信号。

建立长久友谊的社交技能

如果孩子一再表现出某些行为，导致可能成为朋友的人变得疏远，或无法建立长久的友谊，父母可以有意识地培养孩子的社交技能。

1. 练习：与自己的表兄妹或熟悉的老朋友安排一次聚会，把这场聚会当作练习。《为什么没有人和我玩？》（*Why Will No One Play with Me?*）一书的作者卡罗琳·马圭尔（Caroline Maguire）曾提出建议，我们应与包容、有耐心的人及时建立友情。

2. 分配任务：为孩子布置一个具有挑战性的任务，同时这个任务有成功的可能且很有意义。你可以和孩子一起构思任务的内容。比如，如果你的孩子有专横、霸道的倾向，这个任务便是教孩子如何让可能成为朋友的人自己选择一部电影，或者选择他们要玩的游戏。

3. 制订一个提示：当那些熟悉的麻烦行为再次出现时，设置一个秘密提示。马圭尔建议我们可以说"嗨，你想吃点爆米花吗"代替说"你这笑话又长又无聊，你的朋友都开始不耐烦了"。

4. 以良好的方式结束： 看过有史以来最成功的情景喜剧《宋飞正传》（Seinfeld）吗？可以从中学习一招：在大家兴致勃勃、心情正好，聚会正美好进行时宣告结束！这样会让朋友们期待更多。这意味着，为了减少出错，要注意把控聚会的时间，不能太长。尤其在朋友间聚会的最初阶段就要这样做。随着孩子社交技能的提升，时间可以适当延长。

5. 总结反思： 游戏玩耍结束后，讨论一下做得好的和需要改进的地方。比如，"你是什么时候觉得聚会一切进展得不错的？"或者"什么时候你察觉到朋友对你说的话没那么有兴趣了或希望你停止做某事？"这就是《努力成为你的朋友》（*It's So Much Work to Be Your Friend*）一书的作者理查德·拉沃伊（Richard Lavoie）所说的"社交技巧剖析"。它帮助我们确定哪些行为受到好评，以及孩子下次能够（并非"应该"）做哪些不同的事情。

小诀窍

孩子还小的时候，我们很容易引导他们去认识某些朋友。因为他们认识的是我们有意想要他们接触的人。而现在，要为你的学龄孩子或者青春期的孩子选择"合适的朋友"吗？别这么做。我知道这挺困难的，但是《青春期关键对话》（*Fourteen Talks by Age Fourteen*）的作者米歇尔·伊卡德（Michelle Icard）告诉我："你的孩子和谁做朋友是他们自己的选择，而非你的选择。"我们可以询问孩子想要怎样的朋友并引导他们，但最终

他们和谁共度时光取决于他们自己。(除非他们面临危险)"对于父母来说,在孩子应对充满挑战的友谊时,培养好奇心并与孩子一起倾听是很重要的。"《她够了》(*Enough as She Is*)一书的作者蕾切尔·西蒙斯(Rachel Simmons)告诉我,"如果我们带着强烈的个人观点和判断介入,孩子们就会向我们隐瞒真实情况。"

让你的朋友圈更加多元

孩子们还小的时候,可以与任何出现在他们生活中的小朋友一起玩耍。但当他们逐渐长大,他们的兴趣开始发展,不同的玩耍风格也凸显出来,友谊(或缺乏友谊)就会显得更加明显。我们常常看到孩子与他们舞蹈班、美术班的朋友,或一起踢足球的队友结伴而行。

但是,如果你的孩子已经在学校或身边的社区环境中尝试过所有可能,却仍无法找到合适的朋友,他们应该如何是好呢?这些孩子常常开始觉得自己不对劲,怀疑自己是否合群,或无人欣赏他们身上的与众不同之处。他们可能面临两种选择:(1)建立一些不太合适的友谊。(2)与他人保持疏离而独自一人。这两种似乎都不是理想的选择。我们该怎么做呢?

在采访青少年时,我发现了一个有趣的线索。多元化的社交圈不仅为交朋友提供了更多选择,而且对于那些因为被拒绝、被忽视而备受煎熬的孩子来说，多元化的选择也让那些拒绝或孤立他们的人显得没那么重要。正如玛丽萨·佛朗哥博士解释的，科学研究显示，你拥有的亲密友谊越多，任何一段关系对你的刺激和破坏就会越少。你会得到双倍的好处——从其他积极的友谊中获得支持，同时在人生各种友谊的体验中变得坚强，善于自我修复。

多年前我采访了一位名叫凯尔·梅纳德（Kyle Maynard）的很有抱负的人，他现在是一位演讲家和作家。他因为身体残疾（生来就没有胳膊和腿）和搬到了一个新地方居住的原因，常常感觉自己像个局外人，无法融入："当时我上小学，完全没有归属感。你可能以为我想说，我总是最后一个被孩子们的小集体考虑纳入和选中的……事实上是，我根本没有被选中过。"

有些人甚至说了难听的话试图激怒他。对凯尔来说，找到朋友的关键，是他母亲竭尽所能让他的朋友圈变得多元而丰富。

"我妈妈简直就是社交达人，"他告诉我，"她会邀请孩子们过来玩。我们并不富裕，但她省吃俭用买了一台超级任天堂游戏机，只是为了吸引孩子们过来玩。她会在我们社区组织曲棍球比赛。我们和一个叫作'轮椅上的赢家（Winners on Wheels）'的残疾儿童团体一起聚会活动。只要是能够认识新朋友和给我们所有人提供更多交友机会，我妈妈就会毫不犹豫地开车去某个地方。所以，当某个孩子不想和我做朋友时，我的反应就是，'去你的吧，伙计。还有其他人会愿意的。'"

凯尔妈妈的想法是正确的——如果朋友们不来找你的孩子，你可以带着你的孩子去找朋友。以下是一些活动和场所可供参考：

朋友区	示例
可以"边做边聊天"的非竞争性活动	美术课、编程课、音乐/乐队课程、机器人课、烹饪课、户外散步。
提供团体机会的个人运动	武术班、游泳队、田径社、射箭队。
基于共同兴趣的读书俱乐部	有一样的漫画迷吗？有没有也喜欢阅读某个特定作者所有作品的孩子？看看有没有现成的读书俱乐部，或者自己创建一个也行，可以组织大家轮流在不同会员家中聚会，在当地图书馆或咖啡店见面。
公园/游乐场所	蹦床公园、游乐场、社区游泳池、森林步道。与该区域的其他家长取得联系，让素不相识的孩子们一起玩。
体育课或者休闲游戏	让孩子们加入汇集了周围许多地方孩子的团队，参加体育活动或者娱乐游戏是让他们接触到不同人群的绝佳方式。从地区棒球队，跨区的排球队，到桌游或以团队为单位完成的项目，比如创意思维活动：无论你的孩子对什么感兴趣，加入相应活动，都可以成为结识新朋友的途径。
志愿者服务和主题活动	任何主题的此类活动都可以，比如解决本地危机，帮助无家可归的人，帮助贫困家庭，宣传垃圾回收和保持水源清洁的重要性，打扫社区。志愿者服务和主题活动给人们带来很多美好的感觉，吸引了许多真诚热心的人们。
学校或者社区的社交媒体网页	如果你所在的社区较大，或你刚迁入新的小区，或你的孩子即将进入一所新学校，如果有兴趣让一群同龄的孩子聚在一起，请不要害怕在网上发帖。你甚至可以联合其他当地的家长一起发起这种活动，以便扩大传播的范围。如果你的孩子喜欢某种类型的活动——比如收集卡片或是做手工，都能够成为发现孩子之间共同爱好、增进彼此了解的有效途径。

当友谊走向低谷

与众多孩子相信的事实相反，友谊并不总是永远持久。在一项针对

6 ～ 17 岁年龄段友谊稳定性的分析中，只有大约 50% 能够随着时间的推移保持稳定。初中阶段，在同龄孩子的发展水平存在巨大差异且兴趣各异的情况下，友谊的终结是常态。2018 年由美国国立卫生研究院和国家科学基金会（National Science Foundation）资助的一项研究显示，初中的第一年，超过三分之二的朋友关系发生了改变，要么结束了，要么建立了新的友谊。

菲莉丝·法格尔是华盛顿特区谢里登（Sheridan）学校的一名辅导员，她在一次采访中告诉我，她的学生们总是很震惊地发现，初一的友谊能够持续到高中最后一年的只有 1%。"每个人都会在某个时刻被拒绝，这并不是因为你有什么问题。"她这样告诉他们，"现在是孩子们努力去理解如何选择以及如何成为一个好朋友的阶段。"

尽管如此，友谊的结束仍然是痛苦的，特别是当你的孩子是被"抛弃"的一方时，那简直就是痛心疾首。作为父母，我们希望能采取行动，帮助孩子修复，但实际上这是一个只需要倾听和共情，而不是解决问题和越俎代庖的阶段。以下是一些注意事项：

这样做	避免做
比如说	**比如说**
•"这听起来真的很痛苦。" •"这太难了。" •"我真的很抱歉你正在经历这些事。" •"我能想象你此刻的难过。是的，任何人遇到这种情况都会难过。"	•"反正我从来就不喜欢她。" •"你可以直接和 X、Y 或 Z 一起玩啊。" •"这简直就是一场灾难！" •"我早就告诉过你这会发生！" •"你对她做了什么？" •"这有什么大不了的？"

续表

这样做	避免做
现在做的事 · 陪在孩子身边。 · 共情。 · 倾听。 · 对孩子的倾诉做出回应。 · 安慰孩子。	**现在做的事** · 给孩子这个朋友的父母或者学校打电话或发邮件，或对其他孩子发表你对此事的看法。 · 嘲笑孩子、翻白眼或者无视孩子的情绪。 · 批评孩子的这个朋友。
稍后做的事 · 等待一段时间。 · 如果孩子担心午餐时间不知道和谁坐在一起，给他一个机会去和其他人建立新的友谊，"你要不要邀请X或Y去玩激光枪战？" · 给孩子更多时间和机会跟你讨论这个话题。	**稍后做的事** · 告诉孩子无论多么困难都要和解。 · 强迫孩子尽快走出来，假装没什么大不了的，又或者要求孩子"再找几个新朋友就行"。 · 告诉孩子，"别再提这个了"或者"别再想这事了"。 · 接管并干预孩子进行和解的每个细节。

请记住，孩子与朋友之间有点摩擦，并不意味着友情的终结。冲突是正常的——我们需要告诉孩子"冲突是人际关系的一部分"。

此外，虽然很容易互相推卸责任（"谁先开始的？"），但重要的是要注意，每段关系都有两面。艾琳·肯尼迪-穆尔曾告诉我："我们总是更容易看到别人犯的错误。"当孩子准备好的时候，可以询问他们在一段友谊中，他们哪些方面做得好，哪些方面做得不好。肯尼迪-穆尔建议，可以向孩子提出一些问题，让孩子学会换个视角看事情。例如，你可以这样问：

· "你们在一起的时候，你感觉自己能够始终如一地告诉朋友你想要或需要什么吗？"

- "你多久和朋友分享一次你的想法和感受？"
- "每个人都会犯错误。你能始终如一地接受朋友的道歉吗？当朋友犯错的时候，你能一直原谅对方吗？你能做到放下过去的争执吗？"
- "如果你做了可能让朋友烦恼或不舒服的事，朋友会怎么说？"
- "如果你做了让朋友很开心和激动的事，朋友会怎么说？"
- "如果朋友希望你停止做一些让他感到心烦意乱的事，你能马上改变或调整自己正在做的事吗？"
- "你知道怎样做才能让朋友知道他对你很重要吗？"
- "当你的朋友感到生气、悲伤或害怕时，你会说什么？你会做什么？"
- "当朋友告诉你，他已经达成了某个目标或做的事情进展顺利时，你会说什么？你会做什么？"
- "你最喜欢和朋友一起做什么，朋友最喜欢和你一起做什么？"

　　尝试从孩子朋友的视角看问题可能会感觉不舒服，但换位思考既有助于修复关系，也是一个学习的机会。正如《青春期情绪密码》一书的作者丽莎·达穆尔所说，孩子们可能会意识到他们的嫉妒情绪破坏了友谊，意识到在未来他们可以"感到嫉妒但不能采取行动"。

　　你可以尝试和孩子一起进行一些场景的角色扮演，这取决于哪些方面需要"练习"。比如，如果孩子在与朋友交流需求时遇到困难，你可以说："现在假设我是你的朋友，我想参加一项你不喜欢的活动，但你希望我了解你的感受，希望我知道你想要什么，你还可以提出一些替代方案。"如果孩子不确定该说什么，那么你可以互换角色，让他们先看看你是如何交谈的。角色扮演是一种安全的做法，可以让孩子尝试新的交流

方式，经历犯错、确定感觉正确的方式、再次尝试等过程。

小诀窍

当你指导孩子如何向朋友表达自己难过或受伤的情绪时，建议他们选择面对面交谈，而非借助短信或通过社交媒体软件发消息。此举能防止他们的说话内容或表达方式被误解或曲解。文字留言往往取决于读者所推断的语气（比如，"她肯定是在讽刺我"或"他本段文字中几乎是在冲我大吼大叫"），而当面交谈时的语气则由发言者自我控制。还有，要让孩子们知道，私下和朋友谈心才是最佳选择，而不是选择其他人在场的时候做这件事。这样其他人的存在或意见就不会以负面方式影响谈话。朋友之间的问题应该由他们自己解决。

恢复、修复、重新定位，还是舍弃一段友谊？

在解析一段友谊为何走向低谷之后，孩子们需要做出一个重要的决定。他们会像我女儿塔莉以及她的朋友 B 所做的一样，恢复这段友谊吗？他们是否因为感情受到伤害而需要修复友谊？又或者，友情已经发生了根本性的改变，需要重新定位或是舍弃？研究指出，有时朋友间差距过大会难以弥合。你可以指导孩子考虑采取以下某些行动：

恢复："既然所有的事情已经明了，问问你的内心：你想继续你们之间的友谊吗？你认为有哪些需要改进的地方？对你现在来说什么最有帮助？"有时，友谊会受到大家都无法控制的环境因素的影响（例如，由大规模疫情引发的隔离），只要意识到了问题并能达成一致，朋友们可以选择原谅并继续友谊，而不需要进行明显的变化或调整。

修复："有需要道歉的地方吗？对于可能造成伤害的已经发生的言论或行为，你是否需要表达歉意？你是否需要听到道歉之后才能继续这段友谊？"修复一段友谊需要时间、承诺、谦逊以及努力。

重新定位：有些时候，你的孩子可能不希望去修复这种破损的关系。相反，他们可能会选择让这位朋友"降级"：减少在一起的时间，但是仍然以随意、不那么亲密的方式保持联系。《朋友：理解我们最重要关系的力量》（*Friends: Understanding the Power of Our Most Important Relationships*）一书的作者，英国人类学者罗宾·邓巴（Robin Dunbar），将友谊描述为 7 个同心圆，从"内圈"的亲密知己，到外圈的点头之交，以及一些只知道名字的人。你可以问孩子，"你希望花更多的时间和谁在一起？"

舍弃：过了一段时间后，你的孩子可能会意识到，他们曾经视为亲密朋友的人一再打击、欺辱、贬低或伤害他们（当然有些朋友只是由于缺乏共同的兴趣或不在一个地方了而渐行渐远）。如果孩子的整体体验都是负面的，那么也许是时候止损了。你可以问他们："如果你今天遇到这个人，还会想和他成为朋友吗？"或者"当你跟这个人在一起时，你通常感觉更好还是更差？"又或者"如果你不再和这个朋友一起玩，你会觉得那是一种惩罚还是一种解脱？"正如积极的人际关系对我们有益一样，消极的人际关系会损害我们的身心健康。

127

揭秘真相

　　培养友谊需要时间。研究表明，我们需要 40 ～ 60 小时才能将一个人从熟人变成普通朋友，然后需要 80 ～ 100 小时才能建立牢固的友谊。而交到那些亲如手足的朋友，则需要 200 小时甚至更久的陪伴和精心培育！

如何摆脱不良友谊

　　我的不良损友一半是霸凌我的魔鬼，一半又是我最好的朋友。在学校里，她对我不理不睬，还故意说我的坏话。因为她，我经常一个人孤零零地流眼泪。但在周末，我们会轮流在彼此的家中过夜，一起欢笑玩耍，一起编排舞蹈。（你们真应该看看我们一起跳的炫酷舞姿！）但从周一到周五的时间里，对她来说我就是一个完全不存在的人，比死人还没有存在感。

　　不良友谊指的是其中一方在情感上受到伤害、被抛弃或被利用，这会对我们的自尊心和自我价值造成伤害。这种友谊与身体炎症水平的升高有一定关联，而炎症可能是抑郁、高血压、心脏病、糖尿病和癌症的前兆。不良友谊会使人感到压力，从而更容易发生一些危险行为，例如超速驾驶、酗酒等。

　　当你想到这样的友谊时，彻底断绝关系可能是一个显而易见的解决办法。于我而言，参加不同的夜宿夏令营、下学期不在同一个教室上课、一年后不再同校等多种原因，让我与那位不良损友渐行渐远。（多年后，当我们快 20 岁时，我在一家商店里碰到了她，她直截了当地问："你那时候为什么没把我甩掉？我那时候太可怕了！"事实就是这样，随着时间的流逝和年龄的增长，我们获得的是更深刻的洞察力，更全面的视角，这些都是宝贵的财富！）

对孩子来说，放弃一段已经建立的友情非常难以接受。他们感觉自己的价值和存在感都依赖于他们交往的朋友，甚至可能觉得没有朋友是更悲惨的命运！然而，向我们的孩子传达放手不但可以接受，而且是健康的，这一点非常重要。

质量胜过数量："拥有一两个好朋友胜过拥有很多个不友善或伤害你的朋友。"

放手才能得到更大空间："当你对不适合你的关系说不时，你就为另一段对你有益和健康的友谊留下了空间。"

你可以为自己划定边界："边界就像你为自己修筑的防护墙，只有你有权利决定谁可以进入，谁必须待在墙外。如果有人不断伤害你，将他们坚决地留在防护墙外是非常勇敢和健康的决定。"

依靠自己："你有爱你的家人和朋友——但你也有你自己！"畅销书作家阿什莉·C.福特（Ashley C. Ford）曾谈到，"每当我为自己付出努力时，就会越来越有信心，相信我会照顾好自己"。

成为最好的自己："即使周围的人选择变得刻薄算计、不再光明磊落，也请记住你是谁，不能和他们一起堕落。不要让别人的行为左右自己的言行。"

宽恕并从中吸取教训："你可以原谅他过去的所作所为，但不要忘记这段关系带给你的感受。这样，当再次遇到类似的友谊，你就能选择远离。"过去糟糕的人际关系往往是我们最好的老师，这是不幸中的万幸，

也是值得我们学习的地方。

请记住，不必等到孩子处于不良关系中才谈论这个话题。事实上，最好能在事情发生前就引导他们理解和认识这个话题，有备无患。你可以通过让孩子阅读书籍、观看电影，甚至分享你的亲身经历来启发他们认识这个问题，这样他们就能以不牵涉个人且相对轻松的方式去谈论他们的感受。

要有耐心。电影中的剧情发展常常让我们误以为结束一段友谊就如同断掉自己的左膀右臂般痛苦、激进和失落万分。但事实并不是这样。友情的终止过程可以循序渐进，以充满善意和理解的方式进行。正如菲莉丝·法格尔所言："孩子们需要花费一段时间来建立新的友谊，同样他们也需要时间来结束友谊。"

六种有害朋友

上文谈到的有害朋友，既霸凌我又是我最好的朋友，是其中的一种类型。我们常常会遇到一些其他类型的有害朋友。以下是最为常见的几种：

1. 控制欲太强的朋友

需要警惕的信号

☐ 他们怎么说：

→"你不能穿那个。"

→"你不能和她一起玩。"

→"你必须把这个给我，否则我不会再和你做朋友。"

☐ 他们怎么做：

　　→ 对别人发号施令，下最后通牒，举止言论粗鲁。

我们希望传达给孩子的信息："你是你自己的主宰，好朋友不会强迫你做任何事。你必须决定如何成为最好的自己。"

2. 不可靠的朋友

需要警惕的信号

☐ 他们怎么说：

　　→ "我并没有收到你的短信。"

　　→ "我碰到了××，就忘了给你回电话了。"

　　→ "我居然忘记我们约好了见面。"

☐ 他们怎么做：

　　→ 答应打电话、一起出去或发短信给你……然后就没有下文了。

　　　　因为更吸引人的事情而抛弃你。临时取消约定。安排活动或

　　　　计划时有意排挤你，让你无法参与。

我们希望传达给孩子的信息："诚实守信是成为好朋友的重要组成部分。我们需要感觉自己的朋友是值得信任的。每个人都有可能犯错，但是如果总是爽约，这种频繁的失信行为只能让人觉得不舒服。"

3. 背后插刀的双面人朋友

需要警惕的信号

☐ 他们怎么说：

　　→ "你怎么看伊登这个人？你放心，你说什么我不会告诉她的。"

　　→ "你听到艾普丽尔、萨姆和科尔是怎么议论你的吗？"

→"再见，杰克！很高兴见到你！"在杰克离开后，他们会说："杰克真烦人！让我告诉你他跟我说了什么！"

☐ 他们怎么做：

→ 在你背后散播关于你的流言蜚语，贬低你。当别人在背后说你的坏话时，他们不会为你辩护，反而顺应别人。他们会在你面前贬低别人，然后又在别人面前表现得亲切友好。

我们希望传达给孩子的信息："好朋友会为你辩护，不论你是否在场，都会说你的好话。如果有人对别人笑脸相迎，转头又在你面前说那人的坏话，你需要警惕。警惕他们可能以同样的方式对待你。"

4. 一味索取和利用他人的朋友

需要警惕的信号

☐ 他们怎么说：

→"我能借你的作业抄一下吗？"

→"我需要你再帮我一个忙。"

→"你必须为我做点什么。"

→"我需要你读这个／听这个／帮我解决这个问题。"

☐ 他们怎么做：

→ 经常要求你帮忙，但当你需要帮助的时候却无影无踪。他们会向你倾吐自己的不易，却从不给你说话的机会。他们源源不断耗费你的精力。平时见不到人，只有在他们需要你帮助的时候才出现。

我们希望传达给孩子的信息："虽然在友谊中的付出和得到并不总是平衡的，但一个人不应该一直在付出／索取。友情不是一个人的事。你不应该感觉筋疲力尽，觉得自己从未被关心和在意。"

5. 开玩笑伤害他人的朋友

需要警惕的信号

☐ 他们怎么说：

　　→ "我只是在开玩笑！"

　　→ "嗨，笨蛋！你最近又把什么事搞砸了吧？"

　　→ "你也太敏感了吧！"

　　→ "你知道我不是故意的！"

　　→ "看看这张照片上你的傻样！简直就是个显眼包！"

☐ 他们怎么做：

　　→ 以你为嘲笑对象来开玩笑，然后借口说"只是开玩笑"，或将责任归咎于你过于敏感，而不是他们自己考虑不周。

我们希望传达给孩子的信息："让你不舒服的笑话不会是一个好笑话。虽然友情中的幽默是很有趣的，但是以伤害他人为代价开玩笑却是有害的。当好朋友知道他们伤害了你，他们会立刻道歉并马上改变自己的行为。"

6. 霸凌式的朋友

需要警惕的信号

☐ 他们怎么说：

　　→ "周六我可以和你一起玩，但在学校里不要和我说话。"

　　→ "呜呜，我就是开玩笑——别对我这么狠心了！你知道我只是开玩笑而已啦！"

→"恭喜你获得了'最佳书呆子'奖，比莉！"

→"你要是和××说话，我就不再和你做朋友了。"

□ 他们怎么做：

→ 他们会让你感到自卑，当你要求他们停下时，他们充耳不闻。

他们给你起绰号，嘲笑你，讽刺你的言论或行为，不让你参加聚会，故意排挤你，随意指挥你，用伤人的方式戏弄你。

我们希望传达给孩子的信息："那些让你感觉自己不受支持、不受尊重、被贬低、被轻视的人，不是你的朋友。你有权与善良的人为伍，他们的言行举止会让你感到振奋，感觉自己很重要和受到尊重。"

如果孩子想独处怎么办

独处和孤独是不一样的。一个孩子可能有很多朋友，但仍感到自己孤身一人。反之，一个孩子可能没有或者只有很少的朋友，但他并不会感觉孤独。

《高人气：在一个崇尚地位的世界中受欢迎的力量》（*Popular: The Power of Likability in a Status-Obsessed World*）一书的作者米奇·普林斯坦（Mitch Prinstein）曾谈道："我们需要关注那些渴望与同龄人互动的孩子，即那些不是因为个人选择而被孤立或忽视的孩子。"研究表明，感觉孤独的孩子相对于那些没有孤独感或与朋友相处和谐的同龄人，抑郁（从焦虑到头痛）的可能性是后者的三到七倍。当独处不是个人选择时，它可能和社交焦虑、抑郁症以及孤独感有关。

有时提出一些具体问题可以帮助你判断，你的孩子是否感到孤独，是否需要帮助才能与他人建立联系，或他们只是喜欢独处而已。以下是

一些示例:

- "独处可能是一个美妙的时刻，你可以在没有任何人打扰的情况下做自己喜欢的事。当你一个人的时候，你喜欢做什么？你什么时候喜欢一个人待着？"
- "你希望拥有更多独处的时间吗？你希望有多少时间呢？"
- "和朋友一起会很有意思。你喜欢和哪些朋友待在一起？你们喜欢做些什么？"
- "今天午餐时你和谁坐在一起（或课间休息时和谁一起玩）？他们有没有说过什么话让你感到开心，或让你感觉不好？你们都谈些什么呢？"
- "课前或课间你有空闲时间吗？那个时间段你在做什么呢？你选择做那件事有什么原因吗？"
- "你今天在学校跟谁聊天了？放学之后你还有兴趣和这些同学见面吗？"
- "有没有和谁聊过你昨天／今天／周末是怎么过的？有人和你分享他们昨天／今天／周末都做了些什么吗？"
- "你有没有感到孤独的时候？当你觉得孤独时，你会向谁寻求帮助或支持呢？"

这些问题的答案可以揭示孩子是否在交友方面遇到困难，是否感到压力过大，而希望有更多的独处时间。一如既往，倾听他们，认同他们，弄清楚孩子是否需要帮助，还是只是需要独自……待一会儿。

当你的孩子被朋友霸凌时

令人惊讶的是，儿童和青少年更可能被自己的朋友霸凌。来自宾夕法尼亚州立大学、加州大学戴维斯分校和东北大学（Northeastern University）的一项联合研究，使用了超过 3000 名学生的数据，发现亲密的友谊和熟悉感会促进霸凌行为。实际上，有些友谊维持不到一个学年的同学，第二年春季学期对朋友产生霸凌或伤害行为的可能性是其他同学的三倍，而那些友谊超过一个学年才结束的同学，欺负这些朋友的可能性超过了四倍！研究还发现，许多霸凌者这样做是为了在同龄人中获得地位。还有一个原因是，在攀向更高社交地位的过程中，他们往往将目标对准自己的朋友。

根据美国国家反霸凌中心（National Bullying Prevention Center）的说法："如果你正在经历一个朋友对你造成的伤害行为，并且你已经要求他停止，但他还在继续，那么这就不是友谊。这种行为可能是霸凌。"研究显示，当孩子们被自己的朋友霸凌时，他们的焦虑和抑郁症状会增加，同时对学校的归属感也会降低。同时，霸凌他人的孩子也会遭受相应的心理健康方面的影响。

我们的孩子需要向他们的朋友明确传达这样的信息：朋友对待他们的方式让他们很受伤，无法接受。如果朋友对此感到懊悔并承诺愿意改变，那么这段友谊还有可能被修复。如果朋友即使知道自己的行为对别人造成了伤害，仍然我行我素，那么我们的孩子就需要明白接下来应该怎么做。

当你的孩子找到你，向你描述那些看似是朋友间的霸凌行为时："谢谢你能来找我。这听起来真的让你很难过，深深地伤害了你——特别是这还是来自一位朋友。能够透露真实的情况需要很大的勇气，我一直都会在这里支持、陪伴你。你希望听到我的建议，还是只想让我静静听你说话并默默支持你呢？"

当你的孩子想要知道如何面对朋友，解决这个问题时："如果有人——不管是朋友还是其他人——剥夺了你的尊严，让你觉得自己很渺小或不重要，那么你有权为自己发声。这需要很大的勇气——而我深信你能做到！你比你自己想象的更强大。让我们来谈谈你应如何去和朋友处理这件事。"

在罗萨琳德·怀斯曼的《拥有》（*Owning Up*）课程中，她详细阐述了一个可以教给孩子的策略，可用来应对具有社交攻击性的同龄人：SEAL。

S = 停下提问（Stop）。询问："这种情况到底是怎么回事？你可以在何时何地和对方交流这个问题？"

E = 说明状况（Explain）。直说："具体来说，你不喜欢什么，你想要什么？你怎样才能将这些告知 ＿＿＿＿＿ ？"

A = 肯定 / 认可（Affirm/Acknowledge）。提醒他们："你有权维护自己的尊严。让我们一起练习告诉 ＿＿＿＿＿ ，无论在学校、网上等任何地方，你都不该受到嘲讽、轻视或伤害。"确保孩子表达这些意思的时候使用自己的语言，使之听起来更自然。

L = 确定对策（Lock it in/out）。帮助孩子自己做决定："你是想修复还是暂停这段关系？你是想解决问题后保持这段友谊，还是不再交往，放弃这段友谊？或者暂时中断一段时间，看以后能不能重启？"孩子可能会选择将这段友谊"降级"。

我们可以通过角色扮演练习使用整个 SEAL 策略，如佛罗里达大西洋大学（Florida Atlantic University）副教授、《社会公正育儿》（*Social Justice Parenting*）的作者特雷茜·巴克斯利（Traci Baxley）在哈佛大学的采访中所述："因为我们已经事先演练过，在真实环境中出现这个问题时，他们就能找到合适的话语去回应，知道怎么采取行动，自然而然地做出反应。"

另外，我建议将 ER 添加到 SEAL 中，形成 SEALER 模式：

ER = 评价 / 思考（Evaluate/Reflect）。*跟进提问："你现在感觉如何？你感觉哪些环节进展顺利？如果有机会，你会改变什么？你还需要什么才能感觉当下这个问题得到了妥善解决？"*

ER 环节时常被忽视，但此环节至关重要。如果孩子提出了一些普遍或持续存在的问题，那么通常都不可能立即得到解决，而是需要我们持久的支持。定期了解他们的情况，可以确保他们良好的状态。

当孩子希望你参与时："记住，你永远都可以信赖我。我怎么才能给你提供最大的帮助？你希望我和 _____ 的父母联系，还是需要我去找老师或校长，大家见面一起讨论这件事？你有其他的建议吗？"

罗萨琳德·怀斯曼提醒我们："在与另一个家长谈论霸凌问题时，不要一一列举对方孩子各种不良行为，选择一两个对方孩子表现出的行为或某种行为模式即可。"处理一小部分具体的问题，总比妄图一次性解决所有问题更有成效。再者，当涉及自己的孩子，尤其是负面问题时，父母往往会表现得较为敏感。坚持就事论事，有助于避免情绪化的干扰，找到积极的解决方案。

一辈子的朋友

童年友谊的意义远非孩子在一起玩耍那样简单。研究发现，那些在孩童时期拥有过积极美好友谊的人，往往在以后的人生道路上更加成功：

- 更好的社交能力。
- 更加稳定的恋人关系。
- 更强的自我价值感。

这些友谊既是我们生活的根基，也给予我们改变的力量。

它们教会孩子一切——从乐于分享到学会妥协，从坚定果敢到同理共情，从认识自己到理解他人，再到清晰认知在一段关系中他们究竟想要什么。友谊不仅为我们提供稳定和支持，还能够引导我们成长，并对我们的生活产生深远的影响。

当我们挥手告别童年和少年时代，我们会将很多东西抛在身后：曾经无比熟稔的旧习惯、过时的装饰品、再也不会翻开的课堂笔记本，但我们会留下往昔真挚的友谊——或者那些从友谊中学会的宝贵经验和教训。

✎ 谈话要点

问题	你的答案
在与孩子讨论健康友谊的话题之前，我自己是否还有友谊方面悬而未决的问题需要解决？	
关于友谊，我希望给孩子强调的最重要的信息是什么？	
孩子在友谊的哪些方面遇到困难，需要一些帮助？（交朋友？社交技巧？维持友谊？结束不良友谊？）	
为了最大限度地帮助孩子成长，我愿意使用本章哪些小诀窍、策略和指南？	
为了加强孩子的练习，以获得所需的社交技能，我可以向哪些人发出一起角色扮演的邀约？	
谈及朋友，我希望孩子能了解的最重要的信息是什么？	

第 **4** 章

如何与孩子谈论
错误和失败

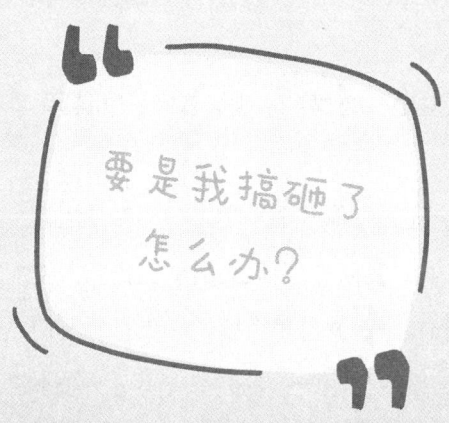

要是我搞砸了
怎么办？

回想起诺亚5岁的一天，我驱车带他去公园和他的朋友一家玩耍，一切恍如昨日。他正忙着给那本涂色书《愤怒的小鸟》上色，突然他抬起头来，说道："妈妈，你看看，我颜色涂得还不错吧，就是不够完美。"

每隔一段时间，当我和孩子们相处互动的时候，总有一种特别的感觉涌上心头，让我后背发凉——这是一种明显的信号。它在告诉我："又到时间了！这又是一次我与孩子谈论重要事情的机会。"你有过这样的感觉吗？

那天，我对诺亚说："诺亚，失误是没关系的。尽管看起来可能有点古怪或奇特，但就是这些小失误小错误，让我们的生活趣味盎然。人类总归不可能做到完美，我们本来如此。事实上，人类之所以伟大，正是因为我们并不完美。"

"但是机器是完美的，对吧，妈妈？"他接着问，"机器做事情真的好完美！"

我喜欢他的思维方式。他总是像一个科学家一样对待生活。"我想，确实，机器生来就是完美的，"我回答，"但人类呢？我们人类却是人无完人。我们在不断地学习和探索，并且很重要的一点是，我们热爱自己作为学习者的身份。因为每次我们犯错，我们都有勇气突破自己，再去学习新的东西，我们正是以这种方式成长和进步。"

我可以感觉到他真的在聆听我说话，我不想错过这个良机——在父母与孩子交流时，很少有这样的时刻，可以拥有一个专注的听众，远离电子产品或食物对孩子的干扰。而且当时是在汽车里，类似这种环境，由于没有太多的眼神接触，孩子和父母都能更自由地讨论一些严肃的事情。"我们都会犯错，"我接着说，"妈妈会犯错，爸爸会犯错，塔莉会犯错，你也会犯错——我们都会！我们都在学习，同时从错误中汲取教训，这样我们才能变成更好的自己。"

"你也会犯错吗？"诺亚问道。

假如他知道我做了什么，呵呵——我的思绪回到了过去几天：误操作烘干机，把自己全新的衬衫直接烘干缩小了一号，这是一桩！发出去的电邮标题，把别人的名字写错了，又是一桩！对两个孩子乱发脾气，也是一桩！"是的，"我回答道，"妈妈正学习如何成为一个更好的母亲，学习提高工作效率，学习把很多事做得更好！你也正在学习如何成为一个更好的儿子、更好的朋友、更优秀的学生和更棒的画家！在学习的过程中，我们会一起犯错，这没关系。"

💬 应急对话指南

"我们每个人都会犯错——父母会犯错，兄弟姐妹会犯错，老师也会犯错！无论我们的年龄多大，或者某人看来多么完美，每个人一生中都会经历或多或少的失败。即使是世界上最成功和最有名的人，从医生到体育明星，再到科学家们，都有犯错误和失败的时候。失败和错误是生活的一部分，是学习的一部分，也是成功的一部分。犯错是正常的。实

际上，我们希望你犯错误，因为这表明你在尝试——而尝试既是勇敢的表现，也是我们学习的方式。"

完美主义陷阱

我仍然记得少年时代，看到试卷上大红的字母"F"时，那种羞耻的感觉："F"代表"失败（Fail）"，这意味着我搞砸了。那个令人难堪的大红字母提醒着我、我的老师、我的父母以及同学们——我考试不及格。毕竟，我想象不出，有哪个老师会给了F之后感叹道："恭喜你，这次经验太珍贵了！现在你有机会从自己的错误中学习了！"当然，没有这种老师。大部分老师会觉得失望，而大多数学生在回家后，会因为考砸了被父母限制外出、受到训斥和惩罚。我把那张考卷对折起来，接着再对折，再对折，然后放到书包的最底部，远离阳光，远离视线，试图让它看起来没那么真实，影响力也没那么强大。

作为一种文化，我们陷入了对完美的追求中，陷入了这样一种思维模式，认为犯错就意味着自己身上被贴上了扯不掉的标签——愚蠢、懒惰、无知、粗心、课堂上出洋相的人，以及捣蛋鬼——而没有看到错误的真正本质：机会。

参加过马拉松、戏剧演出或音乐会的人，写过书的人或从事任何需要技巧、努力、耐心和决心的事情的人都知道，每一次错误都代表着自己离成功又进了一步。迫使人们追求完美并不会让人变得强大，只有真正激发人们的兴趣才能培养出坚韧和热爱。过分追求完美只会让人失去享受生活的乐趣，还可能将人们的自我意识和成就感与某一时刻的表现联系在一起。这会产生极大的压力。

研究发现，当我们只关注最终结果，而非我们的努力、经验、成长和其中的乐趣时，我们可能会陷入加拿大心理学家戈登·弗莱特（Gordon Flett）和保罗·休伊特（Paul Hewitt）所说的"完美悖论"：过度关注自己的错误，会削弱自己的表现。当我们的实际表现离我们的能力和期望都相差甚远，可能导致以下倾向：

- 隐藏错误
- 放弃机会
- 将失败归咎于他人
- 变得刻板且苛求过多
- 尝试危险行为，如暴饮暴食或厌食
- 过度自我批评

这种完美主义的阴暗面，被称为"完美主义忧虑"，当人们总是担忧犯错、担心让别人失望或达不到自己高得离谱的标准时，就会产生这种忧虑。研究人员发现，完美主义忧虑及其产生的压力可能导致严重的健康问题，包括抑郁、焦虑、饮食失调、疲劳，甚至过早死亡。看似极度的自控或"小心谨慎"都可能会适得其反。

英国约克圣约翰大学（York St John University）代理副校长兼运动心理学教授安德鲁·希尔（Andrew Hill）研究员表示，那些崇尚高度完美主义的人经常会感到精疲力竭，而且他们对于失败的反应会充满更多羞愧和内疚。在经历失败后，完美主义忧虑带来的影响可能会削弱他们的努力和表现。事实上，他在一封邮件中告诉我："完美主义被严重误解了。因为，在某些领域它会呈现出一种可取的特质——比如在体育或教育领域——人们常常认为追求完美是一种很好的品质。然而，我们从研究中

得知，越是有完美主义忧虑的人，在未来遇到各种困难的可能性越大。"换句话说，尽管完美主义会伪装成一种令人钦佩的特质，但是随着时间的流逝，它可能带来更多的是阻碍，而不是人们的发展、工作效率和事业成就。

人们似乎都在为自己设定一种注定不会满意的状态。想想看，我们难道不是把取得至高成就视为胜利吗？我们难道不是把最响亮的掌声送给最完美的体操运动员吗？我们难道不是把最大的欢呼声献给打出了"完美"比赛的棒球手吗？如果我们继续去尊崇和庆祝完美，而看不到那些隐匿在不完美背后的努力，那就好比我们正为孩子们创造一条他们无法达到且极具破坏性的道路。他们将永远无法达到设定好的标准，这注定会让他们自己和我们失望。

这是我们希望孩子采用的人生策略吗？父母、指导教师和教育工作者都必须认可错误，将错误视为生活中一个正常且常见的部分。事实上，研究发现，为了确保我们以最佳效率学习，我们应该把失败率设定在15%左右！这意味着我们必须经历失败才能取得成功。如果我们不教会孩子们理解失败的重要性，他们可能会终其一生都在回避失败。

失败应该是——也必须是——一种始终存在的选项。

你是否正在营造一种完美主义氛围？

研究表明，一个被完美主义所支配的环境，那种充满不切实际的期望、严厉批评、高压控制以及对错误过于担忧的环境，其中的爱和关怀也是有条件的，是基于对方表现的。这种环境，对年轻人的心理健康会产生深远的负面影响。要确保你的家庭（教室或运动场所）让孩子感受到安全感，让他们感觉在这些地方都是可以犯错的。问问自己：

- 鉴于孩子的实际能力和环境所限，我设定的标准是否过于严格或不切实际？
- 即使在孩子已经尽力或取得进步的情况下，我是否过于轻易批评他们犯下的微小错误，甚至无关紧要的错误？
- 为了避免很微小的错误，我是否控制孩子或强迫孩子，以特定方式感受、思考和做事？我是否通过威胁、惩罚和奖励来限制孩子的自主性？
- 在孩子表现完美的时候，我是否对他们更积极友善；而在他们出现瑕疵的时候，对他们的态度更消极和严厉？
- 我是否对孩子过度保护并且对犯错过于敏感，对不完美的表现过于担忧，对不熟悉或无法控制的更容易出错的情况表现出反感和厌恶？

固定思维与成长思维

当然，我们自己也没有摆脱这种完美主义参照框架的束缚；相反，我们更加热诚地投入其中。直到今天，我知道有些成年人宁愿因为迟交项目而被老板斥责，也不愿听到老板说他们的工作有不足之处需要改进。许多项目以未完成的状态告终，无法结案。大量书籍、文章或艺术作品鲜有人问津。背后的底层逻辑是这样的：

- 如果我很努力但失败了，人们就会知道，我并不像自己说的那么优秀。
- 如果我努力并且成功了，那么人们就不会认为这是我的天分，不

会认为我天生就擅长这些事。

· 如果我没有尝试就失败了，我可以简单地说是因为我没有试过。

· 如果我没有尝试就成功了，人们会认为我是个天才。

我们最终采取了"自我设限"，这是一种策略，即为了避免潜在的失败而放弃努力，这样我们就不必体验我们自认为会是灾难性错误的后果。斯坦福大学心理学教授卡罗尔·德韦克将这一概念称为"固定思维"，即我们在面临失败时便停滞不前，因为我们将它视为学习道路上的终点站，而不是其中一站。但我们应该追求的是"成长思维"，这一理念坚信，即使在困境中我们仍能不断尝试和拓展自己，每一次尝试无论成功与否都是学习机会。

现在你可能会想，"如果我的孩子已经形成固定思维了，该怎么办？固定思维……真的是固定的吗？"其实不是的。密歇根州立大学（Michigan State University）最近的一项研究表明，如果鼓励固定思维模式的孩子关注错误，他们就能学会如何从错误中恢复和调整过来，而错误往往是固定思维的孩子们想要回避的。父母和他们生活中的关键成年人可以帮助他们！首席调查员汉斯·施罗德（Hans Schroeder）建议我们改变措辞，从"没事的，下次你能做到的（这种措辞无法分析出错的原因）"转变为"犯错是正常的，让我们试试找出问题出在哪里，然后解决它"。这样的说法将错误正常化，而且让错误为我们提供了如何取得进步、如何变得更敏捷和熟练的线索。

固定思维		成长思维
我做得不好。	→	哪些地方我可以改进？
我永远也做不到他们那么好。	→	我能从他们那里学到什么？
太难了。	→	我需要更多的时间来练习和学习。
我无法改善任何事情。	→	下次尝试时我可以有哪些改进？
我很糟糕。	→	我有很多可以提升的地方。
我做不到。	→	我还没有熟练掌握。

小诀窍

超级成功的服装公司思邦克（Spanx）的创始人萨拉·布莱克利（Sara Blakely）在成长过程中，她的父亲经常问她："这一周你哪些地方搞砸了？"他不会询问她的成绩，不问体育活动中她进球多少，也不问各种比赛中她是不是获胜了。他设定了这样一种氛围，即失败不仅是可以接受的，而且是值得期待和奖励的。事实上，每当她报告她有什么失败时，她会从父亲那里得到一次击掌鼓励。如今，50 岁的她身家 11 亿美元，每年提供数百万美元支持、激励和提升全球女性的进步，帮助女性在商业事业上勇敢做出尝试和冒险。你也可以尝试每周用类似的提示去询问你的孩子，比如"这一周我犯了一个错，让我学习和收获了很多，它是……"

犯错有什么问题?

宾夕法尼亚大学沃顿商学院（Wharton School of the University of Pennsylvania）的研究主任、《辉煌的错误》（*Brilliant Mistakes*）一书的作者之一保罗·舒梅克（Paul Schoemaker）在 2018 年向《哈佛商业评论》（*Harvard Business Review*）表示，人们犯错误时，往往"对收益和损失做出非对称的评估，导致损失看起来比收益大得多"。也就是说，他们往往会夸大失败，把失败后果看得过于严重——最小化收益，最大化自己认为的坏处。

记得我在塔夫茨大学读研究生的时候，当导师把我期待已久的论文第三稿返给我时，看着从第 3 页到第 81 页（这篇论文真的很长）密密麻麻的红色批注，我当时觉得他一定以为我是个超级笨蛋。我们的大脑生来就更关注消极而不是积极的信息——就算在一大片正面的评价中，只有一条负面评价，也能迅速吸引我们的注意力，并且可能主导我们的情绪，以及我们对自身技能、影响力和自我价值的看法。在《犯错的美好》（*Being Wrong*）一书中，凯瑟琳·舒尔茨（Kathryn Schulz）完美地捕捉并描述了这种感觉，她说："某些错误可能真的是致命的，但是更多错误只是让我们有绝望和想死的感觉。"因此，我们必须教导孩子，错误可能会让我们感觉自己很糟糕，但如果我们学会利用错误，用它来推动自己向前（也许是悄无声息地缓慢爬行），它就可以被简单看作成长的痛苦，同时被视为学习和成长的标志。

📑 **应急对话指南**

"失败（Failing）并不代表你就是失败者。FAIL 只是'学习的第一次尝试（First Attempt In Learning）'这四个单词首字母的缩写！有时候这个词里的 F 代表的'第 1 次（first）'，可能并不是第 1 次，实际上是'第 5 次（fifth）'或者'第 15 次（fifteenth）'，甚至'第 50 次（fiftieth）'！"

每个人都有失败的时候

虽然有些人很善于掩饰，但没有人是绝对不犯错的。棒球明星挥棒失误，一位母亲忘记了她为孩子预约了医生（我的个人经验可以证明这一点），校长把学生的名字叫错了……

是的，我们在互联网上看到的一切总是那么完美，但那往往是因为有精心打造的环境、发型、灯光、角度、服装、面部表情等的加持，而且不仅仅限于名人会这样做。不相信？很多青少年向我坦陈，他们会拍摄同一张照片多达两百多个版本，只为了能选出最好的那一张——然后他们会添加滤镜、剪辑，使照片最后看起来漂亮很多。

生活不需要修图。生活是杂乱的，因为我们都是人，人都是不完美的。正如人们经常说的，"我犯错，故我在（Fallor ergo sum）"。虽然许多孩子在某个阶段知道了他们的父母并不完美，但很少有孩子知道世界上最伟大的思想家和发明家同样会犯错误。2016 年，哥伦比亚大学（Columbia University）的研究员林晓东发现，当高中学生了解到像阿尔伯特·爱因斯坦（Albert Einstein）也曾生活困苦，也曾面临智力挑战时（他没有通过苏黎世联邦理工学院的入学考试，据说可能患有注意缺陷多

动障碍和孤独症），还有电磁之父迈克尔·法拉第（Michael Faraday）（他在数学方面很吃力，他尝试过制作玻璃却以失败收场）或者玛丽·居里（Marie Curie）夫人（她的很多实验都以失败告终），学生们的成绩实际上有所提升。对于成绩较差的学生，这种影响更为显著。而当学生只了解到这些科学家成功的一面时，他们的成绩反而下降了！这里的教训是：如果我们想让孩子们有所启发，感受到我们的鼓励，激发他们的积极性，并愿意去冒险实现他们的目标，我们必须讲述完整的故事，既包括胜利，也包括其中的痛苦挣扎和奋斗。

成功励志故事

给孩子讲述这种故事，将犯错失败与成功联系起来，既能使失败变得人性化，同时也能证明失败的确是成功的一部分——甚至是一些最为成功的故事的一部分。西奥多·苏斯·盖泽尔（Theodor Seuss Geisel），也被大家称为苏斯（Seuss）博士，在找到愿意出版他第一本书的人之前，被拒绝了 27 次。你知道沃尔特·迪士尼（Walt Disney）吗？你能想象他被报社解雇，居然是因为他"缺乏想象力，没有好点子"？还有媒体巨头、亿万富翁兼慈善家奥普拉·温弗里（Oprah Winfrey），曾在巴尔的摩（Baltimore）担任电视主播，之后被解雇（并被告知她"不适合做电视新闻"），结果后来她凭借自己的节目、自己的杂志和自己的电视频道取得了巨大成功！事实上，她将自己的失败称为成年后"最大的成长期"。这些失败凝结成其脍炙人口的观点："世界上不存在所谓的失败。失败，只是生活试图引导我们走向另一个方向。"看看这些备受推崇的成功人士，想想他们所做的一切，就因为他们一直在尝试！因为不断失败，所以你就有机会不断学习，从而让一切变得越来越好。

阻止持续的羞耻循环

　　犯错的感觉确实不好。它可能会让人士气低落，感到尴尬。每当我们犯错时，我们都面临一个选择：要么沉溺于已经出现的错误，要么了解我们在哪里跌倒的，然后爬起来继续前行，试着重新来过。

　　让我们困扰的是羞耻感。"羞耻专家"布雷内·布朗（Brené Brown）著有《勇敢无畏》（Daring Greatly）《不完美的礼物》（The Gifts of Imperfection）和《坚韧崛起》（Rising Strong）等书。根据他的说法，当人们犯错误和学习时，往往会陷入一个羞耻循环：每一个令人沮丧的挫败，都是让自己产生极度羞耻感的理由。你可能会从你的孩子那里听到这样的话，"我当时怎么不知道这个呢"或"我怎么会犯这个错误"或"我不够好"。问题在于，每次我们反思现在的缺点时，我们就会感觉更糟！当我们感觉更糟时，我们就会做得更糟，接着我们就会进一步感觉比上一次还"糟糕"。这就像在喂养恐怖电影《异形奇花》（Little Shop of Horrors）里的那株食人植物一样——你在不断为覆灭提供养分，加速自己的灭亡。

　　关于负疚感和羞耻感，有一段珍贵的录音资料。在这份资料中，认知行为疗法创始人阿尔伯特·埃利斯精确列举了一些典型的语句，这些语句的产生源于人们的羞耻感。而正是这些语句阻止了我们学习，使我们陷入危机模式，引导我们走向羞耻之路。比如一开始，某些句子可能会引起负疚感或挫败感，例如"我犯了错"，通常接下来的语句就会把这些感受转化成羞耻："这意味着我有问题"或更具诋毁性的"我本身就是个错误"。布朗将这种源于羞耻感的语言表达归因于人们害怕被孤

153

立，恐惧与他人失去联结，只因为自己"被认为是有缺陷的，不值得被接受的"。

事实上，羞耻感与学习的关系是反向的——当羞耻感被排除在外，就会为成长带来空间。作为多伦多蓝鸟队（Toronto Blue Jays）领导团队成员，我的好朋友德赫拉·哈里斯博士是一位训练有素的精神科医生。她经常与各个行业的精英人士一起工作，她切身地感受到当人们不再陷入由羞耻感引发的负面情绪，不再拘泥于自我批评的无尽循环时，会带来怎样的改变。在一次讲座上，哈里斯表示，精英人士与普通人的区别在于他们对待错误的态度。精英人士始终处于学习的状态，不会陷入羞耻的循环之中。他们将每一次行动都视为"为了达到学习目标而进行的一次尝试"，最终达到专业上的精进和提升。也就是说，他们不会将失败的尝试看作是对自己及自身才能、价值的反映；他们认为这仅仅就是一次尝试——如果失败了，则该尝试必须改变。所以他们能坚持下去，继续进行下一次的尝试。

如果你能抽出时间从失败中汲取教训，那么这些所谓的失败其实根本不是失败：

- 你儿子忘记带作业，但第二天他能写下提醒自己记得带作业的提示，那他其实已经成功了。
- 你女儿花钱买了一个广告吹得天花乱坠的热门玩具，结果玩具第一天就出故障了；但如果从此她购物的眼光和辨识能力都有所提高，那她实际上已经成功了。
- 你把炉子的温度调得太高，结果把饭烧煳了；但下一次做饭的时候你能调试到合适的温度，那你实际上已经成功了。

这些所谓的错误只是我们成长过程中的教训，让我们得以成长，并为未来的尝试做出改变。

如何阻止持续的羞耻循环？

鼓励孩子表达情绪：不再压抑或隐藏羞耻感。2017 年发表在《行为决策杂志》（*Journal of Behavioral Decision Making*）上的一项研究表明，比起压抑、避而不谈对失败的羞耻感，更好的办法是谈论你身体的感受。

提出那些能帮助孩子表达自己情绪的问题："你能跟我说说你现在的感觉吗？你身体哪个部位感觉到了（紧张、忐忑、发热）？你脑海中涌现出了什么样的想法？你感觉身体现在想要做什么？"

让孩子说出自己编造的说法：有时候孩子们（以及成人）为了解释他们的失败，会编造一些并非事实真相的说法。布雷内·布朗解释说，即使这些说法并非真实，它们也可以帮助我们在混乱的感受中理出头绪。它们还可以将我们的注意力从更痛苦的情绪（如感到脆弱、受伤或恐惧）转移到愤怒上。

为孩子提供新的句型表达结构：正如布雷内·布朗所建议，试试说"我正告诉自己的说法是……"或"我正在想象……"或"我得出的结论是……"。

帮助孩子对错误的描述从名词变为动词：当我们"搞砸了"时，并不意味着就是一场灾难，或我们令人失望了。也就是说，我们可能"失败了（动词）"，但我们并不是"失败者（名词）"。这个看似微小的转变将当前的状况定义为特定情况，根据积极心理学之父马丁·塞利格曼（Martin Seligman）对乐观主义和悲观主义的大量研究，我们应该赋予自己更多的控制权，这样才能更好应对未来的变化。《内心强大比什么都重

要》（*13 Things Mentally Strong People Don't Do*）的作者埃米·莫琳在我的播客中谈道："错误并不能定义我们是谁，它们更可能只是我们的所作所为。"

帮助他们重塑认知并将问题具体化：鼓励孩子们将那些固定的"我是……"表述，如"我是个失败者"或者"我数学很糟糕"转变为更为精确并且暂时性的表述，如"我这次考试没考好"或"我没有为这次数学测验好好复习"。然后你可以让他们补充，"下次，我可以寻求更多帮助（或提早开始复习等）"，这样他们就能提前做好准备。

事实		假象
我这次考试没考好。	→	我所有事情都做不好。
我犯了一个错。	→	我总是把事情搞砸。
这次测验我错了六道题。	→	我永远都无法把事情做对。
我没有为这个计划做好充分准备。	→	我就是个笨蛋。
如果我提早开始学习，会表现得更出色。	→	无论我如何尝试，我总是失败。

不同群体与羞耻感

正如在 2012 年的 TED 演讲中布雷内·布朗所分享的："暴露弱点、敢于犯错，正是创新、创造力和改变的根源所在。"然而，你生活中可能有一些孩子，并不觉得他们有同样的权利去展现自己的脆弱。相反，他们可能正努力让别人看到他们如何超越自身的残障；又或者因为性别、性取向或肤色的不同，他们正努力争取同等的社会地位。社会活动家塔拉娜·伯克（Tarana Burke），MeToo 运动的发起者，最近与布朗联手发表了一系列名为《最美好的你》（*You Are Your Best Thing*）的文集。其中她揭示了黑人群体关于羞耻感的经历，或者黑人身上"为了生存，我们感觉必须隐藏、掩盖或与世隔绝的部分"。

我们需要记住，对于那些在历史上长期缺乏社会力量或社会权力的人来说，如果他们犯了错，勇于面对错误并不是简单的"心理作用"。更深层的是，人们会因为这个群体所犯的错，去定义、评价、解读他们，这些影响都需要他们去克服。我们必须明确表示，存在失败的空间——个体有权利失败，并且这并不会带来严重的后果。我们需要坚定地告诉他们："我们知道周围环境传递给你的信息是，不允许你把任何事情搞砸——如果你搞砸了，你可能会受到苛刻或不公平的评价——但是在这里，在这个家庭、这所学校、这个社区，你有充分的空间去尝试、去犯错，并从中学习，获得成长。虽然我们无法控制这些场所之外发生的事情，但我们将会保护和支持你，我们会是你的避风港，是你坚定不移的精神支柱。"然后，接下来也许是最重要的一步——遵循并履行我们的承诺。

小诀窍

如果在孩子身上看到了消极的自我批评模式，要给他指出来，你会有顾虑吗？请先征求他们的同意，再提供一些反馈。

在 2018 年一篇题为《利用神经科学使反馈更有效、更舒适》（*Using Neuroscience to Make Feedback Work and Feel Better*）的文章中，作者解释道："事实证明，首先征求同意，能够让双方都做好接受负面信息的准备，所以这个细节至关重要。假如没有事先征得同意，大脑会进入一种对成长不利的状态。这种状态其实是人类几千年来形成的一种本能反应。"换句话说，当我们说"我可以给你说说我注意到的某个问题吗？"，我们正在帮助自己和孩子的大脑做好接收和讨论问题的准备，这种方式比脱口而出更有成效。

以身作则：错误和失败

直接表达："哎哟，我把事情搞砸了！我马上拿抹布来擦。"

间接表达（让你的孩子无意中听到你打电话或与他人的面对面交谈等）："我很抱歉，我忘了今天把文件夹带给你。这一定让你感到很烦恼。我现在就可以把它送到你家或者明天带到单位。请告诉我哪种方式对你来说最合适。"

关注过程，而非只看结果

事实上，许多学校的做法已经让查看孩子成绩成了家长教育体验的重要组成部分。通过各种家校平台，家长可以轻松在线查看孩子的成绩。

然而，不幸的是，测验或家庭作业每次批改后把分数在线实时公布的这种方式，容易让人产生一种感觉：成绩是在校经历中最重要的部分。

虽然总体成绩让你有机会了解孩子在学习上是否需要更多的帮助，他们喜欢或擅长哪些科目，或者甚至可能了解到一些导致孩子社交能力减弱、情绪波动或心理健康问题的因素；但如果我们过分挑剔和苛求每一项分数，会导致孩子产生不必要的焦虑、追求完美和承受过大的压力。

《青少年期刊》（*Journal of Youth and Adolescence*）上一项针对 500 多名六年级学生的研究表明，当学生面临能否考取重点大学的持续期望时，父母对学业成绩要求的压力会影响青少年的身心健康。此外，皮尤研究中心最近对青少年进行的一项调查显示，学业压力是他们压力的首要来源，61% 的青少年称，为了取得好成绩，他们面临很大压力。相比之下，不到一半的人表示他们感受到外貌压力（29%）或社交适应压力（28%）。作家杰茜卡·莱希在 2017 年发表在《纽约时报》的文章中写道："我们抬高了对分数和成绩的错误崇拜，而贬低了真正对学习产生影响的因素：积极的师生关系、相关性和学生参与度。"

与此相反，那些更注重培养孩子善良品质而非单纯追求成绩的家长，他们的孩子往往焦虑和抑郁程度较低，行为问题较少，自尊心更强——而且成绩也更好。

只看结果		关注过程
你做错了什么？	→	你在哪些方面做得不错？
你到底为什么那样做？	→	你从中学到了什么？
你为什么会失败？	→	下次你会在哪方面尝试改变？

续表

只看结果		关注过程
失败	→	考验
搞砸	→	实验
惨败	→	尝试
灾难	→	学习机会
彻底失败	→	探索
毁灭性失败	→	重新定义失败

ARC 原则

当孩子犯错时，我们通常会以两种方式做出回应：消极（带着失望或愤怒）或积极，以此来向孩子表明错误是难免的。我们可能会大声说："犯错也很棒！"或者"你做错了又怎样！"然而，即使是积极的鼓励也可能适得其反，孩子可能会觉得我们并未真正理解他们。与其走向这两种极端，更有建设性的做法是，帮助孩子找到正确的方向，发展他们需要的技能，同时对他们在失败后常有的挫败感或负面情绪表示共情。记住 ARC 原则：

1. 调谐（Attune）：与孩子的感受产生共鸣。希瑟·特金（Heather Turgeon）和朱莉·赖特（Julie Wright）在我的播客中提到了"调谐"的概念。"调谐意味着我们需要停下来，真正理解孩子的感受。"赖特说，"你要与他们那一刻的真情实感产生共鸣。蹲下来，仔细观察。这是一个

160

建立联结的时刻，让他们感到被理解和接纳。"这就像是与孩子同频共振。即使你认为他们犯了错或失败没什么大不了，也要让他们知道你在倾听，甚至反馈或回应你所听到的内容，这样他们就知道你理解他们。比如，你可以说："我能感受到，没有入选你很失落"或者"我完全理解你踩坏玩具时的难过。"这是一个经常被忽视的步骤——然后我们才会疑惑，为什么孩子不愿意与我们交流，或者觉得我们没有认真倾听他们说话。

2. **重构（Reframe）**：换个角度审视这个失误。将注意力从未达到的目标，转变为强调过程，以及能够促进孩子成长的事情上。可以问："你从这次经历中学到了什么？"而不是"你为什么没得到 A？"或者"你为什么得了 D？"把失误看作成长的机会，而不是失败的标志。它们不是失败，而是一次尝试。

3. **保持好奇心（Get Curious）**：布雷内·布朗在 2019 年一篇题为《勇敢对话》（*Rumble Language*）的热门文章中鼓励我们，通过保持好奇心、宽容和开放心态，主动接纳孩子的脆弱，致力于解决问题。他提倡的语言非常适合开启那些复杂的对话：

- "我很好奇。"
- "请多告诉我一些。"
- "我在想……"
- "请详细解释一下。"

在帮助孩子应对错误时，我们应避免以隐晦或间接的方式表达自己的不满或愤怒，也不要用预设的计划，试图告诉孩子应该采取何种行动；我们应该协助他们自己找到解决问题的方法，并从错误中吸取教训。这

是培养孩子自主性的一种方法，能够使他们学会如何应对错误并继续前进，而不是无能为力。

在当下，想要给予孩子鼓励是非常自然的事，我也不例外。实际上，通过与孩子的情感调谐，你可以让他们知道你在倾听，并且"理解了他们"，这会让他们感觉受到肯定。

思考一下这两种方式的差异：

孩子："今天我在学校体育馆的训练彻底搞砸了。"

你："下次你会做得更好的！"

孩子："我感到太尴尬了，队友们一直在指指点点。"

你："别人不会在意的，你以后会有进步的。"

孩子："我在意。算了，不说了。"

对比

孩子："今天我在学校体育馆的训练彻底搞砸了。我真的做不到！"

你："哦？那确实挺难的。发生了什么事？"（调谐）

孩子："我站在一个做错了动作的人后面，我没办法不看她。我在队伍最后面，看不清楚教练。我当时感觉一团糟，不知道该怎么办。"

你："那真的很不容易。（调谐）听到你的愿望落空，我真的很抱歉。从你说的话来看，并不是你做不到，而是可能你不太适合站在后面，尤其你对这些动作还不熟的时候。（重构）我在想你训练的时候，有没有一个更合适的位置能让你更好地看到教练。你觉得哪个位置更适合你？"（保持好奇心）

记住，如果你回想过去的对话，发现自己没有遵循 ARC 原则，不要自责——我们都是在不断学习中成长！相信我，我也和你一样。幸运的是，这样的机会还有很多。

小诀窍

我们不需要对孩子取得了理想成绩过度赞扬，也无须因为不好的结果而对他们加以责备；我们更应关心的是如何坚守目标，从失败中振作并继续前行。我们可以向他们提出一些过程导向的问题：

1. 你能从这次尝试中获取哪些经验教训来助力下一次行动？

2. 现在你能做什么来推动自己继续前行？

3. 你目前的计划是什么？

4. 你能为自己设定何种提醒，避免下次出现同样的问题？

5. 你如何修补 / 清理由你所引起的问题（关系裂痕、东西破损、意外溅出）？

6. 下次再尝试时，你该怎么做才能改变结果？

7. 现在你应该采取何种耐心的 / 友善的 / 有助于解决问题的行动？

8. 我能为你提供什么帮助？

这些问题为我们揭示了一个事实，失败并不是终点，而是一次学习和成长的机会。这个机会让我们得以提升自我认知、明确目标、精进专业技能，并最终通过努力取得成就。

开启对话

"我注意到现在追求完美的压力太大了。要求完美的成绩、完美的穿着、完美的比赛，你或你的朋友有没有这种追求完美的压力？"

"我读过一本书，书里说很多像你这个年纪的人都觉得他们必须做到完美。当他们有这种感觉时，他们会停止尝试他们不懂的东西，因为害怕可能会失败。你怎么看？"

"即使知道可能会失败，你还会去尝试新事物吗？还是你只会做那些你擅长的，认为自己能做好的事情呢？"

小诀窍

应避免的三种终结对话的行为：

1. 忽视孩子的感受。

不要说："其实你原本不是这个意思，所以没必要为这么小的事情生气。"

请说:"我真的能感觉到你对此有多生气。这感觉就像是对你的背叛。"

2. 因为孩子承认错误而惩罚他们。

不要说:"我简直不敢相信你竟然这么做了! 一周不准用平板电脑,一周不准用手机。"

请说:"谢谢你能来找我。承认错误需要很大的勇气,我们一起来看看发生了什么,共同想办法解决。"

3. 主动给出解决问题的建议。

不要说:"如果是我的话,我会这么做……"

请说:"我怎么做才能对你最有帮助? 你想要我给你一些建议,还是只希望我倾听或者给你一个拥抱? "

通常,孩子只是想要被倾听。如果你不确定他们是希望你倾听还是分享你的想法,那就先询问他们。

为孩子提供重新开始的机会

虽然我们无法让时光倒流,回到过去纠正错误,但我喜欢让孩子们有机会重新开始。(我自己也会这么做。)举个例子:

我的两个孩子都热爱阅读。因为他们年龄相近,仅相差 16 个月,他们通常会阅读相同的书。这就意味着在我们家的"图书馆日",每当我从本地图书馆带回一堆新书时,他们可能会为了谁先读哪本书而争论。

不久前，女儿回家发现儿子拿着那本崭新的她想看的《大内特》（*Big Nate*）绘本。她马上坚决地说："诺亚，我要先读那本书！"诺亚解释说自己已经开始读了，建议她先读别的书。女儿尖叫道："不管你怎么说，我就要在去体育馆的路上读这本书！"（错误1）诺亚还是说不行。我女儿一下把书抢过来扔到地上（错误2），并大声喊道："我恨你，诺亚！"（错误3）然后她跑出房间（错误4）并砰地关上门（错误5），而诺亚开始大哭，因为女儿让他忘记自己读到了哪一页。刹那间一切都乱套了，我的天哪！

现在，我女儿无法收回她的尖叫，无法捡回书，无法收回那些伤人的话，也无法把摔门的动作收回。但她可以拥有重来一次的机会。有两种方式：自然的和理论上的。

在这种情况下，我儿子表现出不同于8岁孩子的异常冷静。等我女儿冷静下来后，他问她是否想看看我带回家的其他书，并指出我带回了一些她喜欢的阿奇（Archie）、贝蒂（Betty）和韦罗妮卡（Veronica）的漫画书。然后塔莉说："好的，但我从体育馆回来后可以读《大内特》吗？"儿子同意了。当我们开车准备离开家时，她告诉弟弟，她爱他。这是一个很自然的重新开始。

但如果事情不是这样发展的（通常不是），你也可以建议进行一次模拟重来，并让他们使用不同的言语、行动和态度再次重现整个交流过程。如果双方仍然情绪激动，你可以在事后构建一个模拟重现。例如，当我和女儿都待在车里时，我们讨论了这个问题：

"塔莉，我很好奇，如果你要重新处理整个情况，你会采取什么不同的做法？"

"我会先看看其他书，看看有没有我想读的。"

"如果你找到了其他想读的书，你会怎么做或说什么呢？"

"我会说：'你读完后我再读《大内特》可以吗？'"

"如果你找不到其他想读的书呢？"

"我可以提议：'我可以在你读《大内特》的时候读你挑的另外一本书吗？因为我也想读那本。'"

这次对话并不能消除一时冲动中犯下的所有错误，但它确实带来了进步。一周后，女儿和儿子上了我的车，立刻开始争论起书的事情。（相信我，这让我们都很沮丧。）但是在争论进行到大约四分之三的时候，我们之前的学习效果显现出来了，因为女儿突然说道："我们可以重来一次吗？"

小诀窍

杰西卡·莱希在我的播客中提醒道："我们常常说一套做一套，口头上说'亲爱的，我关心的是你是否真正学到了知识'。但行动上，我们不仅把孩子的成绩单显眼地贴在冰箱上，还积极地登录家校平台查看孩子的考试成绩；甚至孩子一进家门，我们就迫不及待地追问他们的法语考试情况。"所以，确保你的言行一致极其重要！

学会对错误负责

责任感与惩罚无关，这是关于对出错的事情承担责任。当你把东西

弄乱了，要负责整理；当你把别人衣服弄破了，要提出修补或买一件新的；当忘记参加朋友的生日聚会时，要道歉并设法弥补。

这听起来很简单。但许多父母不愿意让孩子承担后果，因为他们想避免冲突，觉得这样做太费时，或者认为自己动手解决问题更快更容易。但是，这样做实际上是在帮倒忙，正如《如何让孩子成年又成人》（*How to Raise an Adult*）一书的作者朱莉·利思科特-海姆斯（Julie Lythcott-Haims）所说："他们必须具备在成年后独立生活的技能、心态和能力。"学会对自己的错误负责是我们需要提高的一项重要技能。

这是否意味着我们要告诉孩子，当他们犯错时，我们将如何让他们承担责任？不完全是。我们讨论的不是在孩子犯错时将如何追究他们的责任，而是如何作为负责任的一部分，学会自我承担责任。我们希望孩子学会对错误负责，并通过自己的努力和学习纠正错误，使情况好转。这需要教导他们如何从真诚道歉开始。

真诚道歉五要素（5R）

"对不起"三个字拥有异常强大的力量。尽管宽恕和修复关系可能需要时间，但采取行动并表现出责任感可以提供即时的疗愈。一个真诚的道歉体现了对错误的承担、同理心和责任感，是一切的起点：

1. **真诚（Real）：** 不要虚假道歉。说出你的真实感受，并且要真诚。
2. **明确你的责任（Role）：** 承认你犯下的错误。
3. **理解（Recognize）他们的感受：** 展现同理心，设身处地感受对方的心情。
4. **承担责任（Responsibility）：** 自己负责任，不责怪他人，并尽力修复局面。

5. 请求宽恕（Release）： 请求原谅或确认你已经尽力去改善情况。

以上的对话可能如下所示：

"对不起，我为 ＿＿＿＿＿ 感到抱歉。那一定让你感到 ＿＿＿＿＿＿。我想通过 / 做 ＿＿＿＿＿＿＿＿＿＿ 来弥补 / 改善情况。你能原谅我吗？ / 这样会好点吗？ / 你觉得这个主意怎么样？ / 这样做能解决问题吗？"

道歉听起来可能是这样的：

"对不起，我把你的生日忘了。这一定让你觉得我不在乎你，但我真的很关心你。我们来一场特别的冰激凌聚会吧，我想通过这个来弥补，我们可以在圣代冰激凌上点燃蜡烛，唱生日歌！你觉得这个主意怎么样？"

"对不起，我昨天对你大喊大叫，一定让你感觉很糟糕。我想让事情变好，让你知道我有多么抱歉，我很愧疚不该那样对待你。我会努力不再犯同样的错！你能原谅我吗？"

天哪！你传达了错误的信息吗？

谁不喜欢看到孩子作业上那个大大的"A⁺"和"你真棒！"的贴纸呢？我们习惯在孩子取得好成绩时欢呼，但如果我们过分强调结果（比如奖杯、奖章等），而忽视了背后的努力、坚持、付出和牺牲，可能会无意中让孩子认为，只要达到目标，过程并不重要。无论是有意还是无意，父母都在向孩子传达一个信息：成功才是关键，如果存在失败或丢脸的

风险就不值得追求。我们来看看这些信息是如何被传达的。

"你的成绩就是我的成绩。" 想象一下，如果你的孩子在一场表演中赢得了奖杯，你会感到自豪，同时也会觉得自己有部分责任（功劳），这是人类的天性——有时我们会把孩子的成绩或表现看作是我们育儿能力的反映。而当我们的孩子带回一塌糊涂的成绩单时，我们也很容易自责并反思自己做错了什么。杰茜卡·莱希认为，父母们需要真诚地反思，为什么他们如此关注孩子的表现？为什么孩子的错误和失败对父母来说如此重要？为什么将孩子的错误和失败视为自己的问题，并对此产生强烈的情感反应？"我认为我们需要控制自己，认识到孩子作为独立的个人，他们的成绩几乎与我们无关。"她说。

"当你取得好成绩时我更爱你。" 莱希在学校演讲时经常会做一个现场调查："如果你觉得当你取得高分时父母更爱你，而你拿到低分时他们的爱会变少，请举手。"她发现总会有大约 80% 的初中生举手。（如果是高中生，这个比例接近 90%！）这是一个严重的问题。我们的孩子永远不应该有这种感觉——他们表现好时，我们更爱他们；而在他们失败或犯错时，我们对他们的爱和关心会减少。正如《无条件养育》（*Unconditional Parenting*）的作者阿尔菲·科恩（Alfie Kohn）在接受采访时告诉我的："孩子们应该因为他们是谁而被爱，而不是因为他们做了什么被爱。我们的关爱不应该有任何条件。"

很多时候，关于孩子的失败和错误，我们的育儿行为来自我们自己的经历和未实现的目标，或者我们对孩子总是抱有"完美"的期望。然而，如果我们想要传递关于失败和犯错的健康观念，我们必须认真审视正在传递给孩子的信息，即在孩子失败时我们的反应，以及我们每一次表扬孩子的原因。

以身作则：鼓励积极尝试

公开表扬孩子勇于尝试，例如当他们主动回答问题，即使给出的是错误答案的时候。比如，你和家人一起开车旅行，可以玩一个猜猜看的游戏，问："你认为我们需要开车多少英里才能从旧金山到纽约市？"鼓励车上的每个人都猜一猜，包括妈妈、爸爸或奶奶。（如果没人知道，你可以在线搜索一下正确答案）六七个人可能会得出六七个不同的答案。你可以为猜错的人鼓掌："奶奶，不错不错！"或"爸爸，你这次的答案很接近了！"或"吉米，我为你感到骄傲，因为你知道答案是以千为单位的！"

父母的自我反思：为何放手，如何放手

我理解，作为一个家长，我知道当父母接手时，任务往往能更快、更高效地完成。我的意思是，我们多少次因为知道自己能更熟练地帮孩子系鞋带或收拾书包而迅速代劳？有时候我不得不告诉自己："停下。让他们自己来。如果他们搞砸了，他们可以重新调整并再次尝试。"否则他们怎样才能学会把自己的鞋子系得更紧呢？

我认识的许多父母最近都在有意识地教孩子一些新的生活技能，比如洗衣服、喂宠物、做饭。在我家，我会让孩子们全权负责清理餐桌、洗碗、擦桌子、把剩菜放进冰箱。我回答孩子们的问题并加以示范，然后让他们来实践。这个过程很慢——有时候慢得让人痛苦——有些餐具可能需要再好好洗洗，没关系，他们正在学习！我们必须提醒自己和彼

此，允许困难和挣扎发生——他们的困难和挣扎，以及我们的困难和挣扎。当然，我们接手做会更容易，但容易的并不一定是正确的选择。

放手很难，但如果我们希望孩子成长为具有责任担当、独立自主、自信的成年人，能够从失败中站起来而不被它击倒，我们就要允许他们犯错，并从中学习。他们需要一开始衣服穿得乱七八糟，才能学会如何得体地打扮自己。他们需要忘记几次家庭作业，才能学会用自己的方法记住作业。他们需要在学习烘焙巧克力蛋糕的过程中搞砸一次，才能成为像明星一样的烹饪大师。那么，我们如何避免过度保护和干预？如何避免对孩子吹毛求疵？我们需要反思，和自己进行对话！

提出关键问题：

- 向外观察，问："我的孩子是否在做一些非常不安全或不公平的事情，可能会对他们自己或他人造成伤害？"

- 向内自省，问："我为什么要这么做？我接手是因为我想按照我的方式和进度做得更好？还是为了给邻居/朋友/家人留下好印象？"

- 最终提问："哪种做法更有利于孩子的技能培养和长远成功——短期内我应该接手还是放手？"

对友人倾诉忧虑：你是否担心如果不给孩子施加压力，他们就无法加入团队？你是否忧虑如果你每晚不帮他们复习功课，他们就会考得不好？与你信任的人讨论你的担忧，这样你就可以放松心情，尽量避免让孩子看出你心中的不安。

担任新角色：如果你希望孩子能在自身的生活与选择中发挥主导作用，那就问问自己：我在孩子生活中担任的角色更像教练、顾问和参谋，还是更像经理、指挥或主管？菲莉丝·法格尔提到："父母需要将自己视为教练，而不是经理、妈妈或负责管理的父亲——父母应该是一个随时关注着孩子做决定，提出后续问题，帮助他们总结经验并寻找潜在解决方案的教练。"换句话说，你应在需要的时候提供援助与引导，但真正的决策者应该是孩子们。

明确表达并提供机会： 你是否明确表示过，你希望孩子犯错并从中学习？你是否给予了他们机会，可以做决定、犯错、获得支持，并再次尝试？向你的孩子明确表示："我希望你学会掌控自己的生活。我希望你自己做决定。我希望你犯错。我希望你从错误中学习和成长。"这些话都将给予孩子肯定，并建立自信。临床心理学家威廉·斯蒂克斯鲁德在我的播客中向家长们建议，"让孩子明白：他们是自己的专家。没有人比他们更了解自己"。最重要的是，你希望你的孩子知道："我相信你有能力对自己的生活做出选择，从错误中吸取教训，并在下次面临类似选择时能够灵活运用所学到的知识。无论现在还是将来，你都是一个能干的决策者。"

确保你为孩子提供了尝试、失败和再次尝试的机会： 如果你的孩子习惯依赖你来引导，请开始转变你的角色：

- "你怎么看？"
- "你会怎么做？"
- "你想先做什么？"
- "你认为事情会如何发展？"

 **我家的做法**

每次我带塔莉去纽约时都会让她负责乘车指引。我问："指示牌上怎么说？"

"我们需要乘坐 1 号、2 号或 3 号线。"

"我们应该往哪个方向走？"

现在，我们在机场寻找登机口或领取行李时，我也让她负责。她会采用同样的策略。如果你希望孩子养成留心观察信息和处理信息的习惯，即使你可能会有不同的做法，为了孩子做出正确的选择，也要学会放手，让孩子观察情况如何发展。做事的方法不止一种！即使这是一个"错误"的决定，也能从中获得经验和智慧。

正如杰茜卡·莱希所说，我们要记住，我们抚育孩子是"为了长远"，即使我们正在处理眼前的问题，但你希望你的孩子将来如何处理失败和错误？正如《非唠叨育儿》（*Duct Tape Parenting*）的作者薇姬·霍菲尔（Vicki Hoefle）对我说的，"把眼前的孩子当作转眼间就会到 24 岁的大人来教育，问问自己：我现在的做法，能否帮助孩子将来从 18 ~ 80 岁的岁月里都活得满意、充实、丰富和快乐？如果答案是否定的，那你需要重新审视你的行为"。最出色的父母教孩子们自己应对失败，而不是替他们处理失败。

谈到我们的孩子和失败时，请在信任的基础上提出建议——信任他们、信任他们的能力、信任这一过程，然后准备迎接错误。其实，当风险较低，有机会重来且学习曲线较长的时候，我们甚至应该希望他们犯错。当我们关注过程、讨论失败对于成功的必要性时，孩子们就能学会做出健康的选择，培养坚定的性格去面对挫败，学会在困境中继续前进。

他们会明白，错误是改变的契机，而不是停止的标志。我们的目标是让他们磨炼自己的技能，而不是追求完美。当然，他们也需要意识到：每一次失败都蕴藏着学习、成长、更好地认识自我的宝贵机会，这才是成功真正的含义。

关于成功与失败，许多人都忽视了一个关键点，尤其当我们深陷其中时。那就是，成功与失败并不是对立的两面，它们是同时发生的。在连续的学习过程中，有付出也有收获。如果你仔细思考，我们的许多经历既不是彻底的失败，也不是完美的成功。在此过程中，总是有经验可以总结，有教训可以吸取，有东西可以学习。比如我们说出了真相，但措辞却过于严厉；我们表达了自己的看法，但却忘记了倾听；我们分享了自己的观点，却没有花时间去理解他人的看法。因此我们只有再学习、再尝试，再一次做得更好、再一次收获更多。在每一次经历中，有成功的地方，也有需要改进的地方，甚至可能有失败的地方——但我们自己并不是失败者。如果我们愿意让自己成为一个终身学习者，那么这本身就是一种成功。我们都在学习。

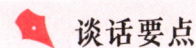 **谈话要点**

问题	你的答案
我是否允许孩子尝试失败？还是为了避免失败，我总是习惯立刻介入并纠正孩子？	
我是否在家里使用源于羞耻的语言？	

续表

问题	你的答案
我该如何改变我的语言或行为，让孩子明白做事失败并不意味着他们就是失败者？	
在我家，我是否传达了"我们从失败和犯错中学习和进步"这一观念？如果没有，我该如何改变我的语言或行为？	
我是否认为，过程和结果一样重要，甚至更为重要？	
我如何才能够鼓励孩子走出舒适区，做出积极的尝试和冒险？	
当我看到孩子的表现、成绩或其他考试结果时	
我更关注的是结果，还是他们的努力？	
我是把试卷上做错的题视为失败的标志，还是看作是学习的机会？	
我是否在孩子表现欠佳时加以斥责，表现优异时加以表扬？	
我是问孩子"你做错了什么？"，还是问他们："你学到了什么？"或者"哪些地方你做得还不错？"或"你下次会尝试什么新的方法？"	
"不完美"是否意味着没有达标？	
我是否意识到自己曾说过"你本来可以得10分，为什么最后一个错了？"或者"真可惜，你没能全对"等诸如此类的话。	

第 **5** 章

如何与孩子谈论
金钱

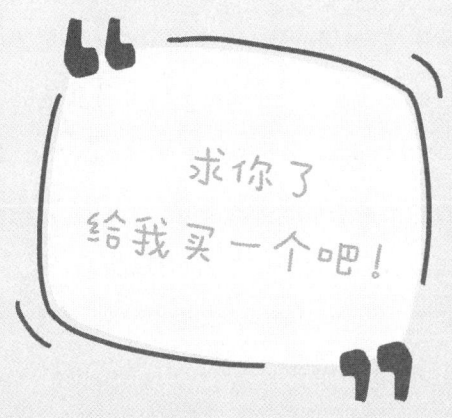

求你了
给我买一个吧!

沃伦·巴菲特（Warren Buffett）6岁时，以25美分的价格购买了一盒6罐装的可口可乐饮料，然后将这6罐可乐拆开，以每罐5美分的价格单独出售。巴菲特后来成为有史以来最成功的投资家之一。后来被誉为"奥马哈先知（Oracle of Omaha）"的他，还从祖父的杂货店购买口香糖，再逐户销售给邻居们。这些副业以及其他几项副业使巴菲特在16岁时就积累了53 000美元，相当于今天的750 000美元。知道他将自己的财务成功归功于谁吗？他的父亲。

"我从小就从他那里学到要尽早养成正确的习惯，"2013年巴菲特接受美国全国广播公司财经频道（CNBC）采访时谈道，"储蓄是他教给我的重要一课。"事实上，早在巴菲特出生之前，他的祖先们就秉持着"花的要比赚的少"和"不负债生活"的信条。正如爱丽丝·施罗德（Alice Schroeder）在她出版的人物传记《滚雪球：沃伦·巴菲特和他的财富人生》（*The Snowball: Warren Buffett and the Business of Life*）中描述的，这些教诲早早地就被后来成为亿万富翁的巴菲特采纳了。那么，当孩子面对金钱问题时，这位金钱大师认为父母犯的最大错误是什么呢？"父母有时候会等到孩子们十几岁之后，才开始谈论理财，实际上他们应在孩子上学前班的年龄，就开始讨论这些事。"

他说的没错。

依据美国注册会计师协会（American Institute of CPAs）的一份调查，家长们和年幼的孩子谈论更多的是如何举止得当，怎样取得好的学习成绩，以及养成健康的饮食习惯，而不是教孩子如何理财。尽管新冠疫情迫使更多的家长与孩子们进行有意义的——甚至每周一次的——金钱教育对话（2021 年的比例为 47%，2017 年为 35%），但仍有许多家长对此持抵触态度。实际上，在普信集团（T. Rowe Price）2021 年发布的第十三年度《父母、孩子与金钱调查》（*Parents, Kids & Money Survey*）中，36% 的父母表现出不愿意和自己的孩子探讨财务相关的话题。

那么，究竟是什么阻止了我们呢？研究指出，原因可归纳为以下六大类：

1. 我们从小被灌输的观念是，谈论我们的收入、储蓄、支出，或谈论如何和他人分享财富是很不礼貌的行为，甚至有炫耀的意味。这是和别人无关的事，不该拿出来谈论。

2. 我们与金钱的关系总是很尴尬，这可能源于艰难的童年经历（包括家庭问题、贫困、不稳定的环境等），或年轻时难堪的财务经历（包括财务困境、债务问题、投资失败等）。这些经历使我们感到羞愧、震惊和受伤。卡尔·理查兹（Carl Richards）是一位持证理财规划师，也是《行为差距》（*The Behavior Gap*）一书的作者，他写道，尽管金钱被视为"应该是理性的，冷酷的，计算精准的"，实际上它却是"一个令人难以置信的情感主题，我们谈论与金钱相关的话题就像自己触上了电网一样……刹那间如同电击！至少可以说，令人震惊"。

3. 我们认为自己没有足够的钱，所以也没有相关经验来传授有关该主题的知识，或者我们对自己的财务状况感到尴尬。我们会疑惑，"对于

一个我几乎不成功也不专业的话题，有什么好说的呢？"或者我们会想，"只有当我拥有了足够的钱时，我才可以和孩子谈论这个话题"，我们总是在等待那一天的到来——但总是遥遥无期。

4. 我们担心讨论金钱会使孩子失去动力。《纽约时报》财富问题专栏作家、《细绿线：超级富豪的金钱秘密》（*The Thin Green Line: The Money Secrets of the Super Wealthy*）一书的作者保罗·沙利文（Paul Sullivan）写道，如果父母积累了一定的财富，他们"不希望孩子认为自己可以不用努力就能轻松得到一切"，这会让孩子失去自己去奋斗的动力。

5. 我们觉得孩子无法理解财务概念。普信集团 2021 年的调查表明，56% 的 8 ~ 14 岁孩子的父母认为孩子还太小，无法理解财务知识。

6. 父母没有教给我们关于金钱的相关知识，谈论这个话题时，我们自己也没有太多话语和参考。通常我们还有一种感觉，即认为孩子最终会从别人那里学到金钱管理。但我们并不确定他们何时、通过谁、通过什么习得。

事实并非如此。我们可以现在就和孩子谈论金钱——实际上，我们必须这么做。来自威斯康星大学麦迪逊分校（University of Wisconsin-Madison）的研究报告称，哪怕在幼儿园阶段，孩子们也具备一定的接受基础金钱教育的认知能力，特别是涉及分享、储蓄和购买这些概念时——这些习惯可以在未来引导他们成为理性的消费者和储蓄者。根据剑桥大学的戴维·怀特布雷德（David Whitebread）博士和休·宾厄姆（Sue Bingham）博士的研究，孩子许多重要的金钱习惯至少在 7 岁时就已经基本形成。

所以，是时候谈论这个话题了。

金钱观念从哪里习得

一些父母可能会这样想："学校呢？教孩子们关于金钱的知识不是他们的工作吗？"在最近的一项大规模调查中，74% 的家长认为学校应该教授孩子金钱知识。毕竟，孩子们在学校学习除法、学会分数计算，所以学习金钱知识似乎应该包含在他们的教育中。

有时确实如此！在美国，有 21 个州在高中期间必须开设金融素养课程，或者至少作为选修课程提供。尽管如此，持证理财规划师、《四只理财熊》（*The Four Money Bears*）一书的作者马克·加德纳（Mac Gardner）表示：如果孩子们在 7 岁之前就掌握了金钱的一些概念，我们却要等到他们十六七岁才开始在学校教授他们有关金钱的知识，那么"这就是一个长达 10 年的差距，这 10 年他们得到的要么是关于金钱的错误信息和观念，要么就是一无所知的空白期！"

金融数据网（MoneyRates.com）最近一项研究显示，接受过个人理财教育的群体，其信用卡平均负债要低于其他群体（可喜！），但他们的破产率却相对较高（令人遗憾！）。这似乎提示我们，纯粹依赖学校进行个人理财教育，未必能有效解决金钱教育的问题。美国国家金融教育基金会（National Endowment for Financial Education）传媒和传播部管理总监保罗·戈尔登（Paul Golden）指出："研究发现，相对于在学校接受某种形式的金融教育，父母才是对孩子未来金钱管理方式影响最大的人。"

早期教育中的金钱概念

研究者戴维·怀特布雷德博士和休·宾厄姆博士解释说，尽管 7 岁以下的孩子很难深入理解财务操作，但在一定程度上，他们可以理解为什么要进行财务操作，以及一些基本知识。因此我们可从以下一些基本的金钱概念开始，为他们打下基础：

计数

学会区分计数词和其他词汇；能够按正确顺序数出一组物体，每个物体数一次。

机会：把周围环境当作你的课堂。鼓励孩子在一天的时间里数一数你们遇到的各种物品，无论是在去爷爷家的路上，还是在户外散步。把这些都变成有趣的活动吧！

参考对话：

☐ "让我们来数数盒子里有多少支蜡笔吧！"

☐ "我们吃饭的时候需要为家里人摆放几只盘子呢？"

☐ "这堆硬币和那堆硬币，哪一堆才是 6 分钱呢？"

守恒原则

学习如果重新排列你正在数的物品，数值并不会改变。同时，虽然 4 个 1 分钱的硬币数量比一个 5 分钱的硬币多，但价值不会比 5 分硬币高。

机会：20 世纪著名儿童心理学家之一让·皮亚杰（Jean Piaget）设计

过一个非常经典的"数量守恒实验",将 5 个红色的珠子排成一行,并在其正下方排列 5 个蓝色珠子,移动或分散这些珠子,观察孩子是否能理解它们的数量仍保持不变。

参考对话:

☐ 当 5 个蓝色珠子在 5 个红色珠子下面对齐排列时,问孩子:"这两行珠子数量是相同的,还是不同的呢?"

☐ 当蓝色珠子比红色珠子分散得更宽时,问孩子:"这一行的蓝色珠子和那行红色珠子相比,数量是相同的吗?还是不一样了呢?"

交换与等价

金钱,无论是以钞票、支票、信用卡或数字货币哪种形式存在,都可以用来购买商品。有时我们手头的钱不够,有时手里只有大额钞票,但会得到找零。

机会: 和孩子一起去商店,并让他们帮忙。

☐ 计算买某个物品所需的金钱数额

☐ 向收银员支付这笔金额

☐ 如果有找零,收到找回的数额正确的零钱

☐ 在家里面模拟商店购物场景进行练习

参考对话:

☐ "我们需要 2 元钱来买这个玩具,而我们只有 1 元钱,我们的钱够吗?我们应该挑 1 个只需要 1 元钱的商品。"

☐ "我有一张 5 元的钞票,而这些草莓需要 4 元,那么收银员应该找给我们多少钱?"

☐ "当我用这张借记卡支付时,我需要支付的 20 元将会从我的银行

账户中扣除。"

劳动与收入

人们通过劳动来换取金钱。金钱通常通过劳动和完成工作来获得。如果投入时间和精力来完成一项协议好的工作，我们就可以赚钱。

机会：可以让孩子在家里做一些额外的小任务（超出一般的家庭义务），这样他们就可以赚钱。将他们的收入与任务的完成联系起来。向他们表明，他们赚到的钱可以用来购买自己想要的东西。他们如果多付出努力，就能赚更多的钱。

参考对话：

□ "马克叔叔需要有人帮他除草，他会支付 15 元的劳动报酬。你有兴趣赚点零花钱吗？"

□ "邻居们出门在外的时候，你可以提供帮助，去给他们的植物浇水、喂猫，他们会付给你报酬，这样你就可以买你想要的玩具了。"

□ "我上班工作是为了赚取我们生活所需的费用，这样就能购买食物，偿还房贷，付空手道课程的学费。"

预算规划

预算规划实质上是花钱之前"提前计划"我们想要花钱的方式。我们需要制订计划，以便有目的地进行储蓄，并分配资金用于我们需要或想要的物品 / 服务。

机会：鼓励你的孩子为他们特别想要或所需的东西预留一些钱。记账软件上的一位老师解释说，孩子们需要：（1）确定他们有多少钱；（2）决定他们要用钱做什么；（3）遵循这个预算规划，确保他们有足够的钱来满足自己的想法和需求。

参考对话：

☐ "我知道你想集齐这些特别的玩具。我们来数一下你的硬币和纸币，看看你有多少钱，然后记下来。接下来，我们查查每个玩具的价格，这样你就能确定该为它们留多少预算了。"

延迟满足

孩子们需要掌握延迟满足的技巧，并学会通过延迟消费，得到更令人向往、更有价值的物品。

机会：有很多机会可以谈论等待！我们等待生日的到来、假日的开始、新电影的上映。我们也需要等待合适的时间去花费金钱。让孩子设定一个购物目标，打印出这些物品的图片，让他们自己去关注，随着时间的推移，哪些东西他们已经购买了，哪些东西他们仍然需要等待才能购买。（请参阅后文《眼见为实》小图表）

参考对话：

☐ "你希望现在就买这个小玩具，还是愿意等一周，等你有了更多的钱，买一个更大的？"

☐ "我们看看你的表格吧！你为自己想要的滑板已经存了 22 元——你还需要再存 12 元。如果你继续每周存 3 元，那么 4 周后你就有足够的钱买你的滑板了！"

金钱的有限性

金钱不是无限的。虽然有些人拥有的比其他人多，但当金钱被花掉或赠予他人时，它就不再是你的了。

机会：带现金去商店（或在家里模拟商店购物），让孩子看到，当你购买东西后，手中的现金就会变少。

向孩子展示你是如何在家里支付账单的，以及如何从你的银行账户中扣除支付的金额。

参考对话：

☐ 在家里模拟商店购物时，你可以说："我有10元，我想用2元来买这些香蕉，这是2元！现在我只剩下8元了。我刚才给你的那2元钱还是我的吗？不是了。我将它给了你代表的商店，所以它已经不再是我的钱了。"

☐ 支付账单时："我银行账户里的这3000元，用来支付我们每月的开销。当我支付了房租（1450元）和账单（1050元）后，我剩下的500元可以存起来，也可以用于捐赠和消费。"

眼见为实

孩子们的视觉认知能力很强，让他们直观地看到自己的财务目标会对他们很有帮助。打印一份日历，在上面写上每周的目标，并指定一个空白处，让他们记录为实现目标存了多少钱。针对年幼的孩子，理财专家切尔茜·布伦南（Chelsea Brennan）建议打印一张图表，这样他们就能看到自己的进度。比如，如果他们计划在10周内为购买一个大号玩具熊存钱，你可以打印出一张熊的图片，将其分成10个不同的部分供孩子涂色，每当孩子攒够一部分钱，就可以为其中一部分涂上颜色。当所有的部分都被涂满颜色，那就是去购买玩具熊的时候了！

我要存钱买: _____。

我的目标是: _____。

这将需要 _____ 周的时间来完成存钱计划。

说什么，不说什么

有时，改变我们谈论金钱的方式可以激励孩子们积极储蓄，并以不同的方式看待财务问题。

不说什么 / 说什么	传达的新信息
不说什么 • "你应该存钱。" • 当我们建议孩子存钱，而不是买即刻想要的东西时，可能很难说服他们。毕竟，孩子们通常总是立即想得到他们想要的东西！ **说什么** • 切尔茜·布伦南是智慧妈妈理财（Smart Money Mamas）的创始人，她这样建议："储蓄并不意味着它会永远放在那里封存。储蓄代表'未来的消费'！"你可以对孩子说："太酷了，下次去商店的时候，你就能买到一直想要的那双彩虹靴子了，因为在过去的五个月里你一直在存钱！"	如果孩子们耐心等待，他们可以得到他们本来得不到的东西。因为他们愿意等待，愿意存钱，所以现在能够买得起更昂贵、质量更好的东西。这才是他们真正想要或所需要的。
不说什么 • "我们买不起那个。" • 当我们告诉孩子买不起他们想要的东西时，可能会增加他们的心理负担，让他们担心我们甚至没有钱购买家里的基本所需。 **说什么** 布伦南建议父母可以谈论事情不同的优先级。你可以说："我们现在优先考虑为度假存钱，所以不能买更多的玩偶。"	我们完全可以掌握自己的钱及其使用方式。我们可以为自己的家庭做出最好的决策，并在事情的优先级发生变化时调整我们的预算策略。
不说什么 • "我不确定你存的钱够不够。" • 这种说法不会促进对话，可能只会让对话戛然而止。 **说什么** 《非宠溺，培养聪明孩子》（*Smart, Not Spoiled*）一书的作者查德·威拉德森（Chad Willardson）建议改变思维方式："那是个好主意！买那个东西会很有意思吧？我们想想办法再赚些钱，或者看看还可以在哪些方面削减一些开支，这样你就可以买那个东西了。"	你可能此刻没有足够的钱来购买你想要的东西，但如果你真的想要，你可以发挥创造力，通过挣钱或其他方式来实现这个目标！

小诀窍

　　当孩子要求越来越多的东西时，我们感到懊恼是很正常的，但如果我们只在恼怒或生气时才讨论财务问题，那么根据美国国家金融教育基金会保罗·戈尔登的说法，"孩子们就会开始将金钱与压力和焦虑联系起来"。相反，我们应该利用"孩子们表现出好奇或感兴趣的时刻"。也许他们想知道一年级老师的收入有多少（"他们是无偿工作还是一亿元？"），或者他们也想知道，你对那个卖了近七千万元的非同质化代币（NFT）有什么看法（"你觉得有一天我也可能做到吗？"）。认真倾听孩子们这些好奇的时刻，如果你想传授给孩子财务知识和培养财务技能，这正是再好不过的切入点！

应该给孩子们零花钱吗

　　零花钱不仅是每周给孩子们一些钱，让他们可以用来买小玩意和糖果，实际上它也是一个每周一次的仪式，正如心理学家芭芭拉·努斯鲍姆（Barbara Nusbaum）博士在采访中所说："这使你一年有 52 次机会与孩子们谈论金钱问题。"同时这也给孩子提供了一个机会，让他们在还未成年的时候，能够在你的监护下习得一些重要财务技能。把零花钱看作孩子学习财务知识的"辅助轮"——会让他们学会如何平衡储蓄、支出和慈善捐赠。

方案 1：孩子做家务之外的零花钱

使此方案生效的方法：确保每周在同一时间／同一天支付。重点教导你的孩子将钱分为储蓄、支出和分享三大类别，并为他们提供机会，合理使用自己的钱并为未来做计划。

优点：

☐ 将零花钱和家务分开传达了这样的信息：孩子们完成家务是因为他们是家庭的一分子，每个人都需要贡献一份力量。他们不是因为做家务而得到这部分零花钱。

☐ 每周提供零花钱，让你的孩子学习如何分配、保存和分享他们的财务状况。零花钱其实是一个持久的教育工具。

缺点：

☐ 孩子们的金钱体验并不反映"现实世界"，因为他们不是真的在赚钱，而是从"父母银行"中得到钱。正如理财专家、畅销书《智慧金钱 智慧孩子》（*Smart Money Smart Kids*）的作者之一蕾切尔·克鲁兹（Rachel Cruze）告诉我的那样："孩子们应该依据完成工作的情况得到报酬，而不仅仅是拿钱。你工作，你就得到报酬；你不工作，你就得不到报酬。"

☐ 孩子们可能会觉得他们"有权利"从父母那里得到钱。

示例对话："我们很乐意教你如何存钱、消费以及如何将钱捐给有需要的人。为了做到这一点，你需要使用真实的钱！每个星期六，我们将给你××元，我们将帮助你学习，看看你需要怎么合理分配这些钱，这样当你长大后，你就会真正擅长管理自己的财务。"

方案 2：孩子在完成家务后获得的"报酬"

使此方案生效的方法：父母安排家务并在完成后检查家务，模拟"现实世界"中类似雇员和雇主的关系。虽然这些工作孩子可能做得不是很好，但可以作为训练工具来教育孩子：当他们工作时，他们就会得到报酬。慢慢地，孩子们将学会如何更熟练地完成工作，父母的期望值也会相应提高。如果工作没有完成，他们就得不到报酬。

优点：

☐ 让孩子们了解钱来自工作，而不是来自妈妈或爸爸的口袋。

☐ 让他们有一种拥有感和责任感。正如理财专家蕾切尔·克鲁兹说的："因为他们参与其中。当孩子们自己挣钱时，他们会以不同的方式捐赠出去，以不同的方式花掉，以不同的方式存钱。总之，他们与金钱互动的方式将会截然不同。"

缺点：

☐ 父母可能无意中传达出这样的信息：孩子应该因他们完成的任何家务劳动获得报酬。

☐ 在没有金钱补偿的情况下，孩子们可能没有动力做出贡献或提供帮助。畅销书《驱动：关于激励我们的惊人真相》（*Drive: The Surprising Truth About What Motivates Us*）的作者丹尼尔·平克（Daniel Pink）指出："在没有报酬的情况下，没有一个有自尊心的孩子会主动收拾桌子、倒垃圾或整理床铺。"

示例对话："你知道我（妈妈/爸爸）每天都去工作，这样就能购买我们需要的东西了，比如好吃的食物、保暖的衣服，以及我们想要的其他的东西，比如电视和你的兴趣班。我们也想给你一个赚钱的机会！我

们家有些收拾整理的工作，我们先教你怎么做。等你尽力完成这些工作后，我们会向你支付报酬。接下来我们会教你怎么存钱、花钱，以及怎么把钱捐给那些有需要的人，这样等你长大后，你就会知道如何合理管理自己的钱了。"

方案 3：为孩子们有偿工作付费，而不是为家庭贡献付费

使此方案生效的方法：此方法是方案 1 和方案 2 的结合，将家务分为两部分——有偿工作和家庭贡献任务。尼尔·戈弗雷（Neale Godfrey）是出版了 14 本与金钱主题相关书籍的作家，包括《金钱不会长在树上》（*Money Doesn't Grow on Trees*）。她说，家庭贡献任务是每个人都应该做的家务，比如整理自己的床铺、清理玩具、扔掉零食包装纸。有偿工作是一系列基于报酬的家务，与家庭成员的贡献无关。

优点：

☐ 孩子是家庭的一员，可以让他们学会如何区分有偿工作与帮忙做家务劳动。

☐ 将家务和贡献视为每个人都应该和必须完成的事，将它们视为优先事项，放在其他期望的活动之前。这有助于确保这些任务得到完成，同时教给孩子们责任感和参与家庭事务的重要性。

缺点：

☐ 需要管理的东西更多，需要一份有偿工作清单，一份单独的家务清单。

☐ 由于有偿工作是可选的，可能导致一些有偿工作无法完成。如果孩子不想做这份有偿工作，就没有机会与金钱打交道并学习相关知识。

示例对话："你努力保持房间整洁、喂狗、晚饭后清理餐桌，我想对你所做的这一切表示感谢。当大家一起努力的时候，我们的家和我们所

爱的人就会保持整洁、健康和舒适！我还想给你一个赚钱的机会，这样你就可以学习怎么存钱、消费以及如何把钱捐给有需要的人。所以，每天除了需要完成的常规家庭贡献任务之外，你还可以做这个清单上列出来的任何额外的工作，我会按上面每项工作注明的金额付给你报酬。这些是你可以选择做，但不是必须做的有偿工作。之后我们可以讨论怎么使用你赚到的钱。"

零花钱合同样本

_____（孩子的名字）每周／每月将收到_____元，每周六早上发放。这笔零花钱将按以下方式分配：_____（例如：1 元用于花费，1 元用于储蓄，1 元用于捐赠／赠予）。零花钱可以用于_____（例如：玩具、游戏、衣服）。

签署人：_____

日期：_____

如果选择给孩子零花钱，应该给多少呢？

根据青少年理财服务软件 RoosterMoney 的一项调查，70% 的家长给自己的孩子提供平均每周 9.59 美元或每年 499 美元的零花钱，比 2018 年增加了 6%。

大多数金融专家建议根据孩子的年龄支付相应数额的零花钱，比如一个 5 岁的孩子每周可以得到 5 美元，一个 10 岁的孩子可以收到 10 美元。（尽管最近的一项研究显示，有些父母每周给孩子高达 30 美元的零花钱！）然而，最重要的不是每周的金额，而是家长教给孩子的那些管理金钱所需的价值观和财务技巧。到底每周给多少零花钱合适呢？选择一个最适合你的家庭和你当前财务状况的金额。

金钱学习让大脑和双手都动起来

来自卡内基梅隆大学（Carnegie Mellon University）的研究显示，更有效的学习是积极主动的大脑学习状态和动手学习的方式。以下有一些简单的方法，可以在谈论金钱主题的同时，让我们的大脑和双手都能积极动起来：

玩理财游戏： 想探讨投资多元化的话题吗？谈论生活中可以选择的不同道路以及它们如何影响你未来的财务。在长期经济稳定的情况下，购买昂贵的物品并不总是最好的选择。试试大富翁游戏、现金流游戏、游戏人生等理财类桌游。

"支付"小孩子的假想工作： 你正和孩子们玩过家家游戏或商店游戏？用大富翁游戏里的钱为他们的"工作"支付报酬，允许他们用这些钱去商店（假想的）购买他们需要的物品。《改善境况的金钱之道》（*Get Good with Money*）一书的作者、"理财大师"蒂法妮·阿利切（Tiffany Aliche）想出了一个绝妙的主意，她创造了一个供孩子存放大富翁钱的"银行账户"鞋盒。孩子们可以根据需要取款，购买他们想要"买"的物品。如果他们的钱不够，就必须回去工作赚钱！阿利切在担任学前班老师时就实践过这个想法。她给孩子们布置课堂作业（例如，清理积木、摆好零食桌），孩子们则学会了"如果他们做得很好，他们可以得到 2 元；如果他们做得一般，他们可以得到 1 元。如果他们根本不做，他们就得不到一分钱"。然后孩子们可以利用完成这些课堂作业所赚的"钱"，在她的课堂商店购买小物品。

阅读金钱相关书籍： 有很多关于金钱教育的绘本，图文并茂，非常吸引孩子，比如薇拉·B. 威廉姆斯（Vera B. Williams）的《妈妈的椅子》（*A Chair for My Mother*）、玛丽·辛（Mary Nhin）的《金钱忍者》（*Money Ninja*）、马克·加德纳的《四只理财熊》（*The Four Money Bears*）和希拉·贝尔（Sheila Bair）的《洛克、布洛克和储蓄的惊人力量》（*Rock, Brock, and the Savings Shock*）。即使一些并非真正关于金钱的书籍，也可以用来讨论金钱教育。比如，《红色小母鸡》（*The Little Red Hen*）讲述了一只小母鸡在没有任何朋友帮助的情况下，投入时间和精力种植、浇水、收割、研磨和烘烤小麦做面包的故事。猜猜故事最后谁得到了美味烤面包的奖励？

玩"过去和现在"的游戏： 许多孩子对过去和现在物品价格的差异感到震惊。比如说："你能相信吗，在 1953 年，电影票的平均价格是 51 美分？！今天，电影票的平均价格是 11 到 14 美元！"这种比较为讨论通货膨胀和货币的时间价值打开了大门，也可以作为讨论为什么明智的投资可以帮助人们应对通货膨胀的入门，因为货币有机会随着时间的推移而增长。这也是让爷爷奶奶参与金钱讨论的好方法！

罐子理财系统：消费，储蓄与分享

贝丝·科布林纳（Beth Kobliner）是《让你的孩子成为理财天才》

（*Make Your Kid A Money Genius*）一书的作者。她曾经和我们熟悉的芝麻街里那个毛茸茸的红色大怪物艾摩有过一次深入的交谈，讨论的是艾摩可以用他从奶奶那里得到的 75 美分来做什么。这段对话，实际上是芝麻街和 PNC 银行共同启动的一个名为"为我，为你，为未来：学会消费、储蓄与分享的第一步"项目的一部分，旨在帮助家庭掌握一些重要的财务基础知识，从而影响孩子们未来的生活。

"我有个建议，"科布林纳对艾摩说，"你可以将你的零花钱分为三份，放入三个不同的罐子：一个罐子放你计划花掉的钱，一个罐子放你打算存起来的钱，还有一个罐子放你想与需要的人分享的钱。"孩子们可以使用零花钱的一部分，也可以用别人给他们的钱，比如生日时从奶奶那里得到的 10 元，还可以用那些做小零工赚到的钱，来填充这些罐子。

孩子们在思考问题时善于具象化，所以亲眼看到、接触感受和操作金钱可以帮助他们学习财务技能。随着钱币的变化，你可以用易于涂改的马克笔在罐子上随时写下金钱总数，让孩子自己记录也可以。这样一来，每当赚钱和花钱的时候，他们就可以将真实的数字与放进和取出罐子的钱联系起来。正如理财专家尼尔·戈弗雷解释的那样："小孩子们想要看到自己的钱，握着自己的钱，数着自己的钱。而传统的存钱罐让他

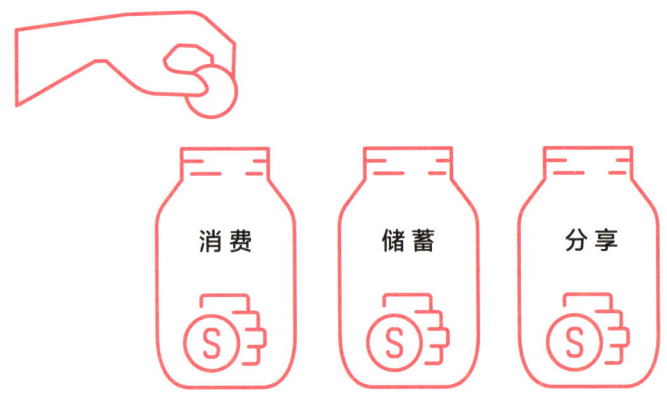

们的钱'消失了'，并不能真正帮助他们理解金钱的概念。"

你可以给孩子们介绍这几个概念：

消费： 你可以把钱放在消费罐中，用来购买你现在真正需要或者想要的东西。很多东西都是要花钱的，但我们不可能拥有一切！因此，合理地消费很重要。这意味着我们需要了解：

☐ 我们的消费罐里有多少钱。

☐ 我们计划在一件物品上花多少钱。

☐ 我们购买这件物品后，消费罐里还剩下多少钱。

不要花光自己消费罐里的钱是明智之举，这样你就能保有余钱。剩余的钱意味着当你真正想买的东西出现时，你还有一些余地去应对。

储蓄： 为未来需要和想要的东西存钱。我们可以为诸如此类的事情存钱：

☐ 上周逛商店时看到的特别喜欢的毛绒玩具熊。

☐ 一直想要的书。

☐ 学习钢琴或吉他的音乐兴趣班学费。

分享（或捐赠）： 我们可以将钱分享给：

☐ 有需要的人。当我们将一些钱捐给有需要的人时，他们可用来满足基本需求，例如购买食物或保暖的衣服。

☐ 慈善机构和非营利组织。它们可以很快帮助有需要的人，我们捐献的款项使许多人得以生存，过上更健康的生活。

☐ 我们的挚爱或亲近之人。例如可以为最好的朋友购买一份礼物或为弟弟购买一袋薯片。

当你将钱源源不断地存入你的储蓄罐，慢慢地你会发现你的资金要比起初的时候更为充裕。这些钱可以用来购买你一直想要但一开始显得价格过高的东西。你也可以存钱以备不时之需。我们可以用存起来的钱解决问题。我们无法预知什么时候会需要一点额外的钱——但只要我们有积极的储蓄习惯，就可以始终应对自如！

通过这个罐子理财系统与孩子们讨论有关储蓄、消费和分享的问题，帮助他们理解金钱背后的价值远超过金钱本身。金钱并非传说中彩虹尽头的藏金罐，也不是海盗藏宝图上字母"X"下方隐藏的意外之财。金钱是实现目标的一种工具，而非目标本身，其价值在于它们的用途：获得我们所需的物品、对我们有意义的东西，以及可能帮助他人得以生存和发展的资源。

🏠 我家的做法

当我的两个孩子分别读二年级和三年级的时候，我根据尼尔·戈弗雷的建议，把三罐理财系统变成了四罐系统，让他们能更深入地理解储蓄。我们将他们的储蓄分成了两部分：

中期储蓄：用于支付需要超过一周零花钱的物品和服务的钱。

长期储蓄：用于支付未来更大金额的物品或个人责任需要承担的钱，如购车（或自己负责的部分购车款）、上大学（或自己负责的部分学费）、保险、手机、旅行或度假的费用。

戈弗雷在我的播客中指出，四罐系统可以使孩子们了解到，购买有些物品可能只需要几个星期或者几个月的时间来存钱，而其他大额物品则可能需要几年的时间。

"我该放多少钱进每个罐子？"

方案 1：让孩子做主。许多理财专家建议，父母应当让孩子们自主决定每个罐子里放多少钱。理财顾问查德·威拉德森认为："只要孩子没有把收入的 98% 都花掉，存钱的比例并不重要。重要的是每个类别背后的原则和目的。"

你可以说："你得到了 5 元零花钱，可以把它放进你的存钱罐！你想把多少钱放在消费罐子里？又想把多少钱放在储蓄罐子里呢？别忘了，两个星期前你在玩具店看到的那套架子鼓玩具，你正在为它存钱，它的售价是 25 元！还有，你想把多少钱放在分享罐子里呢？你可以用分享罐里的钱为朋友买一些温暖的小礼物，或者还可以用来实现你那个想法——在放假的时候去为收容所的小狗买玩具。"

方案 2：将每 1 元钱拿出一部分作为固定比例的定额存储。贝丝·科布林纳建议，每 1 元固定存储 1 角或 25 分。

你可以说："斯科特叔叔给了你一堆总价值为 2 元的硬币！别忘了我们需要为每 1 元存储 25 分。因为每 1 元有 4 个 25 分，所以我们把每 1 元分成 4 份。因为你有 2 元，你可以从 1 元中存储 1 个 25 分，另 1 元再存储 1 个 25 分。所以我们可以存几个 25 分呢？两个！把它们放进你的罐子里！现在我们就剩下 6 个 25 分可以支出或者用于分享了。哇！你想怎么分配剩下的钱到你其他的罐子里呢？"

方案 3：按百分比划分。这种方法每次以相同的方式将钱放入各个罐子中。在尼尔·戈弗雷四罐理财系统中，她建议按照 30–30–30–10 的比例进行分配：将 30% 放进消费罐，30% 放进中期储蓄罐，30% 放进长期储蓄罐，剩下的 10% 用来捐赠或分享。你也可以采用 25–25–25–25、40–30–20–10 的分配比例，或根据情况设计自己的专属分配方案！

你可以说："你有 10 元。让我们放 3 元到消费罐，3 元到中期储蓄罐，3 元到长期储蓄罐，1 元到分享罐吧。"（为孩子们提供小额零钞以便于他们分配！）

小诀窍

需要与想要

　　分辨需要与想要对于学习如何理财至关重要。首先要清楚二者的定义。需要是为了生存和健康所必需的东西，而想要是我们渴望拥有的东西。例如，你需要鞋子来保护你的脚，但你想要那款飞人乔丹运动鞋。一个有趣且有效的方法是用烘焙来作比喻！试试这样说："做这些饼干需要面粉，还是面粉只是我们想要用来做饼干的东西？做这些饼干需要巧克力豆，还是我们为了更加美味，想要把巧克力豆添加进去？"众所周知，面粉是制作饼干的需要，而巧克力豆则只是我们想要添加的。你甚至可以示范给你的孩子看，如果一块饼干中没有面粉，或者没有巧克力豆，会是什么样子。

一起跨入数字货币时代

　　这是一个全新的世界！随着现代社会现金交易的日益减少，意味着我们需要开始教孩子使用数字货币——也许他们会教你！不要害怕向孩子询问他们在网上了解和接触到的一些现代金融机会：比特币、区块链、加密货币、非同质化代币（NFT）。甚至还有针对儿童制作的或儿童自己制作的相关 YouTube 视频［例如《简单易行话金融》（*Easy Peasy Finance*），或者由博主麦克卢尔双胞胎（Mighty McClures）发布的一些视频］，这些视频用通俗易懂的语言解释了其中一些新概念，你和孩子可以一起观看学习。这也将开启一场大家共同学习的对话。

此外，在孩子们有了几年使用现金交易的经验后，你可以考虑教他们如何使用数字货币。可以利用和父母账户关联的智能借记卡，让孩子把自己的零花钱、工作赚来的钱或生日礼金，放进数字"罐子"或者存入各类名目之下，比如消费、储蓄和未来的目标等。有些甚至还允许孩子进行投资！

去年，我 12 岁的女儿开始使用数字卡在商场消费，这张卡完全由她自己定制和充值。她已经能选择和支配她可以用的"现金"了——从买瓶饮料这种即时消费，到为想要的物品存钱的未来储蓄目标等各种用途。现在，她设置了一个中期储蓄目标，买一双带有彩色鞋跟的炫酷靴子，需要 300 元。而且，不管你信不信，她还有一个长期储蓄目标，是在她 16 岁的时候买一辆黑色的吉普牧马人。同时，她还在为慈善事业和一些投资机会存钱。由于现代社会我们的很多金钱行为已经数字化，因此，孩子在你的指导下学习如何负责任地使用数字货币至关重要。

🏠 我家的做法

我女儿 8 岁的时候，从祖父母那里收到一张购物卡。她决定把钱花在她在电视上看到的一个玩具上。坦率地说，我认为那个玩具就是一件

垃圾——而她却想花 30 元去购买它！

"我们来看看这个产品的评价吧，宝贝。"我说。

"好吧，"她说，"不过无论怎样，我都想买它。"

"看，很多评论都在说这个玩具完全就是浪费钱，它做不到广告里说的那些事情，并且清理起来真的很麻烦。"

"我不在乎，"她坚定地说，"我想要这个玩具很久了，现在我可以买它了！"

"你还想看看别的吗？"我提出建议，"或许看看其他公司的类似产品？"

"不，我只想要这个。"

她做出了决定，于是我退步了，让她买了。毕竟，花的不是我的钱，而这张购物卡是一个教学工具。她要明白自己想买的东西不值这个钱的唯一方法，就是自己付钱看看。

等玩具到了，她设置好之后玩了几分钟，开始意识到评论者在她购买之前试图告诉她的事实。

"这是一个糟糕的选择！"她对我说。

"有时候就是这样，"我说，"我很抱歉你感到失望。"

"花了 30 元，一点有趣的功能也没有！只能干巴巴地坐在那里！我没想到会这样。我希望从来没有买过它。那些评论是对的！"

那天，她学到了一个宝贵的教训——但如果我坚持不让她购买，这个教训就不会让她印象深刻、影响巨大。

💬 应急对话指南

"你一年能挣多少钱啊？"

面对这个大胆的问题，许多父母犹犹豫豫不知如何作答。"这不关你的事""别问了！"或者"等你长大了我再告诉你"是常见的答案——但这些回答真的合适吗？秉持着开放的心态和鼓励进行有关金钱的对话的原则，最好不要避而不谈。因此，如果孩子想要了解你的收入，问为什么家里买不起带游泳池的房子，或者你是"富人"还是"穷人"，尝试以下策略：

首先，进行一些探究：《溺爱的反面》（*The Opposite of Spoiled*）一书的作者罗恩·利伯（Ron Lieber）写道，了解孩子的想法以及他们为什么向你提出这个问题非常重要。

示例对话："你为什么这么问呢？"或"是什么让你对我们家的经济状况产生了兴趣？"利伯建议父母应当了解孩子提出这种问题的动机，同时不要表现出不悦或防御性的态度。

将金钱数量放在具体语境中进行描述：对于小孩子来说，20 元听起来就是一大笔钱，所以当你提及数以千计的数字时，他们可能感觉就像是全世界所有的钱。贝丝·科布林纳建议，描述自己收入金额的时候，与全国平均水平进行比较。随着孩子渐渐长大，让他们了解更多细节，以及这笔钱是如何具体用于生活成本和其他支出的。

示例对话："美国，有一半的家庭年收入低于 70900 美元，相比之下，我们的收入（低于／高于／大致相当于）这个数额。"如果你愿意进一步解释，可以说，"我们每年的收入（大约是／超过／低于）_____，这些钱用来支付房贷、学校开销、水电费、医疗费、你的芭蕾课程费用和日常生活等开支。剩下的钱，我们会用于_____"。

科布林纳说，一旦孩子理解"薪水真正的价值"，就会引发一场令人大开眼界的"家庭预算讨论"，包括孩子们完全看不到的费用，比如保险和税收。此外，琼·查茨基（Jean Chatzky）和凯瑟琳·塔格尔（Kathryn Tuggle）在《如何理财》（*How to Money*）一书中指出，讲解财务常识可

以让孩子了解在支付或薪水方面可能发生的情况、劳动报酬的范围，这样他们以后开始工作时，就能知道自己的薪酬待遇是否公平。

额外支付的税收

"但是，爸爸，我不懂。如果这个玩具的价格是 3.99 元，为什么我要支付 4.33 元？"

嗯，纳税。是的，我们都必须为税收交钱。即使你只是个孩子，为某些购买支付额外的现金也是无法例外的事——即使这让你有些震惊。

查德·威拉德森开玩笑说，他的孩子们永远不会对税收感到惊讶。因为在孩子很小的时候，他就已经用让他们惊讶的方式，教他们关于税收的知识了。怎么教呢？给他们甜点之前，他自己会先咬一大口。"我不只是咬一口，我咬了一大口，而且是第一口。"他说，"这就是税收的运作方式！"

有两种税收，要确保年轻人尽早理解，因为他们很早就会在生活中遇到：

销售税： 对于孩子们（还有成年人！）来说，当他们带着一张 5 元的钞票走进一家商店，购买售价 4.99 元的东西时，他们可能会感到很沮丧，因为他们发现钱不够。你可以这样对孩子说："当我们在商店购买商品时，我们通常需要支付一笔额外的费用，这就是销售税。这笔额外的费用通常是购买价格的一定百分比。每个州自行决定每个人需要缴纳多少税，以及像生活用品、食品、玩具和游戏等物品需要增加多少销售税。所以，如果你打算用存的钱去商店买新的卡片游戏，别忘了你需要把销售税也算进去，看看自己的钱够不够。"

所得税： 孩子长大后，收到第一份薪水时也许会感到沮丧。因为以每小时 15 元的价格工作 10 小时并不意味着他们能得到 150 元的报酬。你可以试试这样说："当你找到工作时，你会发现所得税从你的工资中扣除。所得税占据你收入的一定比例。根据你收入的多少，你会支付更多或更少的所得税。一般来说，收入高的人要缴纳的所得税也更多。"

还有一个罐子：投资

自我记事起，父母就有投资理财的习惯。还记得小时候，每天早上我走进书房，父亲都在专注地盯着电视屏幕上滚动的股票行情。我不清楚那些数字和字母代表什么，但我知道有时它们会带来好消息，有时则让父亲的脸色变得严峻。尽管餐桌上偶尔会谈论到投资，但因为这些对话并没有涉及我，老实说，我也没有想过去琢磨其中究竟。

"父母往往避免和孩子们谈论金钱和投资问题，这并不罕见。"美国国家金融教育基金会的保罗·戈尔登告诉我。研究证实了这一观点。北卡罗来纳大学和得克萨斯大学联合进行的一项研究表明，根据接受采访的孩子们的说法，虽然储蓄、收入和支出等一些话题被认为是更安全的"公开"话题，但任何涉及投资的事情都是禁忌。而且，如果讨论投资，父母更有可能与儿子而不是与女儿讨论，这可能是因为父母把儿子看作未来家里主要的经济支柱。

事实证明，不论性别，教育孩子理解投资是什么，并让他们参与相关的对话是个很好的想法。虽然储蓄账户会保证资金安全，但获取收益并跟上通货膨胀（随时间推移商品和服务的价格上涨）是靠投资来实现的。普信集团对两千多名父母及其 8 ~ 14 岁的孩子进行了抽样调查，结

果显示，"孩子们在投资问题上更倾向于向父母寻求建议，而非社交媒体"。以下是在向孩子介绍投资时需要考虑的一些事项：

这是什么意思："投资听起来可能让人感到吓人，但实际上是你用资金采取的一种行动，让你的资金有机会随着时间增长。你可以投资的一些主要选择或者范畴包括股票、债券、房地产以及私营企业。一开始投资并不需要很多钱，甚至你很小的时候就可以开始。事实上，你越早开始投资，你就有越多的时间让你的资金增值。"

风险与收益："股票和房地产等资产的价值会基于众多因素而上下波动。尽管我们无法准确预知未来，但对其进行研究有助于我们做出明智和理性的决策。"

孩子通过实践学习：查德·威拉德森建议："让我们一起赚点钱，给你开一个小额账户，然后选择一些股票或投资基金，看看真实的投资环境是怎样的，给自己一个接触和实践的机会。"

从孩子们熟悉的公司开始："你喜欢的怪兽饮料是哪个公司销售的呢？想不想有一份它的股份？"这是威拉德森在谈论投资时对女儿说的开场白。风险投资公司 SoGal Ventures 的创始人之一孙伊晴（Pocket Sun）为年轻时的自己提出了建议："从小额开始……投资 1000 元购买三到五家你最喜欢的公司的股票，放在那里，一直到毕业前都不要动它们。"当你不再谈论那个难以捉摸的"股市"，而是将投资的概念具象化为孩子了解的东西时，它就变得易于理解和接受了。

即使你的孩子仅仅将几个星期或几个月的零花钱投资于共同基金或股票，慢慢地他们也会看到一些变化。允许孩子小时候用少量的钱犯一点小错误，对于避免他们成年后在更大金额上犯更大的错误会很有帮助。

复利的魔力

有时，数字本身就能说明问题。复利就是这样的情况，复利是你通过储蓄赚取的钱，以及随着时间的流逝你通过累积利息（来自你的储蓄）赚取的钱。有时这个被简化为"利息上的利息"。我不是一个特别喜欢数学的人，但我觉得复利的概念确实对大家很有"利"。

有一些在线计算器能以真实有趣的方式向孩子们解释复利的概念。有一次，我和 11 岁的儿子坐在沙发上，往在线计算器里输入各种数字——是的，甚至是荒谬的数字——来看看随着时间过去资金会发生什么变化。"嘿，妈妈，你来看看！如果我一开始投入 100 万元，然后每个月再投入 100 万元，每天获得 50% 的回报时，50 年后会发生什么？"他说。（顺便说一句，这个白日梦的未来余额约为 1 805 064 422 764 433 664元！）用儿子的话说："这种数学太酷了！"

在下面的表格里，你可以看到，如果在人生的早期进行投资，在没有任何其他收益和固定回报的情况下，这笔投资在 25 年甚至 50 年后，当你的孩子开始或接近退休时，可能会发生怎样的变化。你还可以看到，如果每一年，都往账户里存入一笔与初始投资等同金额的资金，最后会发生什么。根据我自己的经验，复利计算器是一种很有趣的方式，可以开启孩子们的眼界。让孩子们看到，在他们忙于为生活打拼的少年时期和青年时代，即使是相对较少的资金，也可以在经过验证的多元化股票组合中发挥作用。如果他们从小就开始投资，即使在投资过程中经历了一些表现不好的年份，仍然有足够的时间来"纠正"错误，实现增长和积极的回报。

一次性投资金额	1年（10%年利率）	2年（10%年利率）	10年（10%年利率）	25年（10%年利率）	50年（10%年利率）
100元	110元	121元	259元	1083元	11739元
500元	550元	605元	1297元	5417元	58695元
1000元	1100元	1210元	2594元	10835元	117391元

如果他们年复一年地投资相同的金额并且保持不变呢？

每年的投资金额	1年（10%年利率）	2年（10%年利率）	10年（10%年利率）	25年（10%年利率）	50年（10%年利率）
100元	220元	331元	1853元	10918元	128130元
500元	1050元	1655元	9266元	54591元	640650元
1000元	2200元	3310元	18531元	109182元	1281299元

明白了吗？这就是炫酷的数学！

向他人捐款带来的幸福

　　我的朋友莎拉是一名家长志愿者，曾协助孩子们为慈善活动募款。通过询问加州卡彭特社区特许学校（Carpenter Community Charter School）五年级的学生，她了解到孩子们的零花钱能为他人的生活带来多么巨大的改变。这些孩子了解到，在地球的另一边，有一些孩子和家庭生活条件非常困难，他们缺乏基本的生活必需品，例如干净水源、维生素和药物，他们也急需各种措施来保护自己不被感染蚊子传播的疟疾。学生们从自己的银行账户和储蓄罐中掏出零花钱，甚至把压箱底的"私房钱"都捐了出来，一起凑了 500 多元的捐赠款。"有一个孩子，"莎拉回忆说，"带来了他的全部零花钱。他说：'比起自己留着这些钱，它们对那些贫困孩子的帮助大得多。我的意思是，比起给自己买几块糖和一些愚蠢的游戏，对我来说，拯救生命的感觉让人感觉好太多了。'"

科学研究证实了这一点。研究人员伊丽莎白·邓恩（Elizabeth Dunn）、拉拉·阿克宁（Lara Aknin）和迈克尔·诺顿（Michael Norton）发现，为他人花钱或向慈善机构捐赠物品，比为自己买东西更能让人心情愉悦。无论在富裕地区还是贫困地区，这一发现在不同文化中都是一致的。事实上，当拉拉·阿克宁带领团队研究全球慈善捐赠与幸福之间的联系时，她发现在 136 个国家中有 120 个国家，慈善捐赠行为与人们的幸福感有正向的关系，这种关系与人们的社会经济状况无关。

值得高兴的是，捐赠的方式有很多——通过慈善机构只是其中之一！有些孩子可能会向当地的动物收容所捐款，而另一些孩子可能想帮助某个有需要的特定家庭。我们可以帮助和引导孩子，找到他们想要为之尽绵薄之力的领域，确定他们想要帮助的人或群体，以及他们可以通过哪些方式产生积极的影响。

以下是激励孩子养成给予习惯的 7 种方式：

1. 兴趣

聚焦孩子充满好奇、关心和关注的领域。什么事能够激发孩子的热

情和兴趣呢？

科学说：兴趣可以是一种强大工具，使体验更加愉快并值得进一步探索。研究显示，兴趣激发了参与度，使体验聚焦，使孩子们想要了解更多，做更多。研究人员也发现，当人们对慈善机构的服务对象和他们可以提供的帮助感兴趣时，他们更有可能捐赠。关键是找到他们认为很重要的事情。

问："你想用分享罐里的钱帮助谁呢？可以用它们来做什么呢？你可以做很多好事！比如……"

如果你的孩子：

• 喜欢动物？让他们为当地的动物收容所购买食物，或者从谢尔德里克野生动物基金会（Sheldrick Wildlife Trust of World Wildlife Foundation）收养一头大象。

• 喜欢运动？代替生日礼物，请求本来打算给自己买生日礼物的朋友，为没有球和球棒的孩子们购买这些东西。

• 喜欢编织？带他们去商店购买纱线，为当地医院有需要的婴儿编织毯子或帽子。

2. 身份认同

帮助孩子认识到，慈善捐赠是他们内在品质的一部分，而不仅仅是他们偶尔参与的事情。

科学说：要把给予作为孩子身份的一部分，帮助他们看到，捐赠和给予是他们可以长期参与的事，而不仅仅是他们做过的事。印第安纳大学（Indiana University）经济学和慈善研究教授马克·威廉（Mark

Wilhelm）博士敦促家长把孩子参与慈善和性格联系起来，告诉孩子这是他们的性格使然。在接受美国全国广播公司财经频道采访时，他说："这样孩子就会开始将慈善行为内化，把它认同为自己身份的一部分。"

- 肯定他们的捐赠和慈善品性："感谢你成为一个善良、乐于助人的人。当你给 ×× 慈善机构捐款时，你对人们／动物／事业产生了真正的影响。"
- 让他们无意中听到你的夸奖："塔莉给妇女庇护所捐了 50 元，帮助了那些有需要的妈妈和孩子。她真是个有爱心的人。"
- 把它视为一种品性而非行为：不要说"你做的是一件充满关爱的事情"，而要说"你真是一个富有爱心、乐于助人的人"。

3. 影响

让他们看到自己可以产生的影响。具体来说，他们是如何帮助别人的？向谁提供了帮助？

科学说：研究表明，当人们了解到自己的帮助产生的具体影响时，他们会感到更快乐，更投入情感，激发他们更多地给予并持续付出，从而在给予和幸福之间形成正向的反馈循环，增强幸福感。甚至听到被帮助者的感激之词，也会进一步鼓励他们的慷慨行为。

- 不要泛泛而谈，而要讨论具体的影响。比如，卡彭特社区特许学校五年级的那个班收到了一封感谢信，信中描述了他们的慈善捐款行为产生的具体影响。信中提到这笔钱"通过维生素 A 挽救了 154 名面临失明风险的儿童，为非洲 53 个家庭提供了一个月的清

洁水，用蚊帐保护了 13 位妈妈和孩子免受疟疾的侵害，救助了 2 名患有沙眼的儿童"。

4. 示范

让孩子亲眼看到分享和捐赠行为。你在他们面前做了哪些慈善捐赠？

科学说：慈善捐赠和分享具有感染力，可以激励他人也贡献自己的力量，从而大大增强捐赠的效果。研究表明，与那些没有向孩子展示慈善捐赠行为的父母相比，当父母以身作则进行慈善捐赠时，他们的孩子更有可能效仿。

- 始终如一地坚持做慈善：平常购物结账时，将金额四舍五入到最接近的整数，将多出来的零钱捐赠给当地的食品银行，帮助那些需要食物援助的人；为慈善活动"给孩子们的玩具（Toys for Tots）"也捐赠一个小礼物，或者在假日的时候"领养一个家庭"；在过生日或节庆的时候放弃自己得到礼物的机会，用这笔钱捐赠给喜欢的慈善机构；为生病的邻居买晚餐或做一顿晚饭……

5. 传达信息

让你的孩子参与慈善捐赠的对话。

科学说：来自印第安纳大学礼来家族慈善学院（Lilly Family School of Philanthropy）的研究表明，无论性别、年龄、种族或家庭收入，与孩子讨论慈善捐赠的父母更有可能培养出具有慈善精神的孩子。此外，与那些只是以身作则捐赠的父母相比，在为孩子树立榜样的同时，与孩子讨论捐赠的重要性的父母，他们的孩子更有可能捐赠和给予他人帮助。

向你的孩子传达：

☐ "我资助（这个事情）是因为……"

☐ "在我看来，捐赠他人是非常重要的，因为……"

☐ "你知道医院里有些生病的孩子们渴望有一些新的游戏／书吗？"

☐ "你觉得把钱捐赠给需要的人怎么样？"

☐ "你对慈善捐赠和帮助他人有什么问题？"

☐ "你对哪类慈善事业有兴趣？"

☐ "当我帮助（这个慈善机构／事业）时，钱就会用于（这个目的），这对我来说很重要。你对这个有什么看法呢？"

6. 相互关系

帮助他们与被帮助者建立联系，将人性的光辉融入给予的行为中。

科学说： 研究发现，当父母帮助孩子想象他人的感受时，可以培养他们的同理心，进而培养他们的慷慨品性。

- "你朋友的家因为一场火灾毁于一旦，你想想他现在是什么感觉？当他收到你捐赠的钱／玩具时，你认为他会有什么感受呢？你把一份发自内心的礼物传递到了他的心里！"

7. 参与

让他们参与到慈善捐赠中，这样他们就能感受到帮助他人带来的快乐并养成给予的习惯。

科学说：当孩子们体验到给予带来的快乐时，更有可能持续给予。富达慈善机构（Fidelity Charitable）的全国家庭捐赠传统研究发现，比起其他孩子，那些在成长过程中参与慈善活动的孩子，每年向慈善机构捐款5000元或更多金额的可能性高出27%，参与志愿服务的可能性高出22%。

让你的孩子参与适合的且他们感兴趣的慈善活动：

☐ 当地食品银行的儿童志愿者活动。

☐ 一次有趣的跑步活动，目的是支持他们感兴趣的慈善事业。

☐ 为当地家庭庇护所的人筹划一次提供免费早餐的活动。

☐ 从世界野生动物基金会"领养"他们最喜欢的需要帮助的野生动物。

☐ 通过"睡衣项目（Pajama Program）"，为领养机构的儿童购买一本书和一套温暖的睡衣。

当我们与孩子就金钱展开双向对话时，我们就已将这个话题从避讳和隐晦的状态中解放出来，不会再"谈钱色变"，同时我们也为培养他们成为有财务责任的成年人奠定了基础。教导他们如何合理消费、储蓄、给予和投资这种生活技能，除非及早并且经常传授这些技能，否则他们无法学会。无论是对话还是让孩子们亲身体验管理金钱的机会，都有助于他们理解金钱的力量，理解自己也拥有使用、管理金钱的能力和力量。我们有责任教导孩子在经济上保持健康并取得成功，孩子们的财务未来将取决于此。

📌 谈话要点

问题	你的答案
为了孩子对金钱的概念、如何使用金钱和智慧理财形成基本的认识，我是否已经和孩子谈论过关于金钱的话题？	
我是否想给孩子零花钱？如果是这样，我将给多少，何时给，以及为何给？	
关于消费，我想向孩子传达什么样的信息？	
有关中期储蓄和长期储蓄，我想和孩子进行哪些谈话？	
我希望孩子了解哪些有关投资的知识？我想确保什么时候能与他们展开这些对话？	
我如何向孩子展示和讲述慈善捐赠的重要性？	
从本章中可以获取哪些重要的建议和对话参考应用到我的家庭中或与孩子的对话中？	

第 **6** 章

如何与孩子谈论
死亡

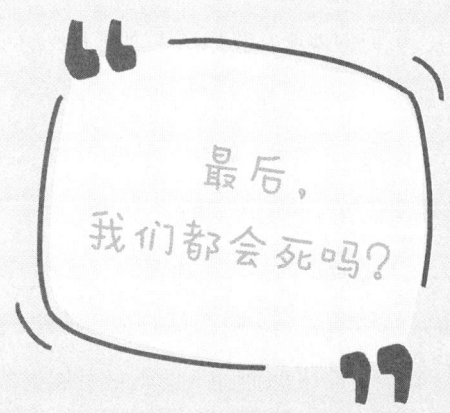

"最后，我们都会死吗？"

我女儿 4 岁的某一天，我开车送她去上舞蹈课。途中她开始问我关于死亡的问题。一开始很随意，只是一些需要大人提供知识或信息的问题："蝴蝶会死吗？""它们死了还会飞吗？"我们谈论了虫子、树叶，还有四季，都很简单。然而，就在我觉得对话进行得相当顺利时，她开始把话题转向人类——就是那种让人猝不及防、直截了当的提问："那人呢，妈妈，我们都会死吗？"

哎呀，老天爷！看着后视镜中那张甜美的小脸，还有那双忽闪的大眼睛，我感到胃部紧缩，开始紧张地咬嘴唇。拜托！我们能不能就聊聊芝麻街、聊聊芭蕾，或者聊聊别的任何事呢？我尽力以轻松的口吻回答："每个人都会出生，每个人也都会死去。"

我的话仿佛悬停在空中，沉甸甸地压在我们两人之间。我的小女儿，穿着她那才 3T 大的舞蹈紧身服，坐在那里，开始把这两件事情联系起来。"那你是说，我弟弟也会死吗？"然后，就在十字路口，在距离舞蹈班不到 400 米的地方，她一边说一边开始放声大哭。

死亡，从本质上看，是一个很悲伤的话题，不是吗？这样的话题让人觉得难以处理，困惑不解，情绪涌动。它唤起我们对已经失去的过去和可能失去的未来的思考。我们对个人悲痛经历的记忆可能仍然鲜活，正如我们对生命终结的深深焦虑也可能被重新激发。这番感触无疑只是人之常情。

在这次讨论结束时，我试图引出一个积极的结论："哦，亲爱的，我知道，我们可能会希望自己所爱的每个人都永远活下去，对吧？但你知道吗？你弟弟很健康，你和爸爸妈妈也很健康。大部分人都是度过了充实的一生之后，他们的身体开始走向衰老，再也无法继续为他们工作了，他们才离开了这个世界。然而，你和弟弟的人生才刚刚开始呢。"她看起来对这个回答还算满意，然而，关于死亡，这只是众多我们必须进行的艰难对话之一。这只是一个开头。

孩子们应当理解的死亡

不可逆转、永久和终结：死亡是生命周期的最终阶段。一旦生命逝去，就无法逆转生命周期，也无法再复活。试着这么说："就像出生是生命的一部分一样，死亡也是生命的一部分。生是开始，死是结束。在这个过程中，我们与自己所爱的人一起生活、学习、成长，并留下许多美好的回忆。即使我们希望结果可以有所不同，一旦有人或者宠物死去，他们就无法再复活。"

不可避免且普遍：所有生命最终都会走向终结。请试着这么说："所有生命——无论我们谈论的是植物、动物、昆虫，还是人类——最终都会死去。没有人知道为什么会发生这种事——即使是你生活中的成年人，比如妈妈、爸爸或你的老师，也不知道。就像每一个生命会诞生、发芽或孵化一样，每一个生命最终也会走向死亡。"

只适用于生物：非生物不具有生命，所以它们不会死。试着这么说：

"非生物，比如石头、订书机，或我的那套园艺工具，或你的雨鞋，都不会死。为什么呢？因为它们本来就没有生命。"

功能终止： 当生物死亡时，身体就不再运作，也无法被修复。试着这么说："人死了，就意味着他们的身体再也无法运转。他们的心脏停止跳动，他们再也无法呼吸、进食、走动或者上厕所了。他们再也不会感到热或冷、饥饿或疲倦、愤怒或悲伤。人死后，身体就无法再复活。死亡是生命的终结。"

打破对谈论死亡的恐惧

临床心理学家和丧亲辅导专家强调，从孩子很小的时候开始，以诚实且深入的方式与孩子谈论死亡很重要。这意味着，把死亡描绘为生命周期中的自然现象非常关键。研究表明，大多数孩子在高中毕业之前都有亲人离世的经历——90%的孩子会经历丧失家人或亲密朋友之痛，每13个孩子中就有一个失去了父母。离世的原因多种多样，从长期疾病如心脏病、癌症，到突发事件或意外事故如车祸等。孩子需要我们帮助他们渡过难关，并为此做好准备。

然而，许多父母在不得不面对这个问题之前，都会避免去触及这个话题。

一项近期的研究显示，很多父母（以及孩子生活中的关键成年人）不愿意和孩子谈论死亡——因为他们想保护孩子免受困扰，而且不确定该说什么才好。一项针对270名美国4～6岁儿童父母的调查显示，相比其他生物学话题，如生育、衰老以及疾病，父母最不善于和孩子谈论死亡。

　　我不能责怪任何人。这不是一件简单的事，但是所有的人，包括孩子们，都应当知道并理解，我们在这个世界上共同度过的时间有多么珍贵，稍纵即逝。这就是为什么我们说这些话很重要：趁着所爱之人还在身边，去说我们想要说的话，去做我们想要做的事。我们希望孩子能够感觉到，他们有机会全身心地参与，没有留下未说出口的感情，也没有留下一直未曾得到解答的问题。尽量没有遗憾，就像我们对自己期望的那样。

　　许多孩子对于死亡有一些理解（也许比你想象的多！）。他们可能已经注意到树叶的凋落，看到过地上死去的甲壳虫或者小鸟，读到过书中某个角色的死亡，或者在电影、电视中见识过死亡。然而，孩子们仍会有许多问题，如果没有得到解答，错误的理解可能就会开始萌芽，慢慢取代真相。

　　有的孩子会认为死亡是暂时的，那些死去的人会回来，就像有人度假或出差回来，或是像美剧《行尸走肉》（The Walking Dead）中的僵尸一样。有些孩子可能认为死亡只会发生在他人身上，认为死亡是有选择性而不是普遍的，并且不会发生在他们认识和所爱的人或宠物身上。还有些孩子可能会很自责，认为是自己的责任或者是他们直接造成了死亡：比如在某个兄弟姐妹去世前，自己一直在和其吵架，或者父母只是出去给他们买晚餐的比萨，然后就出了意外。有些人甚至可能会对死亡产生迷信，相信如果他们谈论死亡，死亡就会发生在他们或者他们所爱的人身上。

　　因此，当有人将要离世或者刚刚去世的时候，孩子们需要我们的帮助，去整理这些复杂的感情。误解可能会增加、强化并夸大，让他们比以前更加恐惧和困惑。我们不希望那些普遍存在但实际上是错误或虚构的观念主导他们的思维，也不希望他们隐藏自己的忧虑。

我们不希望他们认为死亡是一个禁忌话题。如果有了这种想法，当他们有疑问或需要安慰时，他们可能会害怕与我们谈论。他们可能会想："如果妈妈或者爸爸不愿意谈论这件事，那一定是不好的，或者可能让他们很伤心，所以我也不会谈论它。"然而，没有释放的情感，以及那些未得到解答的问题，都会对孩子心理健康造成负面影响。

相反，与值得信赖的成年人进行温和、适合孩子年龄的对话才是正确的选择。研究已经证明，在孩子们生命中重要的人去世后，他们能否度过这个困难时期的重要影响因素，取决于他们与仍然在世的其他成年人之间是哪种关系类型——以及这些成年人是如何应对自己的悲痛的。"不要告诉孩子们以后他们需要忘记什么。"在《谈论死亡：父母和孩子之间的一段对话》（*Talking about Death: A Dialogue between Parent and Child*）一书中，厄尔·格罗尔曼（Earl Grollman）指出："避免讲述童话故事和半真半假的事情。当他们面临区分现实与幻想的困境时，过于虚幻的想象和猜测只会加大他们的困扰。"

不同年龄段的孩子如何应对亲人的离世

年龄段：1 ~ 2 岁

认知：没有能力将死亡概念化、理解死亡或赋予死亡意义。

行为 / 反应：如果负责照顾他们和满足其基本需求的成年人缺位，他们可能会感到不安或沮丧。一些本来被誉为"快乐"或"温顺"的婴儿可能会在睡眠和自我安抚方面存在困难。（是的，即使是婴儿也对周围环境中其他成年人的压力水平非常敏感，并对直系家庭成员的悲伤有反应。）

　　成人的反应：要保持镇定并给予安慰。营造一个和谐、宁静的环境，播放一些舒缓的音乐，或者提供一些他们喜欢的玩偶或毛毯。也可以通过按摩或其他深层压力工具模拟深层压力刺激，让他们得到安抚和放松。我们要善用迷走神经系统，这是一条从大脑延伸至腹部的神经，它可以直接影响副交感神经系统，缓解强烈的情绪反应。儿童心理学家琳恩·肯尼建议使用一些镇静的方法，例如 "SSSS（sing, swing, swaddle, and sway）" 法——唱歌、摇摆、用包裹法抱紧和轻摇。如果我们保持冷静，孩子们则更可能冷静下来，得到安抚。

年龄段：2 ~ 4 岁

　　认知：认为死亡只是暂时和可以逆转的事情。认为死亡发生在 "其他人" 身上。在他们心目中，死去的动物和人都可以复活，身体的损伤可以通过药物、喝水、进食或使用魔法修复，他们把死亡看成是睡眠——死者也有可能被唤醒。

　　行为 / 反应：他们对死亡充满了好奇心，可能会讨论死亡并抱有诸多疑惑，特别好奇死亡如何影响身体的机能和日常生活。他们可能会一次次询问同样的问题——并不是因为他们无法理解这些信息，而是为了得到安慰，确认答案并未改变。他们所提的问题可能显得 "粗鲁"，但实则并非出于恶意。他们可能会想要触碰已死的东西，进行自己的探索。他们可能会表现出一些退行行为，如吮吸拇指、睡眠困难或者说起模糊不清的婴儿语。

　　成人的反应：应当允许孩子提出问题。如果他们请求，让他们去触摸已经死去的甲壳虫或者花瓣，以帮助他们深入理解死亡是何种 "感

觉"，以及它与生命有何不同。要耐心、简短明确地回答他们的问题，重申死亡是永恒的，无法逆转。面对孩子们一些看似奇怪或鲁莽的问题，你需要保持淡定。你需要明白，他们的退行行为可能是一种寻求关注、安慰，或是他们尝试处理死亡事实的方式。

年龄段：5 ~ 9 岁

认知： 他们对死亡有了更清晰的认识。他们开始认识到，死亡并非可以逆转或是一种暂时的现象，但他们仍然觉得死亡只会发生在别人身上。他们还没有开始将死亡与自身相联系，不认为在遥远的未来，死亡会降临到自己或自己认识和所爱的人身上。到了 5 岁这个年龄，他们开始明白，死亡意味着身体无法再正常运作。

行为 / 反应： 他们可能会有某种强大的"魔法"思维，认为自己的想法能够引发一切，包括死亡和事故都可能发生。他们对死亡的物理和生物层面的兴趣可能会增加。他们也可能对死亡的事实和细节抱有疑问。暴力游戏、"装死"游戏、睡眠模式的改变、噩梦的出现、退行行为，以及食欲的减退或改变都可能出现。许多孩子可能会否认死亡已经发生，甚至可能完全不愿提及这个话题。然而，当他们真的开始讨论死亡时，他们更多的可能是只关心自己。这并不是因为他们自私，而是因为他们考虑问题时受限于自身的年龄，他们可能会问"那谁来照顾我呢？"和"那谁来开车送我去参加体育训练呢？"等问题。

成人的反应： 继续回答他们的问题，如果他们不愿意，不要强迫他们交流。鼓励他们参与体育运动，以及通过艺术、歌曲、运动、角色扮演、玩玩偶和讲故事等替代方式来释放他们的悲伤。

年龄段：9 ~ 12 岁

认知：他们对生死的理解近似于成年人，明白死亡是不可逆转的永久性终止。死亡可能与每一个个体有关，是普遍存在的现象，由身体机能的衰败和崩溃引起。尽管这个年龄段的孩子在理智上已经对死亡的普遍性有所认识，但由于心理发展的特点，仍然可能对自身的死亡存在否认的倾向。

行为 / 反应：他们会对生死的科学本质和死后身体的变化产生疑问，同时对死亡产生更浓厚的兴趣。有的孩子可能会在学校出现问题、不良行为、退行行为、饮食或睡眠模式的改变，对自己或所爱之人的死亡表示担忧。你可能会发现他们与重要的朋友越来越疏远，或不太愿意离开自己所爱的人。

成人的反应：告知孩子，当有人离世时，他们的悲痛是正常的。鼓励他们表达自身的情感，无论是悲伤、愤怒、困惑、恐惧还是任何其他复杂的情绪。面对生死话题，既不避讳，也不强迫他们开口——只要告诉他们，无论何时只要他们准备好了，你都会一直陪伴他们。

年龄段：12 岁至青少年时期

认知：他们对死亡抱有抽象和主观的看法，仍然倾向于认为自己是不会死的，死亡离自己十分遥远。自我意识强烈，对死亡和生命的主观性质充满好奇："人生的意义是什么？我为什么存在？"他们或许会把死亡浪漫化，认为死亡易于应对，因为在电视或电影上看到类似问题可以轻松或戏剧化地解决。尽管他们对死亡有很多哲学思考，但在他们眼中

这仍然是发生在他人身上的事。

行为／反应：悲伤、质疑、否认、退行行为和暂时与家人拉开距离（更喜欢朋友）是正常的行为。你可能会注意到他们冒险、愤怒、抑郁或反叛等行为增多——在某些情况下，甚至产生自杀的念头或幸存者内疚感。有些人甚至可能会试图扮演逝者的角色，以填补他们感受到的空白或缺失感。

成人的反应：保持随时可以提供陪伴。鼓励他们谈论自己的感受，如果不愿对你说，那么可以让他们与心理咨询师、朋友、导师或老师交流。给他们足够的时间，让他们明白这种痛苦是正常且合理的。当他们需要时，提供帮助，允许他们以自己的方式表达悲伤，即使这种方式与你或你的其他孩子的方式有所不同，也没有关系。

当你不得不面对这个话题

在一个孩子的生日聚会上，黛比走到我跟前，表情看上去既忐忑又坚定。"我们刚刚得知孩子们的奶奶确诊为癌症四期，"她郑重地说道，而此刻孩子们正在我们周围咯咯笑着奔跑，"医生无法进行手术。我想问你……我应该告诉孩子吗？如果他们问她会不会死，我该说什么？要是她离世了，我又该怎么向他们解释呢？"

对于如何跟孩子们讨论死亡，许多父母毫无头绪。有些人甚至会刻意避开这类令人不快的话题，平常也是低声、私下谈论死亡和临终问题，以致直到亲人离世时才被迫面对这个问题。

事实上，定期沟通可以帮助父母消除一些通常与死亡相关的恐惧、神秘感、消极观念和社会禁忌。毕竟，在生活平静、让人感觉安全和稳定的情况下讨论死亡的问题，比起生活突然陷入一片混乱时再来讨论容易多了。正如黛比的经历，当时她的两个孩子分别是 9 岁和 6 岁。

"也许我应该等等。"她说。

然而，问题在于，等待最终会耗尽时间。面对绝症，你不仅将不可避免的问题推迟了几个月到一年，还在无意中缩短了孩子与即将去世的人一起度过的宝贵时光，原本他们可以在这段时间积极地交流互动，更有意义地度过。不管你是否等待，终究都会迎来那个结束的时刻。

我握着她的手说："这真的太难了。这不公平，真的让人难以接受；但是你需要想清楚，你希望孩子们如何利用这最后的一段时间。"

"他们会想和她在一起的，"她点头道，"这太让人难受了，我不愿让孩子们感到伤心。"

"那就从这里开始吧，"我建议，"正如你刚才对我说的那样：'亲爱的，我很抱歉必须告诉你们这个悲伤的消息，因为妈妈不愿意让你们感到难过。'"

"那我应该怎样向他们解释什么是癌症呢？"她问，"你刚才是建议只说她生病了？"

"你可以这么说：'奶奶体内有一些异常的东西在生长，所以她生病了，这就是所谓的癌症。由于奶奶的年龄，以及癌症出现在她身体多处，医生无法将癌细胞取出，所以她的病情会加重。'"

"但是难道他们不会担心，当我们其中一个人生病时，我们也会死吗？"

"这就是为什么父母在谈论因绝症而死亡时，说出这种疾病的名称如此重要的原因之一。这样一来，孩子们就不会将其与普通感冒或发热混淆。他们会明白普通感冒或发热的特征之一是具有传染性，可能让他们无法上学，或是让父母不能去工作。你可以问他们是否听过这个词——

癌症，他们会说出自己知道的情况。这样你就有了开启对话的机会，帮助他们处理恐惧和焦虑。"

"那关于死亡的部分呢？我们真的从来没有讨论过这个问题。"她温柔地笑了笑。

"把事情简化。你或许可以这样说：'遗憾的是，奶奶的身体不太好。癌症把她的身体变虚弱了，生成了大量的病变细胞，这些不是维持我们健康的正常细胞。我们不确定什么时候她的身体将完全无法工作，可能是几个月甚至一整年。我们非常难过，虽然医生会在接下来的几个月里尽力帮助奶奶感到舒适，但他们无法消除癌症，让她恢复健康。奶奶会慢慢离开我们。'你可以对问题持开放态度，鼓励孩子们自由表达想法和感情。请记住，你不必知道所有问题的答案，因为你不可能全知全能。适当的悲伤也是可以的，你可以告诉他们你也很伤心。但也请记得告诉他们，提前知道这一切的意义在于，奶奶依然与我们在一起。告诉孩子，他们得到了极其珍贵的机会，能够和她深入交谈，问她对于生命的感想以及和她共度时光。你可以问问他们想要做些什么。"

之后，黛比告诉了孩子们关于奶奶的事情，并在接下来的几个月里确保他们有足够的时间和奶奶一起度过。奶奶也有机会与家人分享那些拿手菜的做法。黛比的小儿子还为奶奶画了一幅充满爱意的图画：灿烂的阳光下，天边挂着美丽的彩虹，全家人手牵手的温馨一刻。她的大儿子还请奶奶讲述她小时候的故事。谈论死亡让他们更加珍惜与奶奶在一起的每一刻，享受那些有限却有意义的时光。

面对关于死亡的讨论，我该何时开启

主动提起？ 有时，甚至在孩子来找你探讨死亡的话题之前，你就要主动启动这样的对话，尤其是当你孩子生活中的人——如老师或朋友的父母——即将走向生命的终点或已离世。比起从他人那里间接听到这些事情，孩子们从父母得到消息会更易于理解和接受。父母可以留意以下迹象，以判断在面对有关死亡的问题时，孩子是否存在困难：

- **食欲变化**：食量大增或骤减。

- **睡眠变化**：睡眠时间明显增加或减少，害怕入睡。

- **睡眠内容的变化**：经常做噩梦或者看到恐怖的梦境。

- **学业成绩变化**：成绩急剧下降或无法集中注意力。

- **行为举止的变化**：表现出攻击性行为、退行行为，回到年幼孩子的行为模式，或者疏远他人。

- **人际关系的变化**：与最亲近的朋友相处的时间减少。

- **反应性变化**：情绪爆发、焦躁不安、频繁哭泣。

- **警觉度变化**：关注家庭成员，反复确认门窗是否已锁，确认家庭成员和朋友的位置。

- **分离态度的变化**：不愿独处或与父母分开。

- **游戏的变化**：喜欢玩以死亡为主题的游戏。

等待孩子来找我？ 当你和孩子进行了一次或数次关于死亡的对话后，可以告知孩子，你愿意随时进行更多讨论，回答他们可能会提出的任何问题。你无须再主动提起这个话题，但是要保持随时可以交流的状态。你可以简单地切入："关于我们最近讨论过的问题，你还有什么疑问吗？"如果孩子说没有，无须强迫他们，问题可能会稍后出现。有时父母承认自己难过，比如说"我最近感觉格外难过，有些心不在焉"，也可以促使他们开口谈论。

🏠 我家的做法

我奶奶被诊断为癌症时，我主动承担起了"采访"她的任务，包括她的好恶、她的童年，甚至她对家中每个成员想说的话。她一边轻抚着那只让人又爱又恨的比熊犬，一边耐心地回答我每一个问题，还带我一同回顾了她年轻时的点点滴滴：她的母亲每天晚餐会做不同的汤；当她还在约会时，祖父如何带她去蒙特克莱尔（Montclair）跳舞；她还谈起我母亲出生时候的事，说我母亲是她见过的最漂亮的婴儿；她讲述了我叔叔史蒂夫的故事——我叔叔会把能找到的每一只毛茸茸的生物偷偷从后门带回家。我了解到她一生中最美好的时刻，就是和家人在一起的时刻，她坚持遵循一个原则：睡觉前平复所有心情，永远不要带着怒气上床睡觉。（有趣的是，这正是我结婚时奶奶亲手写在小纸片上送给我的忠告。）

我用丈夫的旧摄影机（那时候还没有手机）记录下了我们的对话，我为此感到欣慰。在她病重和离世之前我得以听到这些回答，真是一份无价之宝。

当父亲被诊断出肝癌时，我真的无法接受这个残酷的现实，感觉像遭到突然袭击。我从马萨诸塞州（Massachusetts）飞到新泽西州（New Jersey）去看望他，并告诉母亲，父亲看起来面色发黄。那个星期一，他看了医生，确诊为肝癌四期。只过了一个月，他就离开了我们。

其实有一天，我与父亲坐在儿时的后院，心中涌现出一个强烈的想法，我应该为他拍一段视频，记录下他的音容笑貌。然而我并没有，真的很可惜！他那些机智而富有创意的故事从此消失了，还有那些他对人生的奇妙解释，都随他一起消逝了。时间真的很宝贵，如果我们有勇气并愿意采取行动，就可以利用它来做好准备，完成我们在失去心爱的人之前想做的事。如何珍惜并且善用我们所拥有的时间，真的至关重要。

谈话之前我们能做什么

其实我们身边有很多机会，可以用自然而友善的方式与孩子谈论死亡。最开始可以围绕以下主题：

自然界和所有生物的生命周期： 你可以讨论各种生物是如何诞生或存在的，它们的生命周期是怎样的，它们死亡时会发生什么。你可以说："所有生物都会诞生，所有生物都会死亡。树上的叶子，鱼缸里的金鱼，森林里的动物，全世界的人也是如此。"

在孩子的世界里，对个人影响较小但具体的死亡： 我们周围每天都有生物诞生和死亡，我们可以善意地讨论这些死亡，而不会产生强烈的情感依恋。不论是邻居的狗死了，还是院子里的蝴蝶，这些事件都可以作为讨论的切入点。你可以说："你看到人行道上那只蝴蝶了吗？你知道它为什么不动吗？那是因为它的身体已经不再工作了。一旦生物的身体停止了工作，它们就不能活了。"你甚至可以给出更具体的细节："这只虫子过完了它完整的一生，现在它死了。它不会再吃东西，也不会再和它的昆虫朋友们玩耍。它不会再感到冷热或疼痛。这只虫子不再是一只活的昆虫了。你现在看到的是一只曾经存在的虫子，一个已经没有生命的虫子的身体。"你还可以强调永久、不可逆转的概念："它无法再复活。"

关于角色死亡或以悲伤为主题的电影、书籍或电视节目： 从《冰雪奇缘》（*Frozen*）中的父母，到《狮子王》（*The Lion King*）中的父亲，

再到儿童读物，如托德·帕尔（Todd Parr）的《再见书》（*The Goodbye Book*）、肖娜·英尼斯（Shona Innes）和艾瑞兹·阿戈科斯（Irisz Agócs）的《生命就像一阵风》（*Life is Like the Wind*）、乔安娜·罗兰（Joanna Rowland）的《记忆盒》（*The Memory Box*）和 E.B. 怀特（E.B.White）的《夏洛的网》（*Charlotte's Web*），媒体在谈论死亡时可以起到帮助作用。研究显示，媒体（如迪士尼电影）在银幕上向孩子描绘了死亡，而这可能引发孩子的担忧，因此我们应该与孩子一同讨论这些内容。虽然年龄较大的孩子更容易被真实事件的媒体报道所吓倒，但 7 岁以下的孩子同样容易被屏幕上非现实甚至不可能发生的事件吓倒。你可以问问孩子："你对《狮子王》里发生在小狮子辛巴的爸爸身上的事，有什么感觉？"或者"在《夏洛的网》里，当夏洛告诉威尔伯她的生命即将结束的时候，你认为威尔伯会有什么感受？"这也是讨论死亡的一种方式，使人感觉安全，因为略微远离"现实生活"。

借助家具。例如孩子房间里的书架上有书籍和书立，你可以指着这些物品来描述生活的意义：向孩子们展示书架上的空间如何被各种故事填满——《时光的皱纹》（*A Wrinkle in Time*）、《神奇校车》（*The Magic School Bus*）、《朱妮·琼斯系列》（*Junie B. Jones*）……诸如此类——正如我们的生活中充满了各种各样的冒险。告诉他们，我们的生活就像一本书，而书架上的书立则象征着将我们的各种经历、故事和冒险紧密连接在一起的力量。我们则需尽力用自己的故事和人生旅途中的冒险经历来填补那些空白，以丰富自己的人生，创造出属于自己的独特故事。

该说什么，不该说什么

我明白，父母们在面对死亡这个话题，尤其是亲人离世时，往往怀着一份良好的初衷，希望减轻对孩子的影响。他们或许会创作一些基于他们个人信仰的温馨故事（比如"奶奶已经和天使们在一起熟睡了"），或者试图含蓄地一带而过（比如"彼得叔叔要离开一段时间"），以此来避免让孩子承受那份不必要的痛苦，面对"生活的残酷真相"。然而，孩子们失去亲人的痛苦，即使未曾言说，也是实实在在的，因为他们所爱的人已经不在了。如果他们无法明白亲人为何离去，这份痛苦甚至可能会加深。相关研究显示，失去亲人的孩子可能会面临抑郁、持续性悲伤障碍甚至创伤后应激障碍等风险。其中风险因素之一就是周遭过度保护的环境，例如情感表达并不开放的家庭。曲折委婉的说法可能不利于孩子对亲人死亡的理解和处理，因此，最好选择用直接而真实的语言和他们交流这个话题。

应避免的词语		更恰当的词语
离开了	→	死了 / 死亡
睡着了却没再醒过来	→	身体停止工作
去了农场	→	身体已经垮了无法再工作
去了更好的地方	→	由于肾脏功能衰竭，他去世了
休息了	→	不再呼吸了，心脏停止跳动了

如何应对失去亲人的痛苦

发展心理学家玛丽莲·普赖斯 - 米切尔（Marilyn Price-Mitchell）博

士，创建了以培养青少年积极发展为目标的组织——"行动的根源（Roots of Action）"。她曾经讲述过一个深深触动我的故事，面对丈夫理查德的离世，她的情绪挣扎历程。

在理查德去世几个月后，为了放松心情，恢复元气，玛丽琳和她3岁的女儿莎拉一起去了海滩。莎拉堆出了人生中的第一个沙堡。玛丽琳看着莎拉专心致志地堆沙堡：她热情满怀地建造每一个房间和塔楼，看起来十分开心。然而片刻之后，一股巨浪冲上了海滩，莎拉的沙堡顷刻间毁于一旦。面对这个突如其来的情况，莎拉像所有小朋友一样震惊、愤怒，泪水滂沱。她跑向玛丽琳寻求安慰，发誓再也不堆沙堡了。

那天，陪在玛丽琳母女身边的是她们的朋友黛安，一位幼儿园老师。黛安走到莎拉身边，告诉她："堆沙堡的乐趣在于，最终我们把它作为礼物，赠予了大海。这就是堆沙堡的意义，它让我们成为给予的人。"

莎拉喜欢这个解释，接受了再堆一个沙堡的提议，这次她甚至要把沙堡堆得更靠近海水，这样大海就能更快地收到她的礼物！那一天，我的朋友玛丽琳也有了一次顿悟。她开始觉得丈夫的离世和这有相似之处。"我把那座城堡想象为他的生命，而被巨浪带走象征着他的死亡。"她告诉我，"在他的'城堡'突然被冲走时，我感到极度震惊和愤怒。而直到那一刻，我才意识到悲痛也能成为一种赠予的过程，就像沙堡成为赠予大海的礼物一样。那一天我意识到，尽管我们的生命最终会被冲散，但我们的印记依旧会留在海滩上，就像沙粒一样，永不消失。"

悲痛是一种艰难而深刻的个人体验。然而，不同人的悲痛却有一个共同的目的——帮助人们应对失去亲人的痛苦，逐渐发展出一个新的常态和未来，尽管他们所爱和珍视的人已经不在。总部位于新泽西的慈善机构"善待悲痛（Good Grief）"旨在为失去亲人的孩子和家庭提供支持，其首席执行官乔·普里莫（Joe Primo）对我说："死亡会摧毁你的生活，但悲痛会把一切重新组合起来，帮助我们将与逝者的情感关系整合到我们未来的生活中。"

讨论我们的感受能让痛苦抒发出来，回忆起美好的时光，但有时言语是不够的，特别是对于正在学习表达感受的孩子来说，言语可能难以捉摸。没关系。在孩子关心的人离世后，有很多方法可以帮助他们应对强烈情绪。

- 将自己的感受或回忆通过画画的方式表达出来。艺术可以帮助孩子，尤其是年幼的孩子，将他们的思想表达在纸上。

- 在一个特别的日记本中写下感受。你的孩子可以将它保密，也可以与你或家庭中的其他人分享。有时候写下来比说出来更容易。

- 通过给逝者写信或制作视频的方式与他们所爱的人"对话"。即使那些已经离世的人无法阅读这些信件或观看这些视频，但这样做本身就可以给孩子带来莫大安慰。

- 制作一个记忆盒或剪贴簿，装一些特别的照片、票根、一起读过的最喜欢的书、信件或者笔记等纪念品，你可以随时翻看这些东西，把它们珍藏在便于携带和整理的收藏夹里。

- 使用木偶或玩偶让孩子们表达出他们的感受，还可以编故事，或者让他们直接告诉你他们挂念、担忧或害怕的事情。

- 通过完成亲人生前的愿望或继续他们未完的事，让有关他们的记忆在我们心中历久弥新。比如，加入他们参与的公益 5 公里长跑，或者去他们曾全情投入的猫猫狗狗收容所做志愿者，还可以到他们一直都想回去的故地旅行。

- 每年在他们生日那天做一些特别的事，建一座纪念花园，或者在他们认为很重要的日子举办派对或晚餐，来纪念逝者的一生以及

谈论他带给我们的积极影响。我的朋友和她的孩子们每年都会庆祝她母亲的生日（她母亲在孩子们幼年就去世了），他们会在这一天聊起她，他们把这个日子命名为"奶奶日"。

- 根据玛丽亚·特劳兹（Maria Trozz）和凯茜·马西米妮（Kathy Massimin）在其著作《与孩子谈论失去》（*Talking with Children about Loss*）一书中的建议，与孩子们一起填写"记忆页"，里面可以包含和这个最特别的人在一起时的最美回忆、孩子最怀念的部分，以及他们与去世的亲人一起做过的开心事。

- 保存那些让你回忆起去世亲人的小饰物、诗句、名言——或者在你的手机上保存包含短信、视频、照片的文件。你可以将这些东西储存于某个特别的地方，根据自己的心情决定何时拿出来重温记忆。

>> 常见问题

问：如果我太思念去世的人想要哭泣怎么办？

答："当你感到伤心欲绝时，哭泣是合情合理的。有时，我也会因为悲痛而流泪。在那种时刻，你可以选择一个人独自静一静，或者你可以靠在我身上，我们可以抱抱，聊聊天。有时，你可能想到处跑、做做运动、画画、听音乐或者跳舞！最好的办法是把这些情感发泄出来，而不是压在心底——那会让我们生病或感觉很不舒服。以积极的方式释放倾诉吧，这样我们会感觉更好。"

葬礼和悼念仪式

葬礼是人类的仪式，就像毕业典礼和婚礼，将几代人聚在一起。但不少人会陷入疑虑，不知道让孩子参加葬礼是否合适。

答案是肯定的。这样做是恰当的，也是合理和健康的。

孩子们参加葬礼或悼念仪式，可以帮助他们处理悲伤，因为周围的亲友都有相同的感受，孩子们困扰的心情可能会有所舒缓，同时也是对亲历此情的人的一种慰藉。"人生总是充满喜悦、悲伤以及崭新的起点，"乔·普里莫说，"仪式是我们为了强调所有这些时刻而做的事。它们就是那些无法轻易言说的感情的表达方式。因此，也许最重要的仪式是那些承认死亡和悲伤的仪式。这也恰恰是孩子们需要参加葬礼以及悼念仪式的重要原因。将儿童排除在外，剥夺了他们哀悼、与其他悲痛的人在一起和表达悲伤的机会。"

尽管我们最初可能不这么认为，但其实葬礼并不是仅为了成人设立的。（如今的社会，人们受到宗教传统和仪式的束缚日益减少，对形式主义和传统规范的重视程度也在下降，变得越来越随意和放松。在这样的大环境下，有一种趋势在尝试摒弃有关葬礼的旧规则，将其转变为真正的庆祝活动或聚会，让葬礼变得更有"乐趣"，希望以更欢快的方式来追忆逝者。）葬礼对于孩子和成年人而言同等重要，能为他们提供慰藉，告别逝者。在一项针对 100 名童年时期失去父母的儿童的研究中，三分之二的儿童表示参加葬礼对他们是一件积极或有帮助的事。相比之下，超过 75% 没有参加葬礼的人（其中许多是因为他们被禁止参加或是不知道）后来都后悔自己没有参加。超过三分之一没有参加的孩子感到遗憾，而

其他孩子则因为没有参加这个重要仪式而感到愤怒、受伤和沮丧。

然而，我们也要明白，孩子们绝不应该被强迫参加。他们应该有选择的权利（一旦他们发现葬礼过程对他们来说过于压抑、可怕或令人不安，他们可以选择离开）。如果你发现他们对参加葬礼有所犹豫，了解一下可能让他们担心的原因。问问他们：

- "您对参加葬礼感到担心或紧张吗？"
- "你认为你可能会看到或经历什么？"
- "怎样才能让你不那么害怕呢？"

那些与逝者关系特别亲近的孩子，可能会选择埋葬一些东西——一个小礼物或纪念品，一幅画或者照片，或者一个毛绒玩具。对他们来说，这种方式虽静默无言，却胜过千言万语，可能是最美好的表达。他们借此来释放自己心底的悲伤，也可能认为通过这种方式，能够传达给逝者一些慰藉，以及他们的思念和爱。

葬礼准备

为了缓解葬礼带来的焦虑，殡仪馆工作人员建议成年人帮助孩子为进入殡仪馆时看到的一切做好准备，从装饰风格，到丧葬从业人员，甚至棺木。只需简单、真实地描述：

"到时候会有一个殡仪馆的工作人员，名叫马库斯，他会在门口迎接我们。工作人员会放置一大束鲜花在门口，同时那里还有一本签名簿，我们和其他宾客进去时可以在上面签名。我们会看到许多朋友和其他家庭成员也来参加葬礼，比如爷爷和珍妮姨妈，还有住在隔壁的加维尔夫人，还有更多热爱和尊重你奶奶的人。我们走进大厅参加葬礼时，已经合上的棺木安置在大厅正中央。"通过讲解，你可以纠正孩子对葬礼或者殡仪馆的误解。

你也需要让孩子做好心理准备，因为葬礼上他们可能会看到各种各样的情绪。有的人会悲恸哭泣，也有人会放声大笑，只因为听到了逝者有趣的往事。这也是他们铭记和怀念逝者生平的一种方式。告诉孩子死亡会带来各种复杂的情绪——有的强烈持久，有的却轻松短暂，转瞬即逝。

"葬礼是为了悼念，"普里莫说，"哀悼是孩子们适应新常态、表达悲伤、从社会群体得到支持的重要组成部分。通过这种方式，孩子们开始养成适应能力，他们会意识到自己在悲伤中并不孤单，他们有朋友和家人的支持，与他们共同经历悲喜。葬礼让人们有机会向所爱的人告别。"

你的孩子可能会选择在葬礼中扮演更多的角色，而不仅仅是参加——当然，这并非必要。他们可以制作幻灯片或准备逝者生平照片展示、唱歌，甚至发表悼词。作为一个曾经为自己父亲和祖母发表过悼词的人，我可以自信地说，虽然这很难，但也是一种荣誉。

如果孩子们会参加出殡或安葬仪式，你也应该为此做好准备："你爷爷的遗体会被放在一个叫作棺材的木头箱子里。棺材打开的时候，如果你愿意，可以去看爷爷，向他告别。爷爷看上去就像在睡觉一样，但我们已经谈过了，他其实并不是在睡觉，他的生命已经停止了。你不会看见他有任何动静或者呼吸，他甚至可能看起来有些不同，但看上去很安宁，不再痛苦。"

如果他们问的问题在你准备范围之外，也请尽力为他们解答。

如果你的孩子还没准备好参加，无法参加，或并不想参加追悼会或葬礼，你可以想出其他方式来告别，帮助他们继续前进。与其他家庭成员分享回忆，与亲近的朋友举行一个小型的纪念仪式，通过艺术、舞蹈、

唱歌、诗歌、植树，甚至观看最喜爱的电影和以前录下的影像来纪念逝者的一生，这些方式都不复杂，而孩子们则可以借此用自己的方式告别他们挚爱的人。

>> **常见问题**

问：我们还能再见到这个人吗？

答："人死不能复生，但他们的记忆将永远活在我们的脑海、内心和梦中。有人甚至坚信自己在来世会再次见到那个人。你相信什么？我相信_____"。

宠物的死亡

失去宠物是许多成年人、家庭和孩子一生中都会经历的事情。我们也曾与我们深爱的凯西告别，它是17年前我们从收容所救出来的一只毛茸茸的金毛狗。它当时吠叫着从笼子里跑出来，一下子闯入了我们的心里。我们开玩笑说："我们就要这个闹腾的。"但事实上，正如大多数人所说，我们的宠物，当它把湿漉漉的鼻子埋进我们的脖子时——也选择了我们，就像我们选择了它一样。

失去一只宠物，无论是狗、猫、小仓鼠或小鸟，都会带来悲伤，因为它们也是我们最好的朋友，是家庭的一分子，特别是对于孩子来说。谁能比宠物做更好的倾听者？谁能比宠物提供更舒服、温暖的依靠呢？因此，至关重要的是，我们不要因为宠物不是人而轻视它的死亡——"哦，它不过是一只宠物。"——我们应该像面对人类的死亡一样，用开放、诚实的态度来讨论宠物的离世。

凯西去世几年后，我们给女儿的房间换了新颜色，给她购置了一套看上去很安静、漂亮的蓝绿色床上用品。当我给她房间里那块鲜艳的树莓红地毯拍照，准备在二手网上出售时，塔莉的情绪突然爆发，泣不成声！她哭着说那是凯西最喜欢的地毯，她不想卖掉它。于是我们讨论了其他的选择——可以继续留在她的房间，也可以放到地下室去，供她玩耍时使用。尽管过去了很久，那些感受仍然如此真切，这就是有时候悲伤运作的方式。

温迪·范·德·波尔（Wendy Van de Poll）是一位经过认证的临终关怀专家，她还创办了一个专为失去宠物的悲痛者提供支持和帮助的活动中心，她建议父母继续谈论他们与宠物一起度过的快乐时光，即便起初没有得到孩子积极的回应，也不必绝望。"你不必着急，"她说，"但要知道，孩子可能听到了这些，你正在孩子的头脑中植入积极的记忆。积极是有治愈作用的。最终，你会看到一些反应，或者他们眼中闪烁着一丝笑意，他们开始会笑了。你可以问'你还记得别的什么吗？'，然后你们就可以继续有来有往地交流互动了。"

谈论孩子心爱宠物的离世，还有其他一些展开对话的方式：

交流快乐的记忆。一个下雨天，孩子们正在谈论凯西，他们装作轻描淡写地说要是凯西在，它可不喜欢下雨……也不喜欢猫。我说："也许它现在正在玩，又把一只猫赶到了池子里。"他们都笑了，"也许它只是把猫身上稍微弄湿了一点点。"他们觉得后面这个想法很不错。

阅读。可以看一些相关主题的书，例如辛西娅·莱兰（Cynthia Rylant）的《狗狗天堂》（*Dog Heaven*）或《猫猫天堂》（*Cat Heaven*）。

举行特殊的仪式来纪念。温迪·范·德·波尔建议给你的宠物写一封信或者画一幅画。由于凯西特别喜欢我们的后院，我们全家人决定在那里种一棵树。在树旁埋下了它的项圈。当我们每天晚上说"我爱你"的时候，我女儿会说："我爱你，妈妈。我爱你，爸爸。我爱你，诺亚。我爱你，凯西。"两个孩子这时候会望着天空——即使心中充满了伤感，那一刻他们也会忍不住微微一笑，因为他们感受到了快乐和安慰。

小诀窍

不要急于再养一只宠物来"取代"孩子已故的宠物。而是要等全家人都准备好欢迎新的家庭成员时，再考虑养宠物。当时机成熟时，你自然会感觉到。当我们发现自己看着网上可爱的小狗图片哈哈大笑时，当我们发现在某个日常，自己不经意玩起了"假如一只狗在"的游戏——"假如一只狗在，它会帮你清理掉在地板上的胡萝卜吗？"——这时候，我们就知道自己准备好了。凯西死后三年多，我们领养了本特利。我们会永远记住凯西，但我们会继续向前看，而不是困在过去。

当兄弟姐妹离世

当人们听说我的一位好友经历了失去13岁儿子的痛苦，他们常常会说这样的话："没有哪一个父母应该承受失去孩子的痛苦。"他们是对的。然而，有一种被大家忽视、同等严重的失去和痛苦，那就是失去兄弟姐妹的痛。现在，我那个朋友的女儿杰汀，成了家里的独生女。因为她唯一的兄弟离世，她生命中最持久、稳定的亲密关系提前终止了。

研究表明，在童年阶段失去兄弟姐妹，会给那些活着的孩子带来深远影响。他们的个体发展、组建家庭、获取教育成就，甚至选择职业道路的步调，都可能因为他们觉得需要留在家里，或是填补他们兄弟姐妹留下的空白，而受阻或者偏离轨道。兄弟姐妹的死亡也可能会增加焦虑、抑郁和饮食障碍等精神疾病的风险。失去兄弟姐妹对于青少年时期的孩子影响最为明显，他们既不再是孩子，也还未成长为大人，常常因为要照顾父母的心情，同时要处理自己的情绪困扰，而感到痛苦不堪。面对他们这份挥之不去的伤痛，我们如何才能给予他们最好的支持和帮助呢？

- 让他们以自己的方式去哀悼。"我认为询问悲痛的人'你需要什么？'很重要。"15 岁的杰汀在一次播客采访中告诉我，"有时我想和某个人谈谈回忆，看看照片，和别人一起回忆我的哥哥。有时我也想一个人怀念他，坐在房间里听音乐或穿上他留下的某件衣服，比如他的曲棍球球服，感觉离他就没有那么遥远了。但其他时候我只想封锁一切，不想去思考和面对。"不要把你认为合适的处理方式强加给孩子，让他们按照自己的方式去处理，只要他们的应对方式是健康、安全的，就没问题。
- 让他们表达各种情绪。"善待悲痛"组织的乔·普里莫说"悲伤不是一个线性过程"。"悲伤就像过山车，跌宕起伏，无所不在……无论孩子还是成人，悲伤的每一天都是不同的。作为正经历悲痛

的人，你无法预料接下来的一天会怎样度过。"

- 给他们一些宽容。杰汀和她的妈妈创造了一些说法，来解释她们在失去亲人后的健忘、敏感和恐惧。她们称之为"悲伤大脑"。悲伤大脑可能持续几周、几个月甚至几年，因为悲伤没有时间限制。记忆和情绪总是在你毫无准备的时候悄然涌上心头。

- 提供健康的发泄方式和缓解途径。"过去我常常痛苦地用拳头捶打浴室的墙壁，只想让自己痛的方式不一样。"杰汀说，"我知道很多孩子都做过伤害自己的危险行为，比如自残。伤害自己是为了用身体上的痛苦代替情感上的痛苦。问题是，身体上的痛并不能使情感上的痛苦消失。那种控制感很短暂，你只能控制你的痛苦一会儿，最终结果是你以两种方式在受伤。"和你的孩子谈谈健康的应对方法，无论是聊天、运动、画画、听音乐或亲近大自然都是不错的选择。

最重要的是，要保持能随时提供帮助且有耐心。研究人员简－路易丝·戈弗雷（Jan-Louise Godfrey）博士指出，长远来看，如果有人能"倾听他们的故事"并"感同身受"，孩子就会更容易应对悲痛。

"妈妈，你也会死吗？"

哥哥去世后，杰汀开始担心父母会因无法承受悲痛而结束自己的生命。有研究显示，在失去亲人后，孩子会担忧父母的状况。面对杰汀的恐惧，杰汀的妈妈德拉勇敢面对，她告诉女儿："在这个世界上，我的人生目标就是尽可能长长久久地和你一起生活。"

"你还好吗？你和爸爸会永远相爱吗？"

很多人误以为孩子去世后，夫妻离婚的可能性极高。然而事实并非如此。尽管研究显示，失去孩子的家庭离婚的可能性稍高，但实际离婚率大概是 12% 至 16%。事实上，超过一半离婚的人表示，孩子的离世并不是导致婚姻破裂的因素。因此，应当向失去了兄弟姐妹的孩子保证，父母的悲伤并不会导致他们的感情发生变化，它只是丧子之痛的一种表现。例如，你可以说："爸爸可能更愿意倾诉他的悲伤，而我喜欢难过的时候一个人发呆。我们其实都在向别人寻求帮助，探讨如何在这件事上相互扶持，共渡难关。即便有时候我喜欢独自待着，并不意味着我不爱你和爸爸。我们正在尽一切努力，确保我们都知道我们关心彼此，关心这个家里的每个人。在这种艰难的时刻，给予对方一些独处时间，也是一种表示关怀和爱意的方式。"

每一个生命都有开始和结束

死亡，不管是突然的还是意料之中的，都会让人有天塌了的感觉。有人把死亡描述成一场恐怖的魔术表演——我们前一秒还在这里，下一秒便消失了，无人对此负责，也无人可以责怪。有一本 1983 年出版的儿童绘本——《生命轮回：用美好的方式向孩子解释死亡》(*Lifetimes: The Beautiful Way to Explain Death to Children*)，作者在书中写道："每一个生命都有开始和结束。中间的过程便是生活。我们身边的一切，无时无刻不在经历着开始与结束。而生活就在其中。"

我很赞同这个观点。

让我们帮助孩子理解死亡，不仅仅从虚空的角度去看，也要从意义的角度去诠释。我们从一个人的一生当中获得了什么？从人和人之间如何相识、相知、相爱以及其他互动中，我们获得了怎样的启示来过好自己的人生？这使我们的对话不再只是关于失去，而是关于生活——如何度过，如何珍惜，甚至在它结束后，如何对它献上敬意和怀念——即使它已消失不再。

>> 常见问题

问：妈妈，如果有人去世让我感到生气，这是正常的吗？

答："当有人去世时，我们会有各种不同的感受，都是可以接受的。有时我们内心充满了强烈的情绪，有时又会出现一些小情绪。有时，我们可能头一天感到难过，第二天又会感到愤怒；可能今天很害怕，明天又觉得困惑。又或者我们可能同时感受到各种不同的情绪。最初，你可能经常感到悲伤或愤怒，只有短暂的快乐。但是随着时间的推移，你会有越来越多的快乐时光——就像项链上串起来的珠子，连绵不断，而那些悲伤或愤怒的时刻，只是夹杂其间的少数几颗小珠子。"

🗨 应急对话指南

当亲爱的祖父母或家中长辈因年纪过大或长期患病去世：

"宝贝，还记得我们谈论过奶奶病得很严重吗？我们说过奶奶度过了漫长而又精彩的一生。但是她年纪大了，难以抵抗病菌的侵袭。奶奶今天早上离世了，大家都感到非常悲伤，包括我。感到悲伤没关系，但我们也应该知道，在这个世界上享有漫长岁月，有你做她的孙子／孙女，奶奶感到非常幸运，她是带着这种心情离开的。我们会想念她，并将她珍藏于心，让奶奶永远活在我们的记忆中。"

一位很重要的年轻朋友久病缠身后去世：

"亲爱的，很遗憾我有个坏消息要告诉你。还记得我们之前谈到过的那个你学校里的小男孩吗？他一直体弱多病，不能来上课，他的病情非常严重，虽然医生们已经竭尽全力，但他还是去世了。亲爱的，我很抱歉。我可以抱抱你吗？如果你需要任何帮助，我会一直在这里。也许我们可以做点什么去帮助他的爸爸妈妈。也许我们可以告诉他们，他们的儿子对我们来说多么特别，我们会非常想念他。你想和我们一起去参加他的葬礼吗？"

面对意外死亡：

"宝贝，我有个非常难过的消息要告诉你。一直住在我们街区的史密斯先生去世了。我知道昨天你还见过他，他在公交车站向你微笑；但有时候，好人身上也会发生不幸的事，他今天早上出了车祸。"对某些孩子，这么多信息可能就够了，他们需要时间来消化。对于其他孩子（毕竟你最了解你的孩子），你可能需要多说一点。"你没事儿吧？你感觉怎么样？也许我们可以做点特别的事来纪念史密斯先生。或许我们可以画一幅史密斯先生微笑的画，那是他在离世前留给我们的礼物，我们可以将它带到追思会上。"

发生自然灾害死亡：

"距离这里很远的一个国家附近的海洋发生了地震，引发了巨大的波

247

浪冲击海岸，造成了很大的灾害，有些人已经遇难了。很多当地的居民失去了家园，现在急需食物和水。我们可以提供帮助，你想加入我们，一起为他们募捐，贡献你的一份力量吗？"

校园枪击事件造成人员伤亡，孩子们可能已经听说过（尽可能简化叙述，倾听孩子的声音，并以适合他们年龄的方式回答问题）：

"你可能已经听说，或者可能会听说发生在另一所学校的事。你听说了什么吗？"

"嗯，我想我听说过。"

"听到这个消息，我感到非常震惊和难过。你对这个事情有什么感觉？"

或者："你可能已经听说，或者可能会听说在 ＿＿＿＿＿ 一所学校发生的事。你听说什么了吗？"

"没有。发生了什么事？"

"有个仇视社会、有心理问题的人持枪闯入了一所学校，伤害了很多人，有些人已经遇害了。听到这个消息，我感到震惊和难过。我可以回答你任何的问题，或者我们一起去寻找答案。你有什么想要说的吗？"

"我不太确定……"

"我知道这件事让人很害怕。听到这件事，我也非常害怕，这种感觉很正常——无论是感到害怕或悲伤，困惑甚至愤怒。每次发生此类事件后，处理这些案件的人都会学习如何使每个人更安全，你的学校也正在采取改进措施，确保所有人的安全。我觉得你去学校是安全的。你现在感觉怎么样？"

在漫长的一生中，每个家庭都会经历他们认识或深爱的人离世。让我们的孩子做好准备，帮助他们理解和处理正在发生的事情，是一种爱的表现。一开始，和孩子谈论死亡我们可能会感到困难重重，但有点讽刺的是，让孩子们了解这些，反而可以帮助我们更有目标地生活，也为我们将来开启更艰难的对话打开了大门。

💬 谈话要点

问题	你的答案
在准备好和孩子谈论死亡的问题之前，我需要做什么、阅读什么、思考什么、弄清楚什么或进行什么样的讨论和练习？	
我最大的担忧是什么？	
在关于死亡的对话中，我要确保传递哪些信息或涵盖哪些内容？	
关于死亡的第一次对话结束时，我希望我的孩子知道、感受到或做什么？	
我想使用哪种开头或方法自然地引出我们第一次关于死亡的对话？	
我在什么时候、什么地方和孩子讨论死亡问题最合适？	
是否存在我曾经说过或没有说过的关于死亡的事情，而且我想要纠正或进一步解释说明的？	
下次我想确定讨论什么内容？	

第 **7** 章

如何与孩子谈论

性

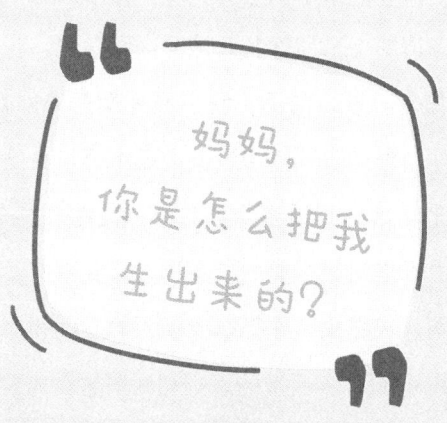

妈妈，
你是怎么把我
生出来的？

哈哈，你一定知道我想说的是什么，就是和孩子聊关于性的话题。每次一提到，我们就支支吾吾，或者用鸟儿和蜜蜂在自然界的繁殖行为来指代。这个话题可能曾让我们坐立不安，尴尬脸红，甚至在无意中浏览到付费电视频道的成人电影时，一跃而起，飞夺电视遥控器。

对我而言，开启我性教育的是一本8岁时放在床头的插图书，里面的内容是不同的动物如何繁殖下一代。我还记得最后一页的图片是一对男女，盖着被子躺在床上。我看完这本书后，我妈在门口探头进来，问："你有没有什么想问的？"我睁大双眼，尴尬地摇了摇头（尽管我非常肯定其实自己有一堆困惑），一切就这样，结束了。

谈论关于性的话题时，父母们会紧张难堪、巴不得逃离现场，甚至一想到就觉得恶心，在诸多情绪中来回挣扎和煎熬。相信我，我明白这种感受。有时候我会想，如果有选择的话，我宁愿去攀登珠穆朗玛峰，认认真真花时间和精力去计划怎么购置登山装备，也不愿与自己的孩子讨论性是怎么回事。当我采访来到我播客节目的第一位性教育专家时，我弯腰驼背地坐在桌前，恨不得马上变成一个隐形人。我惴惴不安、胃部紧缩，不断对自己说："嘿，成熟点！你得以成年人的态度和决心去应对这件事，不然你可休想录完节目。"后来的事实却证明这对我是一件好事，因为仅仅几周后，我 8 岁的女儿就问："哦，宝宝是怎么进到妈妈肚子里去的呢？"

根据计划生育协会（Planned Parenthood）发布的一项民意调查显示，虽然 82% 的父母已经与孩子谈论了与性有关的话题（如两性关系或发生性行为的人生阶段和时机），但许多人却没有涉及更棘手、更复杂的话题，包括如何拒绝性行为，或使用避孕套和避孕措施。研究显示，这些更深入的对话影响巨大，尤其是在青少年时期。《美国医学会儿科杂志》（*JAMA Pediatrics*）的一项研究报告显示，与父母讨论过性话题的青少年，成年后与伴侣沟通的可能性更大，也会使用避孕套和采取避孕措施。

美国国立卫生研究院（National Institutes of Health）的一项研究还揭示了一个细节：家长们倾向于闭口不谈与性相关的积极话题，如快乐、爱和健康的关系，转而偏爱负面话题和警告孩子。此外，一项针对 600 多名 12 ~ 15 岁年轻人的研究报告也披露了一个惊人的事实：近三分之一的年轻人从未与父母讨论过性。这个数字可不小。

揭秘真相

根据美国预防青少年意外怀孕组织（National Campaign to Prevent Teen and Unplanned Pregnancy）进行的一项大规模调查显示，当涉及性的问题，需要做决策或决定时，青少年表示父母（38%）对他们的影响最大。相对于同龄人（22%）、媒体

（9%）、教师和教育工作者（4%），父母具有最大影响力。接受调查的近九成（87%）年轻人表示，如果他们曾有机会与父母进行更开放、更坦诚的讨论和对话，如果父母曾告知他们有关于性的准确信息，那么他们就会更加容易做出推迟性行为的决定，或更容易避免在青少年时期怀孕。

父母们都有自己不愿进行性教育谈话的理由，但通常可以归纳为以下四类：

1. 他们认为谈论性是粗俗、不愉快和令人尴尬的。

在解释为什么没有与孩子谈论性时，这是父母提到的最大障碍之一。许多人表示不知道该说什么，担心自己说得太多或太少，或者不确定如何措辞才能让回答听起来不粗俗和露骨。还有父母承认，他们担心可能会无意中透露自己性生活的细节和隐私，甚至反而可能了解到一些孩子在这个话题上的经历，这让他们感到不舒服。当然，许多父母经常回避谈论性，是因为他们觉得这个话题不适合小孩子，而且听起来很尴尬。记得有一回，我和一个朋友聊天，她说她的孩子提到了与性有关的事情，她当时惊慌失措，马上转移了话题，开始谈论他们午餐吃了什么："那个火腿三明治怎么样？"转移话题！转移话题！我可没什么好说的！

"教育为孩子赋能（Educate and Empower Kids）"组织的创始人兼主席迪娜·亚历山大（Dina Alexander）在一次播客访谈中告诉我，父母们已经习惯和接受社会赋予我们的一种普遍观点，认为谈论性是尴尬的。

她说："我们一生中被告知了无数次，'哦，你不想谈论那个话题'，但实际上，当你深入了解它的本质时，它并没有什么大不了的。"亚历山大补充说，家长们应该思考，是什么真正让他们感到如此不舒服："是谈论实际性行为？还是谈性侵犯？还是谈论解剖学里性的概念？进行这样的自我评估可以帮助父母们精确找准原因，甚至减轻不适感。"

2. 父母觉得自己对解剖学或生物学了解不够。

下次当你的孩子问"宝宝是从哪里来的？"，而你感觉需要搜索专业网站寻找医学上的确切答案时，不要这样做。记住，除非我们是医生或健康专家，几乎没有人完全了解我们的身体是如何运作的。但我们确实拥有属于自己的、独一无二的性经历，这些经历足以开始一次讨论。我们也可以只是简单地倾听。"我们不需要知道所有的答案。"哈佛大学教育研究生院和肯尼迪政府学院（Harvard Graduate School of Education and the Kennedy School of Government）的高级讲师理查德·韦斯布尔德（Richard Weissbourd）说，"进行这些对话时，父母可以分享自己对性教育的一些见解和知识；但也要准备好接受孩子提出的问题和观点，从孩子那里了解到新信息和学习新东西。"

3. 父母认为谈论性意味着默许。

一些父母认为，谈论性就像是在说："你现在可以去做爱了！"就像给某人一份食谱就意味着"你现在可以烤蛋糕了"一样。我理解这种恐惧，但这个理论站不住脚。

《健康传播杂志》（*Journal of Health Communication*）的研究表明，那些能够自在谈论性的孩子实际上更可能推迟性行为，并且发生第一次性行为时的年龄也更大。如果你仔细想想，就会发现这是有道理的：当你

的孩子与你交谈时，他们会从你的智慧中受益，并了解为什么要对自己的身体做出健康的选择，以及如何做出选择。"无论如何，对性的好奇心始终存在。"亚历山大指出，"父母经常觉得，如果他们谈论这些事情，就会污染了孩子的纯真，我认为那简直就是无稽之谈。这其实是在赋予孩子知识、理解和自主权。这是在培养孩子的自主性、责任感和尊重他人的价值观。"

4. 父母的宗教、道德或基于价值观的信仰可能与他们的孩子接收到的信息相悖。

研究表明，当我们与孩子围绕避孕、婚前性行为、色情内容、怀孕风险、同性恋以及性健康选择等话题进行交流时，宗教信仰会影响这种谈话的频率。许多宗教意识形态对性行为提出了严格的规定——例如推迟性行为、性行为的目的仅仅是为了生育等——而流行文化，特别是通过媒体传播给年轻人的流行文化，则提倡婚前性行为和为了愉悦而发生性行为。作为父母，我们有没有可能在不动摇自己的道德或宗教观念的前提下，教给孩子有关性健康的知识？

我认为这是可能的，特别是当你与孩子讨论关于性的话题时，可以将你要传达的部分内容融入到你的信仰中来解释一些概念："上帝赋予了你这些了不起、功能强大的身体部位，每个部位都有很重要的作用。"或者"性行为是创造生命的一部分"。甚至可以提到"你在青春期的时候，可能会收到很多人以各种方式传达给你的信息，提出想要和你发生性行为。而在我们的信仰中，我们相信……"当然，如果你的孩子想知道为什么你的信仰会有这样的观点，要随时准备好回答。尤其是当你传递的性教育信息让孩子对自己，以及对他们所爱和尊重的人产生了疑惑（或负面反应）时，要关注这些疑问和担忧。

性教育是一系列谈话

关于性的传统讨论，大多集中在怎样造人这个问题上，而没有赋予性更广泛的定义。而实际上，虽然怀孕和生育确实是讨论的重要部分，但它们并不是唯一的内容。如果我们把这个讨论的范围限制得过于狭隘，我们就会错过机会，这可是帮助孩子充分了解自己身体和获取准确性健康信息的绝佳机会。

像举办大型讲座一样让人感觉压力山大，可不是性教育谈话的正确打开方式。性教育应该是一系列关于性的谈话或微观讨论，其中可能包括以下内容：

- 了解并理解你的身体。
- 性行为中的自愿和同意。
- 性骚扰、性侵犯和性虐待。
- 探索和自慰。
- 什么是性以及它是如何运作的。
- 性快感、建立亲密感和两性关系。
- 色情内容。
- 风险，比如性传播疾病（STD）和性传播感染（STI）。
- 性行为，当然，包括婴儿是怎么来到这个世界的。

这些对话从幼儿期到成人期都可以进行，从而变成让孩子和父母都感觉可以自在谈论和司空见惯的话题。

在幼儿期就要开始讨论，就不能等到青少年时期吗？答案是：不。即使是年幼的孩子也需要，并有权利了解他们的身体，以确保他们的安全，让他们尊重、理解自己的身体。无论你的家庭价值观是什么，无论你能接受年轻人发生性行为的人生阶段是何时，无论我们是否希望如此，青春期可能会在9岁就开始。孩子们可能会在六七岁就接触到有关性的各种内容，比如色情内容，正如《纽约时报》报道的那样。

大多数女孩	大多数男孩
青春期通常在8～15岁之间。	青春期通常在9～15岁之间。
可能的身体变化：乳房发育，体毛，阴道分泌物，月经，生长高峰（身高增加，臀部变宽，大腿变粗，腰部变细，体重增加），粉刺出现，体味增加，汗液分泌增加，雌激素增加，卵巢开始排卵。	可能的身体变化：胡须出现，自然勃起，自慰，遗精，睾丸增大，生长高峰（身高增加，身材变宽厚），嗓音变低沉，粉刺出现，体毛出现，体味增加，睾丸素增加，精子产生。
可能的情绪变化：情绪波动、性兴趣增加、渴望更多隐私权、渴望脱离父母变得独立。	可能的情绪变化：情绪波动、性兴趣增加、渴望更多隐私权、渴望脱离父母变得独立。

如果你不和孩子谈论性，那么问题来了。最终你的孩子可能会通过媒体、同龄人或色情网站这些渠道来了解性。而且当前的趋势是，大多数孩子初次接触到与性有关的图片、文字和其他色情内容的年龄越来越小，而这些内容传递的往往都是关于亲密关系和性的负面信息。家长对这些信息的监管和过滤只能起到有限的作用，很有可能你的孩子已经在某个地方接触到了成人网站。即使你的孩子没有随身携带手机或平板电脑，他们的朋友也可能会带。

因为你最了解你的孩子，所以你才是孩子获取信息的最佳来源。你是最能为孩子设身处地着想的人，也是最想保护孩子的人，你知道什么是真实和准确的。如果你的孩子有疑问，你可以帮助他们找到正确的答案。当你和孩子谈论这些话题的时候，市面上很多优秀的适合儿童的书籍，以及适合各个年龄段的视频和播客内容，都是强有力的助攻，这会为你们的交流效果锦上添花。

当你将性讨论正常化，换句话说，如果你让孩子觉得，对性、人体以及与性相关的感受感到好奇，提出疑问和回答相关问题都是正常的，这样进行相关讨论就会容易得多。如果我们能在孩子还小的时候，就开始就这些话题进行积极正向的交流，那么等他们达到生理上的性成熟期时，他们就能够基于真实信息为自己做出正确的选择。同样重要的是，他们会知道他们可以依赖你提供的真实、可靠的信息，而不是从学校厕所的墙壁上，或公交车上隔壁班的同学那里获得相关知识。即使与孩子进行这样的对话可能会让我们感到尴尬或不便，但为孩子们提供准确、全面的性教育和信息是更重要的，我们的那一点点尴尬和不适完全值得，不是吗？

揭秘真相

来自哈佛大学"创造关爱共同体项目（Making Caring Common Project）"的理查德·韦斯布尔德报告称，年轻人不仅想谈论性，他们也想谈论与之相关的情感和关系。实际上，70%的年轻人表示，处理两性关系中一系列复杂情感时，他们希望父

母能够提供更多的建议和信息。超过三分之一的人称，他们希望父母能够多一些建议，指导他们如何维持一段成熟的关系、应对分手，以及在一段关系中避免受伤。他们也想知道在一段关系中两个都很固执的人如何妥协、如何处理对某人爱意的消退、如何延迟性行为的发生，以及如何处理出轨、欺骗等问题。虽然对一些青少年来说，性可能是他们约会的一部分，但对大多数青少年来说，问题不仅仅是性，而是如何拥有一段更有意义的关系。

宝宝是怎么来的

无论你的家庭是何种组成模式，被问及这个问题似乎是每一对父母都要经历的一个仪式。我和丈夫领养了两个孩子，在他们很小的时候我就坦白说，"妈妈身体里面'生宝宝的那个机器'坏了"，尽管医生试图帮助我怀孕，但命中注定我们家通过领养两个宝贝一样能幸福圆满。

所以，当我的女儿在睡前问我"那是不是我想怀孕的时候，也要去看医生呢？"时，这个问题听起来似乎有点道理（尽管我被吓了一跳）。我的回答是："并不总是这样，虽然有些夫妻会去看医生来帮助他们怀孕，但有些人是不用去的。"

然后就是那个问题："那么，宝宝是怎么到妈妈肚子里去的呢？"以下为谈话的要点：

卵子和精子："好吧，记不记得我对你说过卵子和精子的故事？——大多数女性都会排卵，每个月都会排出一颗卵子到子宫里，而大多数男性有精子。"

卵子和精子如何结合："精子从阴茎中排出，而且通过阴道可以接触到卵子。阴茎插入阴道——它们像拼图一样互相嵌合在一起。"

阴茎如何插入阴道："你知道就像奶油那种滑腻的感觉吗？女性的身体会分泌一种液体，使她的阴道内部变得非常光滑。男性的阴茎会变得坚硬——这叫勃起——然后它就滑进去了。"

精子如何排出："男女双方一起前后摆动，然后精子就会从阴茎顶端的小孔洞中排出——这有点像你摇晃汽水瓶后马上打开它的情景。这叫射精。"

接下来会发生什么："精子们会经过一个长长的旅程穿过输卵管，其中一个精子会与卵子结合。只有一个精子才能和卵子在一起哟！有时精子和卵子会结合，有时不会。当一个精子穿透或进入一个卵子，就会形成受精卵。在接下来的几天里，这个受精卵会移动到一个特别的地方去，也就是子宫。那里的环境温暖、舒适、安全，适合它发育成长，如果时机和条件都恰到好处，最后它就会成长为一个小婴儿。"

在夫妻试图怀孕期间，他们之间会发生什么呢："他们会彼此表达爱意。他们会亲吻、拥抱，互相说一些美好的话语。这就是为什么这个行为，在许多情况下不仅仅被称为性行为，而是被称为相互表达爱意的行为，即做爱。"

我知道这次谈话听起来真的很尴尬。但我不得不说，对我来说，那并非我真正的感觉。在这场交谈之后，令我惊讶的是，我们谈了更多重要的话题，比如性行为中的是否自愿和同意、相互尊重、愉悦感和爱意。

一开始我以为这会是一次关于性和怀孕生育的简短谈话，结果我们后来交流的相关话题越来越多。这些谈话每次结束后，我并未感到尴尬，而是真的感觉很幸运能够有机会和女儿进行这样的对话。最美妙的部分是当我走出房间时，女儿对我说："妈妈，我喜欢和你进行这样的对话。我希望我们可以一直聊下去，甚至聊通宵都可以。"谢天谢地，我们有的是时间和机会。

揭秘真相

虽然很少见，但并不是所有的男性都有精子，也不是所有女性都有卵子。例如，有些男性患有无精症，即射精时没有精子；有些女性出生时卵巢发育异常，影响了卵子的产生。另外，虽然不常见，但有些女孩出生时没有阴道或子宫（有些人在成年后做了子宫摘除手术），有些男孩出生时没有阴茎，有些儿童出生时是双性人或他们的外生殖器和他们的性别不匹配。

性究竟是什么

关于性究竟是什么，年轻人总是处在相关话题的信息轰炸和包围中。这些信息会告诉他们该做什么不该做什么。事实证明，这些定义上的细微差别至关重要，会影响他们对性行为的选择和看法。

虽然每个人对性的定义有所不同，但提供一个示例定义可能会有所帮助。性学家洛根·莱夫科夫（Logan Levkoff）在接受采访时，将性定义为"人们彼此分享身体的一系列行为"。她详细阐述了性"可以是生殖器 - 生殖器，生殖器 - 口，生殖器 - 肛门"，并描述性是一种"深度隐私和亲密的体验，这个过程中蕴含着感受到快乐的能力以及大量的责任"。我喜欢这个定义，并补充说，性需要完全自愿和双方的同意。

研究表明，当年轻人被告知只有阴道性交才是性交时，许多人认为，例如口交或肛交，并不是"真正的性交"。有些人甚至将口交等同于接吻而不是性交。当我最近与美国东北部的一些初中女生交谈时，她们向我解释说，她们用口交来满足或"抵挡"对阴道性交感兴趣的男朋友。她们还说，因为这并不是"真正的性交"，所以她们认为它更安全，也是她们在有性交行为之前可以做的事情，因为"这没什么大不了"。

当我们给出对性的定义时，我们需要把孩子的这些观点，以及我们作为父母的观点都纳入考虑范围。无论你的个人价值观是什么，都需要考虑以下问题：

- 在成长过程中，你被告知了哪些有关性和性行为的信息？
- 假设你曾接受过不同的性教育和相关信息，如今你的生活或性经历可能会有什么不同？
- 在你需要对性和你的身体做出决定之前，你希望了解哪些关于这方面的信息？
- 你是否认为性是涉及身体的一切亲密行为？在你眼中，哪些亲密行为属于性行为的一部分，哪些不是？哪些符合你的定义？
  - ☐ 自慰或手淫
  - ☐ 抚摸或性接触乳房或外生殖器

☐ "干性交"（穿着衣服摩擦生殖器）

☐ 手－生殖器性交（也称为手淫）

☐ 口交

☐ 阴道性交

☐ 成人玩具游戏

☐ 色情短信或网络性爱

☐ 有性生殖

- 你的孩子十几岁时，与以后有可能会发展为恋人的对象交往，而这些人给他们发送有关性的图片、视频或提议时，你希望他们如何解读这些关于性和身体的信息？

- 在他们开始有性行为之前，有关生育、性行为中的同意和自愿、两性关系和愉悦感等话题，你希望他们了解哪些信息？

- 当你的孩子在对自己的身体、性和两性关系做出选择时，你希望他们有什么感觉？

　　你对这些问题的回答可以引导你和孩子进行简短的对话，你知道这些对话是孩子需要的，同时也是值得的。当孩子处在与你曾经相同的年龄，或有过相似经历时，你想让孩子接受到类似的性教育和性知识吗？还是不同的？这个练习可以为你的方法提供构建的框架，并鼓励你勇敢面对让你不舒服的话题。让我们开始吧。

💬 让事实说话：统计数据

　　当你处于青春期的儿女告诉你"所有人都这么做"的时候，如果他们指的是性行为，用这些有力的统计数据给他们提供正确的信息吧。

初中阶段

大约 88% 的初中生并未发生性行为。

只有大约 8% 的初中生承认曾有口交行为。

只有 6.5% 的初中生有过肛交行为。

高中阶段

针对九至十二年级的学生，美国疾病控制与预防中心（CDC）进行了一项全国青少年健康危险行为监测系统（Youth Risk Behavior Surveiuance System）调查，结果显示，不到 40% 的高中生承认曾经发生过性行为，这意味着五分之三的高中生没有发生过性行为。

虽然许多人认为男生的性活动要比女生频繁得多，但调查显示，大约 39% 的男生和 38% 的女生承认在高中期间发生过性行为。

过去几十年来，高中生发生性行为的比例呈下降趋势。

从谈论身体开始吧

如果你想建立和孩子们针对性和性知识进行开放交流的基础，那么从谈论身体开始吧，这是最合适、最完美的开端。越早越好！换尿布、洗澡或看医生的场合，都是很好的机会，可以轻松自然说出孩子们身体各部位名称，并和孩子们展开讨论。生殖器？当然也包括在内——它们也是身体的一部分！

我们并不希望孩子们认为任何身体部位都是"不可言说的"。每个人

都有这些部位，它们都是正常的，而且它们具有非常重要的功能。正如梅莉萨·平托·卡纳吉（Melissa Pintor Carnagey）在《与孩子进行性教育的积极交谈》（*Sex Positive Talks to Have with Kids*）一书中所鼓励的那样，不仅仅是谈论"头，肩膀，膝盖和脚趾头"。用你平时解释手臂、肚脐、下巴的方式来说明阴茎、大阴唇、乳头和肛门。

迪娜·亚历山大也深以为然。"我建议，尤其对于 8 ~ 9 岁的小女孩，给她们一面镜子，让她们看看自己的阴道。"她说，"她们需要知道它长什么样。她们需要了解尿液排出的位置和阴道的位置不一样。对我来说，这就像向她们展示什么是肘部或眼球一样。我可以通过照镜子看到我的眼睛，但是通过照镜子我看不到我外阴和阴道的所有部位。一个女孩需要知道她下面是什么样子的。"

如果你不花时间为孩子们讲解，那又会是谁去做这件事呢？我的朋友兼同事戴·谢里登（Dae Sheridan）博士是一位性学家和人类性学教授，她注意到许多女孩在大学期间从未被告知她们有三个开口：尿道、阴道和肛门。"有趣的是，当我们谈论性教育时，特别是对女孩来说，我们从内部开始讨论——输卵管、子宫、产道——这其实并不合理。正如我们不会在告诉孩子'这是你的耳朵！'之前，先教他们关于鼓膜和耳蜗的知识。"

当孩子们知道身体部位的解剖学准确名称时，他们谈论身体部位时就会顺畅很多，这也方便孩子们生活中最亲密的成年人了解他们有哪些问题或疑虑。如果他们感受到疼痛或不适，如尿路感染，甚至遭受虐待之时，这些知识也能够帮助他们发声，让他们更准确地表达出来。

此外，当我们以积极的态度，自由地谈论身体的所有部位时，可以帮助孩子们对自己身体的每一个方面、每一种功能和那些惊人的能力，产生更加积极的看法。邦妮·J. 拉夫（Bonnie J. Rough）是《和孩子谈论性——超越鸟类与蜜蜂的话题》（*Beyond Birds & Bees*）一书的作者，在我的播客节目中，她向家长发起挑战：你给孩子换尿布（或其他场景）时，使用过负面词汇吗？你当时是什么样的行为方式？我们可不想让孩子认为，虽然他们的小脸蛋和肚子都很可爱，但他们两腿间的东西却让人感觉恶心。事实上，我们身体的每个部位都应该受到关爱，并且值得我们好奇和探索。

>> 常见问题

问：我 9 岁的女儿问我什么是"来月经"？我该如何回答？

答："进入青春期以后，通常是在 10 ~ 15 岁之间，你可能会经历一个叫作月经初潮的过程。月经，或称经期，大约每个月会发生一次。这是你的身体为你和你的子宫，做好某一天怀孕生子准备的一种方式。（如果您愿意的话）荷尔蒙会告诉你的子宫，需要加厚它的内膜了，这样如果怀孕了，婴儿就可以在那里生长。正常女性有两个卵巢，其中一个会排出一个卵子。如果这个卵子遇到精子，就可以受精产生婴儿。然后这个受精卵会前往子宫开始生长。当然，大多数时候，没有受精，也没有婴儿，所以子宫就不需要那种由血液和营养物质组成的厚厚垫子了，也就是不需要子宫内膜了。子宫内膜会通过阴道被排出体外，肉眼看到出来的就是血，也就是你的月经。这是完全正常的！这个过程通常每个月都会发生，除非你怀孕了。这个过程通常持续 3 ~ 7 天。来月经的时候，你可以选择使用卫生巾、卫生棉条或月经杯（甚至特制的生理裤）来保持干净和卫生。"

267

问：我 10 岁的儿子问我，为什么阴茎有时会变硬突起？我该如何回答？

答：性学家洛根·莱夫科夫建议我们，首先描述阴茎在勃起过程中发生了什么，这样孩子们可以更好地了解他们的身体："阴茎变硬是因为它是由海绵组织构成的，血液会涌向它。就像海绵会吸收水并膨胀一样，阴茎也会吸收血液并膨胀，这就导致它变硬。"然后你可以接着说，"当阴茎变硬的时候，我们称之为勃起。勃起可能会发生在你的一生中。无论发生还是不发生，都是完全正常的。当它发生在青春期时，它更像是一次'系统检查'，以确保一切都在正常运行。它可能会随机发生，你还无法将它控制得很好，但是当你年纪再大一些，就会有更多控制力。勃起可以让你在长大后进行性交并生育宝宝，前提是你做好了准备，并且真的愿意去尝试这个人生的重大抉择。"

如何跟孩子解释"性同意"

如你所知，同意就是对某事表达肯定的态度。我们同意学校带孩子们去博物馆实地考察，我们同意一个医生把我们的病历转给另外一个医生。而在本章中，同意是指同意身体接触，或者同意进行下一步更加亲密的行为，即性行为。

性行为的同意要求涉及的双方都百分之百热情主动地说"YES"。即使之前双方都同意了，"YES"的答案也可以在任何时候变为"NO"。如果同意是基于单方的假设或是通过强迫手段获得的，又或其中一方是在受到酒精或药物的影响下同意的，则同意无效。年龄太小（具体的年龄界限因国家和地区而异）的人给出的同意，也不算同意，因为法律只认可有意识和有效的同意。

那我们如何向孩子解释同意呢？在他们很小的时候，你就可以开始用日常生活中的场景来解释：

- 当他们见到朋友时，你可以鼓励孩子问："我可以抱抱你吗？"然后等待答复。
- 当你在小区里散步时遇到别人牵着狗，你可以教导孩子问："我可以摸摸你的狗狗吗？"然后等待答复。
- 有些时候，孩子不想和他们最亲密的朋友拥抱，却仍想和他们打招呼，这时候你可以教导孩子用一种让自己感到舒适的方式来替代。比如："今天，我不想抱抱。我们来击个掌怎么样？"这种在日常互动中培养的同意观念和表达方式，是性行为同意的前提和基础。

有时候别人会反馈一个否定的答案，这也没关系。教育你的孩子："有时答案是肯定的，有时可能是'不行'。无论哪个答案都可以，都需要得到尊重。"同样地，你可以告诉他们："你的身体属于你自己。如果有人想要触摸、挠痒痒或拥抱你，而你觉得不舒服或者不愿意，你可以说：'不要，我不想有人触碰我。'"

YouTube 上有一个热度很高的视频，非常巧妙地将"同意与否"比喻成给他人（或不给他人）倒茶的情况。其中的主要信息是："如果有人不想喝茶，或中途改变主意不喝了，或不太确定自己喝不喝茶，或者在茶还没准备好之前无法表达自己是否喝茶的意愿，在这些情况下都不要强迫他们喝茶！"同样地，将"同意与否"与孩子生活中的某种情境结合来讨论，可以使其更易于理解，例如："如果你问你的朋友'你想要一

块饼干吗？'，而那个朋友说不想要，你不会强迫他们吃饼干，对吧？"或者"如果你的同学问你是否想要饼干，一开始你说想要，但后来又改变了主意，你还必须吃饼干？当然不需要！"

>> **常见问题**

问：孩子问我性交的感觉好不好。我该如何回答？

答："一开始，当你对此还不熟悉时，你会学到很多关于什么对你和另一个人感觉良好和恰当的东西。而当你足够成熟，能够做出选择，并且你已经同意与这个人发生性关系时，它可以是很美好的体验。它会带来美妙的感觉，对于双方来说，这都应该是越来越棒的体验。但如果你和一个你不愿意的人在一起，或者你并未向对方表达同意这件事，那可能就会伤害你——它可能是身体上的伤害，也可能是情感上的伤害。你应该只和那些你真正想在一起的人发生性关系——那个人应该是尊重并特别关心你的人。"

揭秘真相

研究表明，年轻人在还没有准备好的情况下，也会因为感觉到压力而发生性行为，因为他们担心周围的社会或文化认为性行为是他们应该做的事情，如果不这样做，就会被认为是不正常或不符合社会期望，或者"其他人都在这么做"。特别是女孩，在访谈中提到，无论是为了对方拍性感的大尺度自拍，还是满足对方其他性需求，她们都很难拒绝这些要求。原因有多种：

- 她们担心会伤害到对方感情。
- 她们已经到了"无法回头"的地步，只能硬着头皮继续保持性关系，因为这个选择更容易。
- 由于羞耻、内疚或义务感，她们需要将事情进行到底，即使她们已经感觉不舒服或不愿意这样做。

佩姬·奥伦斯坦（Peggy Orenstein）在她的《女孩与性》（*Girls & Sex*）一书中写道，年轻的女性们接收到的信息是："我们的身体存在是为了满足男性的性快感"，"我们的魅力在于让男性对我们产生欲望"。为了孩子的健康和幸福，我们必须明确地告诉他们，任何性压力都是不可接受的。请直截了当地告诉他们："这些信息无处不在，但它们传递的都是垃圾信息。你可以在任何时候说不，你也不需要为此解释。倾听你内心的声音：如果对你来说感觉不对劲，请立即停止。你在任何时候都不用对任何人承担性义务。"

避免色情内容的侵袭

我们可能总是在祈祷孩子们不要接触到色情内容，但事实上这不太可能。过去成人杂志通常被放置在杂志摊上的最高处（避免小孩子拿到），或出现在家里哥哥们的床垫下，现在只需在谷歌上搜索并点击就可看到。在新罕布什尔大学（University of New Hampshire）的一项研究中，93% 的男孩和 62% 的女孩承认青少年时期在网上看过色情内容。其他研究表明，看成人视频的青少年人数是他们父母估计的两倍，其中多达三分之一的男孩和 12% 的女孩看过粗暴的口交和"轮奸"。

"谁来对你的孩子进行性教育，是你还是色情网站？"佩姬·奥伦斯坦在我的播客上明确表示，"色情片展示的是男性对女性的性行为。女人的愉悦来自男性欲求的满足——充斥着大量的色情、暴力和侮辱的情节……这些行为对大多数人来说，尤其是对大多数女性来说，都会让人感觉不舒服。没有值得信任的成年人可以沟通，这就是现在孩子们的性教育现状。"

根据美国儿科医师学会（American College of Pediatricians）近期的一份声明，儿童和青少年会接触到色情内容，这一现象已变得很普遍。在2010 年对 14 ~ 16 岁的英国学生进行的一项调查中，近三分之一的人称，他们首次接触网络色情内容是在 10 岁甚至更小的时候，而最新的一份2021 年对色情网站的研究综述发现，8 岁是儿童首次接触色情内容的平均年龄（其他研究发现，这个年龄可能更小）。在对性的了解还极其有限的时期，接触色情内容后，被访谈的孩子们称他们有恶心、震惊、尴尬等情绪，同时他们可能会表现出焦虑和抑郁的症状。

此外，12 岁以下接触过色情内容的孩子更有可能对同龄人实施性侵。就如《色情乐园：色情如何控制我们的性欲》（*Pornland: How Porn Has Hijacked Our Sexuality*）的作者、非营利组织"重新定义文化（Culture Reframed）"的创始总裁盖尔·丹斯（Gail Dines）所说："你接触的色情内容越多，你对亲密关系和人际关系的掌控能力就越弱，男孩更有可能对女孩实施侵犯。"

更不用说，看色情内容会使人上瘾，改变一个孩子发育中的大脑——严格来说——影响其结构和功能。根据专注报道全世界的实验室、大学和医院研究成果的网站——神经科学新闻网（Neuroscience News）所述："色情场景就像是能上瘾的物质，是过度刺激的触发因素，会导致非自然水平的多巴胺分泌。这可能损害多巴胺奖励系统，使其对自然的快乐源失去反应。"结果是，那些观看色情内容的人很难对现实生活中的伴侣实现性唤起；他们还会不断在视频中寻求新的、更刺激的主题，因为他们对网上接触到的色情内容逐渐产生耐受性，就像吸毒者下一次需要更大剂量的毒品刺激一样。

如果有证据表明孩子在接触色情内容，你该怎么办？无论他们年龄多大，处理这种情况都要谨慎和克制。即使你内心感到恐慌，或者在那一瞬间简直想把孩子的电脑或手机扔出窗外。"不要大声吼叫孩子，"迪娜·亚历山大说，"这行不通。"事实上，这只会让你的孩子感到羞耻，而且很可能就此阻断你与孩子交流此类话题的通路。

那什么管用呢？答案是：耐心、宽容和理解。

1. 确定你的孩子是否接触了色情内容，但一定不要责备他们。"你不会有麻烦。你没做错任何事。"你可以询问他们是否看过色情内容，如果看过的话，具体看到了什么？重要的是，不要假定他们看到了什么内容，

而是要清楚地了解所涉及的具体图片，以便进行讨论。避免使用指责的措辞，比如"你真恶心！"或"你明显有问题！"因为指责只会让他们感觉羞耻，而羞耻会结束对话，而不是启动对话。

2.你还可以询问孩子对所看到的内容有何看法，如"当你看到那些图片时，你感觉如何？你以前看到过吗？在哪里看到的？"这是亚历山大所说的"体温问题"——我们通过为孩子测"体温"的方式来"诊断"和判定孩子们对特定主题的了解程度。你还可以了解他们是在什么时候看到这些图片、通过什么方式以及和谁一起看的，以便更好地了解他们的接触程度，以及是否有其他人牵涉其中，因为其他人可能也需要父母或关键成年人的帮助。盖尔·丹斯还增加了一个问题："当你看完那张图片后，有什么感觉？"她在她的研究和访谈中说道："这让他们感觉很糟糕。"

3.让他们知道自己正在受到欺骗。我们的孩子讨厌被利用和欺骗，让他们看清有些成年人的意图，即通过控制孩子们做什么、看什么，来最终实现让他们花钱的企图。这可以帮助孩子们学习用不同的视角看待问题。丹斯提醒我们，要直接揭露这种操纵，告诉孩子色情产业的商业模式和目标是吸引用户成为习惯性使用者，并通过这种方式获取利润。你可以说："色情产业试图通过让你接触免费的图片来操纵你，让你上瘾。这些图片会触发你大脑的奖励中心，就像你玩游戏一样，或当老鼠成功完成迷宫任务时，它会得到食物（奖励）一样。它让你想要的越来越多！它们的目标是让你成为一个上瘾的用户，就像毒贩对待吸毒者一样。结果是，为了满足已经上瘾的欲望，你最终不得不付费观看这些色情照片和视频。相信我，色情网站并不是出于善意给你提供这些免费的图片和视频。它们不关心你的身心健康，只在乎你口袋里的钱。"

4.谈论什么是真实的，什么不是真实的。让他们知道，色情并非性和爱，甚至并非真实的生活。它并不代表人们真正想要或应该期待的东西，或者两个相爱的人之间性行为的真实情况。你可以给孩子说明，色情内容会让孩子们对性和性行为的认知产生负面影响，扭曲他们对性与性关系的真实了解，就像电视广告或者真人秀节目一样。你可以说："色情用于成人娱乐业，它并不展现真实的关系或者真实的身体。真实的关系是建立在爱、尊重和亲密之上的。真实的身体有各种各样的大小、体形、体重、肤色和年龄。许多色情影片为了增强它们呈现的效果，拍摄的身体都经过了修图和美化。这些视频中的演员按照别人的要求表演——他们中的许多人被剥削和利用——只是为了吸引观众，让他们再次观看。这是伪装成事实的虚构内容，并非真实的反映。"

5. 探讨色情内容传递的信息。它们可能会对孩子传递以下扭曲的信息：

- 每个人随时都可以发生性行为。
- 性行为不需要亲密、爱或尊重。
- 暴力性行为是正常、合理和受欢迎的。
- 性行为的发生不需要双方同意。
- 安全性行为不可取。
- 女孩的魅力在于她们性感的外表、她们的性能力以及她们愿意做男人想做的任何事情，即使这是有辱人格或非人性的。
- 男孩的魅力在于他们超男性化的外表、支配性的行为和侵略性的表现。

对于大多数人来说，谈论色情这个话题会令人不适，但不谈论并不意味着它就会自行消失。

🏠 我家的做法

有一天晚上，我们坐在餐桌前，谈论着各种不同难度的话题，我对塔莉和诺亚说："我一直想问你们一个问题，因为它对 9 ~ 12 岁的孩子有很大的影响，你们正好在这个年龄段。"他们认真地看着我。"相关研究人员表示，你这个年纪的孩子有时会偶然碰到展示裸体的网站、视频和图片。现在……妈妈首先保证不会有惩罚，也没有人会对你们生气，妈妈和爸爸只是想知道你有没有遇到过这种情况？"

我的儿子立刻回答道："有一次我在找一个相机应用程序时，突然弹出了一个裸体女人的图片，她是这样躺着的……"他伸手放在头上，仿佛在摆姿势。"我马上关掉了它。"他接着说道。

"就像我说过的，没有人会因此受到惩罚，"我继续说道，"人体没有什么不对的，但我想让你们知道，你们这个年纪的孩子有时候会偶然浏览到这些网站，并对此感到好奇。对身体感到好奇是正常的。但是，这些网站可不会为你们着想，也不会关心你们的身心健康。它们只想吸引你们，让你们一次又一次地回来浏览更多内容。最终，还想让你们为此付费。"

"但是为什么我会想要看一个陌生女人的裸体？"诺亚问道。

"你现在可能对此不太感兴趣，但再长大一点，你可能会好奇。再说一遍，这是正常的。但是这些网站并不健康。它们不仅展示裸体，还展示性行为，通常还包含暴力，尤其是针对女性的暴力。研究表明，这类网站（称为色情网站或"黄色网站"）会对我们的大脑产生负面影响，使我们感到压抑和焦虑，在我们真正想要恋爱，拥有一个男朋友或女朋友时，它们也会对我们的关系造成困扰。"

"我本来不打算告诉你我看到过那个的，我以为你会生气。"诺亚说。

我摇了摇头，重申道："你完全可以向我和爸爸求助，把问题告诉我们，你永远不会因此而惹麻烦。"孩子们需要认识到这一点。

"如果我再看到这样的图片，我应该怎么做？应该关掉还是转过电脑，把它给你们看？"

"我认为关掉是个好办法。然后你可以告诉我们，爸爸或妈妈都可以。我们希望帮助你。"

我女儿塔莉，一直在听我们聊天，她说她和朋友在一起时也意外看到了一些东西。她说她俩立刻关掉了电脑，再也没有打开过那个东西。她不想进一步讨论，并询问我们是否可以离开餐桌。当然，我们让她走了。这些对话不仅表明你愿意与孩子讨论敏感的性话题，也可以让你了解他们是否也愿意开放地交流。有些孩子可能已经准备好参与对话，有些孩子可能需要更多时间。

对身体的自然探索是正常的

孩子们天生好奇，尤其是对他们关心的人、环境和自己的身体。然而，当年轻人触摸自己的私处时，常常被认为是禁忌的、超越边界的，甚至是坏的或邪恶的行为。而我们需要教育孩子，对自己身体的自然探索是完全正常的。

我知道这可能会让人感到惊讶，但当年幼的孩子触摸自己的私处时，并不是因为他们有了性唤起或对性感兴趣。小孩子只是触摸自己的身体而已，因为他们喜欢这样的感觉。这种身体探索可能用于放松、入睡或

减轻焦虑。对孩子们来说，做或不做这个，偶尔做一次，或者每天都做，都完全正常。

"很多父母都对讨论自慰感到非常紧张，"教育为孩子赋能组织的创始人迪娜·亚历山大告诉我，"以成年人的视角看待这种触摸，可能会让父母认为这是'错误的''肮脏的'或明显具有性意味，但对于一个 5 岁的孩子来说，自慰不是性行为。他们只是感觉舒服。他们在自我安抚。我们的任务是帮助他们明白：他们拥有一个了不起的身体。"

通过身体探索，孩子们可以更多地了解自己。他们可以获得更加积极的身体形象、更强烈的自主感，更深入地了解什么感觉舒服、什么感觉正常或不好。这使他们能够积极地辨别哪些触碰是安全的，哪些是不安全的。而且，由于女孩的私处比男孩的更隐蔽，她们可能没有机会或意识去了解自己的身体，而导致错过一些关键信息和知识。只要孩子们明白探索应该在私下进行，那么这种探索就是正常且有益的。

📮 应急对话指南

当孩子进入青春期，激素分泌开始成为常态时，你可以告诉他们以下事实：

- 这一切都是正常的："对自己的身体感兴趣是正常的，对他人的身体感兴趣也是正常的，自我探索是正常的，对性产生欲望是正常的！如果你没有这些兴趣或感觉，那也是正常的。"
- 你有隐私权："你有隐私权，可以自由地以你认为合适的方式探索自己的身体。"

- 我们都有获得快乐的能力——无论是与他人一起还是独自一人：
"性不仅仅是让他人感到愉快的事情，它应该令双方都感到愉悦。
你的需求和伴侣的满足同样重要。"正如洛根·莱夫科夫所说："没
有人必须依赖另一个人来带给自己快乐。"

把握教育时机

虽然不需要特定的日期来开始讨论性、性取向、月经或性成熟问题，
但你可以在日常生活中为讨论创造机会。一开始你的孩子可能不会立即
回应，甚至可能根本不回应；但对于他们可能一直想要开启却不确定如
何开启的话题，你要为他们打开一扇对话之门。

教育时机	开启对话
在安静、平静的状态下，单独和孩子在车里或在海滩上散步	"当我像你这个年纪的时候，我们从不谈论（性、自慰、双方自愿、性病、色情内容等）。你以前听过这些事儿吗？谈论这些可能有点尴尬，但我真的希望要是有人早点告诉我……"
在公园里散步观鸟	"嘿，你看到那两只互相追逐的鸟了吗？你知道它们在干什么吗？"
观看有怀孕场景的电视节目	"你看那个女人的肚子是不是很大？你知道她肚子里有个宝宝吗？"
回想与久未见面的孩子同学再次相遇的情景	"皮特看起来好高啊！还有布丽安娜，她越来越像她妈妈了！初中生的长相和身体与小时候比大变样，是不是很神奇呢？"
在超市，经过卫生巾、避孕套或其他计生用品区域	"我知道你以前可能见过这些产品，但你知道它们是用来做什么的吗？"

续表

教育时机	开启对话
看到关于性、性侵、性交易或色情短信等的新闻报道	"我今天看到一则关于学校性骚扰案件的新闻报道。你听说过这些词吗？这就像霸凌行为，只不过这次是一个人对另一个人的身体或身体部位发表了粗俗或不恰当的评论。你们学校发生过这种事吗？"
电视节目/电影/视频里出现充满性意味、情爱或性等相关情节	"你怎么看（甲）在电影院那种环境中把手放在（乙）肩上的行为？"或者"我觉得（甲）在那个派对场景中非常不自在。你觉得呢？你有过类似的感觉吗？"
杂志、电视节目或社交媒体网站谈论名人恋情、怀孕、生娃或出轨等话题	"我看到你最喜欢的两个演员今天在社交网站上公布恋情了。他们看起来很幸福！你怎么看他们的声明？"
广告、媒体上出现的过度性感的图像或视频	"你觉得那个穿内衣的女模特做的广告在推销什么？"或者"我在翻这本杂志时看到女性在这则广告中被物化了。你知道这是什么意思吗？"
谈论家庭、邻里或社区中的怀孕、流产、生产或领养事件	"那个阿姨非常伤心，因为她流产了。这意味着她的孕期也结束了。虽然这种事我们并不总是能确定具体原因，但一般情况下，发生这种事是因为婴儿发育不正常或者停止了生长。她没有做错任何事，之后她可以继续健康怀孕……只是现在，她真的很难过。"
谈论青春期有关话题或青少年的生活时，例如第一次月经、购买第一件文胸，在学校观看了性教育电影等	"你说今天在学校看了一部性教育电影。你对这个怎么看？有什么让你感到惊讶或困惑吗？你可以随便向我提问，我都会回答你。"
无意中听到有人使用"妓女""荡妇"等侮辱性词语	"我刚刚读到宾夕法尼亚州立大学的一项研究，每天有41.9万条推文包含像'婊子''荡妇'这种常见的性贬义词语！这个数字让我感到震惊。你也觉得惊讶吗？你认为人们为什么会使用这些词？"
向家人或朋友表达亲近时	"下周五我们要去看你的堂兄们。我听你说过，见面时你不想拥抱他们，那没关系的。有什么事情让你感到不舒服吗？你觉得用什么方式问候他们会让你感觉最好？"

揭秘真相

有些年轻人错误地认为，他们第一次发生性行为时，会有一种所谓的"初体验保护"。一个朋友告诉我，她 15 岁的女儿已经有男朋友了，当她女儿听说发生性行为时，即使中途停止仍然可能怀孕，感到非常震惊。你需要对你的孩子直言不讳地说："你第一次发生性关系就可能怀孕（或感染性病）。即使在射精前将阴茎拔出，一些精子也会在性交早期射出，从而导致怀孕。"谈论人们使用的保护措施，如避孕套、节育环或推迟性行为。

开启话题：探讨过早或随意性行为的风险

早孕风险：北卡罗来纳州学校健康培训中心（The North Carolina School Health Training Center）进行了一项活动，调查青少年和意外怀孕对健康、法律、财务和社会的影响。他们要求青少年写下他们在接下来的 5 到 15 年内想要有什么变化、想做什么或成为什么样的人，然后询问如果发生意外怀孕，这些未来目标将受到什么样的影响。你也可以这样设计问题："男孩和女孩过早发生性行为的最大风险之一就是怀孕。如果你（或你的女朋友）怀孕了，你们的生活会发生什么变化？它将会对完成学业产生什么影响？对于成为医生（工程师、教师、企业家等）的职业能力和职业规划，会产生什么样的影响？"基于假设情景展开这样的

对话，可以让人深思并有所启发。

身体风险： 怀孕并不是唯一可能的风险，值得注意的是，根据世界卫生组织（World Health Organization）的报告，"青少年妈妈（10 ~ 19岁）比 20 ~ 24 岁的女性面临更高的子痫、产后子宫内膜炎和全身感染的风险，青少年妈妈的婴儿也面临出生体重低、早产和严重新生儿疾病的更高风险"。除了怀孕及其对青少年造成的身体风险外，人们还可能通过没有防护措施的口交、阴道性交和肛交染上性病，根据美国儿科学会（American Academy of Pediatric）以及各种研究报道，很多青少年并不了解这些事实。可怕的是，每年有四分之一的青少年染上性病。"一些青少年不知道，任何形式的无防护措施性行为都可能让他们感染性病、性传播疾病或艾滋病。虽然一些性病可以通过抗生素治疗，但有些性病却无法根治，因此了解这些健康风险非常重要。"这可以自然、完美地延伸到讨论不同类型的避孕方法：从外用和内用避孕套、避孕药到避孕植入物，它们的保护水平、使用方法以及你对它们的看法，以便进一步讨论并回答相关问题。

情绪风险： 研究表明，早期与伴侣进行的性行为以及随意的性关系与负面反应相关，如后悔、失望、困惑、尴尬、内疚、自尊心低下，甚至焦虑和抑郁。尽管一些研究显示女孩比男孩更有可能在发生口交和阴道性交后产生各种心理不适或感到被利用，也有研究表明无论性别如何，在随意性行为之后都显示出较高程度的困扰，生活满意度和幸福感下降。"通常，人们谈论的性都指向身体方面，没有考虑到情感上的投入以及对情感联结、理解、沟通、信任和相互尊重的需求。你需要为性的各个方面做好准备，它不仅仅是你用身体来做的事情，也是你心灵和情感上的真实投入。这是一个重要的步骤。和一个对你来说真正特别的人一起做这件事，你才会感觉最好——这个人一定是善良、尊重你并真正关心你的人。这不是一件轻描淡写的事情，也不应该轻率随意进行。"

预防性侵最重要的事

你可能在想：我的天哪！我们真的需要谈论性里面的自愿和同意原则，讨论性侵，讨论像比尔·科斯比（Bill Cosby）、拉里·纳萨尔（Larry Nassar）和引发全球范围 MeToo 运动的哈维·温斯坦（Harvey Weinstein）这样臭名昭著的性侵犯吗？

是的，我们确实需要。

孩子们需要从小就知道，他们的身体属于他们自己，他们的话语有力量，任何人都没有权利利用他们，无论对方体形多么高大、体格多么强壮，或者地位多么高高在上。来看看一些发人深省的统计数据：根据美国卫生与公众服务部（U.S. Department of Health and Human Services）的儿童虐待调查，儿童保护服务机构每 9 分钟就会证实或找到证据支持一起儿童性虐待的指控。事实上，仅在 2016 年一年内，儿童保护服务机构就指出有 57329 名儿童成为性虐待的受害者。而且无论女孩还是男孩都有可能受到影响：在美国，四分之一的女孩和六分之一的男孩在 18 岁之前遭受过性虐待。

这个问题非常严重。我们已经没有时间将这些对话推迟到孩子们十几岁的青少年时期——或者更糟，一直不进行这些对话。"早期的预防工作是必要的，"心理学家、儿童性虐待预防专家桑迪·沃特尔（Sandy Wurtele）博士说，"作为父母，你能做的最重要的事就是经常与你的孩子对话。"不确定该如何开始？在开始讨论这个话题时，请记住以下几点：

揭秘真相

　　虽然一谈到"性侵"这个词，人们就会联想到"色狼"，或埋伏在暗处的"长相恐怖的陌生人"，但大多数对儿童实施性侵犯的都是孩子认识的人。性侵儿童的人只有 7% 是陌生人。

　　给孩子提供相应年龄段需要了解的事实：虽然没必要向孩子们解释那些龌龊细节，但无论是备受关注的性侵案件还是本地猥亵者的罪行，我们需要确保他们了解基本事实，以及为何虐待行为是错误的，为何对他人有害。这对孩子来说是有用的。你可以说："某个人（在好莱坞、华盛顿、你们社区等）实施了一种让其他人感到不舒服、无助、内心痛苦的行为。他欺负他人，还伤害他人的身体（或在未经他人同意的情况下触摸他人），他（为了让受害者保持沉默，通过恐吓和威胁等行为）让受害者感觉如果自己告诉任何人，就会陷入麻烦中。"你可以根据发生的实际情况提供更具体的信息，同时保证这些信息是他这个年龄能够接受的。比如："珍妮阿姨住的那栋楼里，有个男人对她的身材说了一些侮辱性和粗俗的话，结果发现他对其他邻居也一直这样做。"或者"DJ 队里有个教练摸了一些队员的私密部位，而且让他们不许声张。"

　　将其与成为受害者关联起来：许多小孩子都知道悲伤、愤怒和无助是什么感觉。你可以说："当有人对你表现得很恶劣或不恰当的时候，有没有觉得自己无法说出来？有时候会觉得很难，因为对方个头比你大、体格更强、年纪更大，比你更受欢迎。即使在那些时刻你感到孤独，但你永远不会孤单。即使那个人告诉你保密，你也可以马上来告诉我们。我们一直都会在这里，我们会倾听你的诉说。"

提出强有力的问题：提出问题，让孩子思考这些信息与他们有何关系：

- "如果有人让你也有这种感觉，你能找谁倾诉？"
- "如果你找的第一个倾听对象心不在焉，并没有认真聆听怎么办？"
- "你可以对那个让你有这种感觉的人说什么？"
- "如果对方比你高大、年纪更大，比你更受欢迎，那你该怎么办？"
- "如果让你有这种感觉的人是你认识的人，或者你本以为你能信任的人——比如老师、教练、保姆或家庭成员，你怎么办？"

提供建议或角色扮演：谈谈你希望孩子如何处理这些情况。讨论你是否希望他们这样做，例如：

- 大声喊道："走开！"或"不要碰我！"
- 坚决地说："你现在说的话让我觉得不舒服。请你马上停止！"或"你让我感到恶心。"或者"你让我感觉不安全。"
- 向安全的人寻求帮助。

将其与拥有力量的人相关联：孩子们理解力量的差异。他们通常会

意识到在生活的许多领域里，他们不是制定规则或发号施令的人，因此当你解释时，这应该能够引起他们的共鸣："当我们比别人年长、更大或更强壮时，我们不应该利用我们的力量伤害别人。那是不对的。我们应该善用自己的力量。孩子们需要知道，即使他们不是某个特定的环境或场合中最有力量的人，但只有他们自己，对自己身体发生的事情有发言权。

避免将责任和良好教养这两个因素纳入考虑： 我们经常听到这种观点：由于某人以某种方式穿着打扮，或者对他人给予了额外的关注，所以就是他 / 她自己以某种方式"引发"了性骚扰或性侵。让我们谈谈这个问题：

- "当有人选择对你说出粗鲁或毫无理由的话语，或以让你感到不舒服或不安全的方式触碰你时，你不应承担责任。"
- "没有人可以仅仅因为你表现得'很友好'，就触碰你或对你的身体说粗俗的话语。"
- "在这里我想明确一点。如果你因为自己良好的教养和礼貌而不得不容忍别人触摸你身体的行为，这可不是我希望看到的。这与良好的教养无关。如果你不想被触摸，那就没有人可以触摸你。"

鼓励孩子看到或听到某些行为时要指出来： 当你看到成年人或年轻人表现出歧视女性或贬损他人的行为，无论是在歌词、电视还是电影中，都要指出来。例如，你可以说："当我听到人们这样谈论别人时，我真的很生气。你看到这些会有什么感觉？"

将其与成为"支持者"联系起来：我们都有能力做出改变，我们的孩子需要知道，当他们看到性骚扰、恐吓、霸凌或侵犯行为时，他们必须发声。你可以说："你看到了什么，就说出来。为受害人挺身而出，或者确保让值得信赖的成年人知道发生了什么事，这样才能尽早阻止这种行为。"

记住5个 R（或6个）

有时候，记住一些谈论棘手话题的技巧，会让对话更容易进行。心理学家桑迪·沃特尔博士以下面的方式解释了预防儿童性虐待：

识别（Recognize）：教孩子识别可能的侵犯情况或潜在的侵害者。例如，你可以说："任何人都不应该拍摄你的私密部位或触摸你泳衣覆盖的身体部位。（除非是医生的检查，或正常情况下经过授权的亲人，比如父母或祖父母等帮你洗澡/穿衣时。）你的身体只属于你自己。"

拒绝（Refuse）：鼓励孩子对涉及性的要求说不。你可以说："如果有人试图触碰你的私密部位或让你触碰他们的私密部位，你要明确而大声地告诉他们'不！'。"

抵抗（Resist）：帮助孩子了解如何远离潜在的侵害者。你可以说："如果在你说了不之后，有人仍拒绝停止触摸你的身体，那你就试着跑开、踢他们或者大喊。"

报告（Report）：敦促孩子向别人告知这种侵害行为。比如说："如

果有人试图触摸你的私密部位，或者让你触摸他们的私密部位，告诉我、你的老师或者珍妮阿姨。你永远不会因为举报这个而惹上麻烦——即使那个人要求你不许声张！"

责任（Responsibility）：解释给孩子听，对儿童来说，如果被人隐秘或不正当地触碰，从来不是他们的错或责任。你可以说，"如果有人试图偷偷地摸你，或者在不该触摸你身体的场合或时机触摸你，这绝对不是你的错。"

我会再添加一个专门针对成年人的 R——**重复（Repetition）**。我们希望孩子了解这些信息，将其推广到他们生活的不同场合——在学校、运动场上、夏令营、人际关系以及网络中。虽然我们也不希望自己像一台有毛病的唱片机一样、喋喋不休、反复唠叨，但随着孩子的成长，反复强调这些预防规则可以赋予他们信心，让他们在必要时为自己勇敢发声。

小诀窍

制作一份名单！

谁在你家孩子的"安全大人"名单上？奶奶？老师？孩子的教练？一个安全的成年人是指始终表现出安全行为、尊重健康合理的界限，并真正关心孩子幸福的人。对许多孩子来说，与父母谈论不当触摸（尤其是当侵犯者是家庭成员时）可能会让他们感到不舒服和害怕，而告诉另一个成年人可能会更容易。这正是生活中我们常见的一种真谛：一个人的力量是有限的，我们需要群体的力量。

💬 应急对话指南

当我的孩子不想和我讨论性或性行为问题时：

根据性学家和性教育者洛根·勒夫科夫的建议，不要害怕把责任推到自己身上。

"我知道你不想和我谈这件事，我理解。你已经了解了很多，从朋友和其他很多途径获得了不少信息，但我真心希望能和你谈谈这些问题，与其说是为了你，不如说是为了我自己。因为当我决定成为你父母的那一刻就做出了自己的承诺，其中之一就是尽我所能培养自信、充满力量的下一代，包括让他们对性知识有足够的了解，知道如何做出正确的决策，所以这是我的责任。如果我不能给你提供了解这个世界所需要的正确教育、信息和资源，那我就没有尽到责任。"

为了让你的孩子感觉自己也有控制权和选择权，再补充一点：

"你喜欢以哪种方式开始讨论？要不我们先读一本和这个话题有关的书？还是看一些专为青少年拍摄的视频，或者直接讨论？"

当我自己有过非常负面的经历，不想讨论这些话题，担心我的问题和不安全感以及经历会影响到我的孩子时：

有时，明智的做法是让其他人（你和孩子绝对信任和深爱的人）介入，填补你因为难以参与而缺席的领域。在我的家庭中，由于一些特殊情况以及时机问题，再加上我和侄女一直都关系亲密，所以在她的成长过程中，我才是那个教她月经知识和如何使用经期用品的人。这完全没问题！让另一个人代替自己进行对话或提供信息，而不是完全避免对话的可能性，也是父母表达关爱和智慧的一种表现！

做好准备，用开放的态度传达清晰的观点

在如何谈论性这一问题上，尽管由于各种曲解而存在很多负面评价，但实际上这类讨论确实是一个绝佳的机会，可以向我们的孩子传达清晰、健康的信息，帮助他们正确看待自己的身体及性行为。我们不应该拘泥于这类对话可能带给自己的尴尬，而要关注目标本身，专注于以下更为积极的目标：

- 我希望我的孩子能对自己有正面的看法。
- 我希望我的孩子能在性关系中找到美好、真正深爱的伴侣。
- 我希望我的孩子能理解他们身体机制的美妙之处。

让我们在他们提出问题时，及时解答，传达我们的价值观。

让我们试着用开放的态度去对待孩子们的发言。有一天，当我的孩子们成长到 16 岁、18 岁或者 30 岁时，我希望他们能记起我们曾经交流

过的这些对话，这里面不仅有关于性的机制，同时还有尊重与爱。现在让我们开启这漫长历程的第一步，培养孩子们对自己身体的自信，培养将来涉及做出关于性的决策时，他们对自己的信心。

请你：坦诚对待，灵活思考，做好准备，勇敢前行。

 谈话要点

问题	你的答案
关于性和性行为，哪些对话（如果有的话）最让我感到害怕或担心？	
关于性或性行为，我希望什么时候与孩子进行下一次对话？	
关于性或性行为，我想给孩子传达什么样的关键信息？	
关于性或性行为，通过与孩子对话，我想更正哪些自己年轻时候曲解了（或当时不了解）的信息？	
为了准备下一次关于性或性行为的对话，我还需要哪些资源（例如，适合孩子的书籍、适宜的视频等）？	
我希望这次的对话如何帮助我的孩子（或其他青少年）目前的或未来的生活？	

第8章

如何与孩子谈论
多样性和包容性

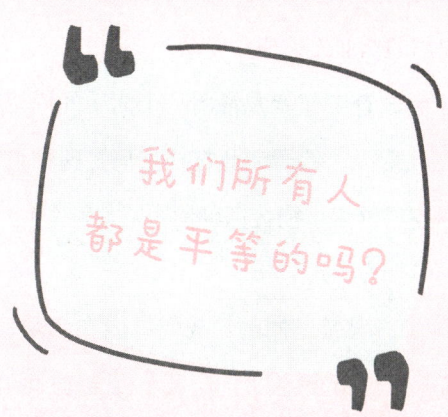

"
我们所有人
都是平等的吗？
"

在电影《我盛大的希腊婚礼》（*My Big Fat Greek Wedding*）的高潮部分，那个严肃又可爱的希腊父亲格斯·波托卡洛斯（Gus Portokalos），为了庆祝女儿的婚礼，发表了象征团结和接纳的祝酒词——最初他是反对这场婚礼的，只因他的女婿伊恩·米勒（Ian Miller）是个非希腊裔人。

"我们都知道，'Miller'这个词的词根来自希腊语，"波托卡洛斯先生以他特有的、浓重的希腊口音开口说道，"'Miller'来源于希腊语'milo'，意思是'苹果'。众所周知，我们的姓 Portokalos 来源于希腊语'portokali'，意思是'橙子'。所以你们懂了吗？今晚在这里，我们既有苹果，也有橙子。我们都不同，但最终我们都是水果，都会结出果实。"这位充满爱心的父亲，偶然发现了我们所有人都需要做的事情——认识到我们的差异，同时通过我们的相似之处建立联系。

多年来，父母、抚养者和教育工作者常常用一个简单的说法来总结关于多样性的讨论：不要以貌取人。然后就此打住。但是这种说法并没有让孩子们认识到，我们朋友的外表可能会深刻地影响他们受到的待遇、他们的自我认同，以及他们的行为方式。

多样性意味着我们在许多方面是不同的。我们可能在年龄、身高、外貌、能力、性别、种族等方面有所不同！当我们了解彼此的差异，我们就能学会欣赏他人的真实面貌，也会欣赏自己的独特之处。换句话说：

- 不只是简单地说"不要以貌取人"，试试"不要以貌取人，更多地去了解一个人，了解对方的内在。但同时也请记住，对许多人来说，他们的外表——头发、皮肤、身体的残障、着装风格，对于他们的身份认同都非常重要，与他们内在的自我密不可分。要全面看待一个人，不要随意下结论。"

- 不要一概而论"残疾或身心障碍只是能力不同"，而是具体地说："她患有一种身心障碍疾病——叫作阅读障碍症。"（有些人喜欢用"残障"这个词，因为它是一个身份标识，承认了一个人的残障状况，并表明这没什么可耻的。其他人可能更喜欢表述为"能力不同"，虽然有人认为这种说法显得无礼或居高临下。为了避免冒犯他人，最好的做法是询问对方对称呼的偏好。）

- 不要说"性别无关紧要"之类的陈词滥调，而是说："涉及你喜欢的朋友、你想玩的玩具或你感兴趣的工作时，性别并不重要，但性别通常是人们如何描述自己的重要组成部分。有些人认为，只要知道一个人的性别，就能判断这个人的思维、感受和行为方式，但这个说法站不住脚，对吧？"

进行多样性对话的关键是，避免依赖固有的刻板印象传达一个总体信息，重要的是了解人们外表之下的方方面面。只有当我们敞开心扉，从源头获得准确的信息或了解真相，我们才会真正了解一个人。

词汇表

微侵犯（Microaggression）是指日常生活中存在的（有时是无意的）微妙歧视或偏见，通常表现为种族主义、性别歧视或对身心残障者的歧视等，使受影响的边缘化群体感觉受到侮辱、不舒服或被误解。

盟友（Ally）指为受到压迫或边缘化的群体提供支持、帮助和发声机会的人。

📮 应急对话指南

当你的孩子谈论从肤色、性别到残障等各种差异时，不要立即制止他们。毕竟有差异是完全正常的！当我们注意到是什么让我们独一无二时，可以帮助我们欣赏彼此的差异并更好地了解对方。同时，这也传达出一种信息：差异并不是什么羞耻的事情，我们提及的时候，无须低声细语或包含歉意。

参考对话："你说得对！你有一头棕色的长直发，你在操场上玩的是传统的秋千；而你的朋友塔莎有许多黑色的小辫子，她在操场上适合使用无障碍的轮椅秋千。就是这些微小的细节和差异，把你们变成了两个不同的人，各有特色。别忘了，你们还有共同点——你们都喜欢荡秋千！"

从那些取得成功的励志故事谈起

关于不同的人克服障碍、战胜困难取得成功的故事不胜枚举。罗莎·帕克斯（Rosa Parks）、约翰·刘易斯（John Lewis）和马丁·路德·金（Martin Luther King Jr.）与种族主义作斗争，挑战法律，推进了民权事业的发展。又聋又瞎的海伦·凯勒（Helen Keller）成为著名作家、公众演说家和活动家。阿尔伯特·爱因斯坦，他的名字是"天才"的代名词，据说他患有阅读障碍、孤独症和注意缺陷多动障碍（他有语言发展迟缓的问题，也有拼写和语法困难问题）；而哈维·米尔克（Harvey Milk），在同性恋被严重歧视的时代，成为加州第一位公开自己同性恋身份的政治家，致力于为性少数者群体的权利做斗争。以下是更多的例子，这些著名人物在自己前行的道路上克服障碍、满怀热忱，做出了重要的工作并取得了成功。

性别偏见 / 权益

示例：马拉拉·优素福扎伊（Malala Yousafzai）、比利·简·金（Billie Jean King）、佩西·明克（Patsy Mink）、索杰纳·特鲁斯（Sojourner Truth）和美国女子足球队。

参考对话："你有权利每年上学，但全世界却还有许多女孩没有受教育的权利。马拉拉·优素福扎伊，一个出生在巴基斯坦的青少年，在她十几岁的时候就强烈呼吁和主张所有女孩都有上学的权利。她非常勇敢，公开发表自己的观点，结果遭到了极端组织塔利班的袭击和伤害，塔利班反对女孩上学接受教育。幸运的是，她没有轻易放弃。她一直在挑战巴基斯坦的传统政策，为女孩争取受教育的机会！因为她大无畏的精神

和勇敢事迹,她甚至成了有史以来最年轻的诺贝尔和平奖得主。"

身体残疾

示例: 德斯蒙德·布莱尔(Desmond Blair)、埃米·珀迪(Amy Purdy)、海伦·凯勒、斯蒂芬·霍金(Stephen Hawking)、弗里达·卡罗(Frida Kahlo)、朱迪丝·休曼(Judith Heumann)、梅森·扎伊德(Maysoon Zayid)、彼得·丁克拉奇(Peter Dinklage)和贝萨妮·汉密尔顿(Bethany Hamilton)。

参考对话: "我在电视上看到了一个很酷的视频,讲的是年轻的天才画家德斯蒙德·布莱尔,他生来就没有双手!他自学了如何用拳头夹着钢笔、铅笔和画笔作画。他的作品简直令人叹为观止。他还在画廊举办了画展!你想看一下视频,看看他的作品吗?他真的让我明白,当你对某件事充满热情时,不管遇到什么困难,你总能找到办法坚持下去。"

种族/种族歧视

示例: 玛莉·迪亚斯(Marley Dias)、辛西娅·崔(Cynthia Choi)、玛丽·怀特·奥文顿(Mary White Ovington)、奥尔西娅·吉布森(Althea Gibson)和雷切尔·罗宾逊(Rachel Robinson)以及塔拉娜·伯克(Tarana Burke)。

参考对话: "你知道吗,玛莉·迪亚斯还在上小学的时候,就因为在所读的书中看不到多样性的存在而感到沮丧。她发起了名为'#1000本黑人女孩书籍的活动',并从世界各地收集了 1000 本以黑人女性为主角的书。她把这些书捐给了学校!不知不觉间,这个数字已经翻了一倍、三倍!她告诉像你一样的年轻人:'把你们的热情变成推动变革的力量。'"

智力障碍

示例: 杰米·布鲁尔（Jamie Brewer）、切尔茜·沃纳（Chelsea Werner）、苏吉特·德赛（Sujeet Desai）、科莉特·迪维托（Collette Divitto）、巴勃罗·皮内达（Pablo Pineda）和克里斯·伯克（Chris Burke）。

参考对话: "我觉得你的朋友卡西想成为一名演员的想法真是太棒了！像卡西一样患有唐氏综合征的艺人有很多。事实上，有一位叫杰米·布鲁尔的女性，曾出现在电视、电影和戏剧中，她甚至是第一位在纽约时装周上走秀的患有唐氏综合征的女性。她还倡导让智障人士融入社会，呼吁不要只关注智障人士所面临的困难或挑战，要更多地关注他们的才能和优点。"

神经多样性

示例: 西蒙·拜尔斯（Simone Biles）、迈克尔·菲尔普斯（Michael Phelps）、米歇尔·卡特（Michelle Carter）、卡米·格拉纳托（Cammi Granato）、安东尼·霍普金斯（Anthony Hopkins）、理查德·布兰森爵士（Sir Richard Branson）、吉姆·凯瑞（Jim Carrey）、莉萨·林（Lisa Ling）和埃玛·沃森（Emma Watson）。

参考对话: "你知道奥运会金牌得主西蒙·拜尔斯患有注意缺陷多动障碍吗？她在接受《理解》（*Understood*）采访时，倡导不要把注意缺陷多动障碍视为一种失败或问题：'把它看作是一种超能力。'她不是唯一一个患有注意缺陷多动障碍的人——还有奥运会游泳冠军迈克尔·菲尔普斯、冰球运动员卡米·格拉纳托和奥运会铅球冠军米歇尔·卡特等。毫

无疑问，在一个为神经正常的人建立的世界里，神经多样性可能会给人带来困难和挑战，但它也可以是一种独特的优势。很显然，对许多成功的神经多样性人士来说，这是一种超能力！你的注意缺陷多动障碍也有可能是你的超能力呀，你怎么看这事？"

性少数者

示例：贾森·柯林斯（Jason Collins）、皮特·布蒂吉格（Pete Buttigieg）、萨莉·赖德（Sally Ride）、哈维·米尔克（Harvey Milk）、马克·高野（Mark Takano）、拉雯·考克斯（Laverne Cox）、海伦·齐娅（Helen Zia）、休·桑德斯（Sue Sanders）、梅纳卡·古鲁斯瓦米（Menaka Guruswamy）和阿兰达蒂·卡特朱（Arundhati Katju）。

参考对话："成为第一个说'这就是我'的人，我知道有时真的很难，尤其是当你觉得自己与众不同，或人们给你的都是负面反馈的时候。你听说过贾森·柯林斯吗？他是第一个公开同性恋身份的 NBA 球员。他打破了禁忌，走在前列。他是一个开拓者。皮特·布蒂吉格是第一个参加总统竞选的公开同性恋者。还有萨莉·赖德，她是第一个女航天员，也是同性恋。如果你想成为你们年级第一个人，说出'我也是性少数者当中的一员'这句话，我们该怎么做才能更好地支持你，让你更有安全感？"

对孩子们讲述那些在不同领域做出伟大贡献的真实人物故事，可以帮助他们了解人们所面对的困难，以及他们如何努力克服这些困难。这将帮助与这些佼佼者有共鸣的孩子看到，开拓者是如何为后来者铺平道路的。正如临床心理学家、美国心理学协会主席西玛·布莱恩特（Thema Bryant）博士提到的："如果人们只听到负面的声音，他们当然会对自己的身份感到消极。作为父母和教师，如果我们保持沉默，而孩子们从他人那里听到的却都是对自己恶语相向，那关于他们的性取向、性别、残障、宗教背景或种族，又能在哪里得到相关的积极信息呢？"让我们成为传播正能量信息的源泉，分享那些能够激励和鼓舞人心的故事；让我们打破刻板印象，纠正误导性信息，促进人们对多样性的理解和尊重。

揭秘真相

　　人口统计学家们预测，如果我们只关注 18 岁以下的儿童，到 2045 年左右，白人将成为美国的少数群体。目前美国 7400 万儿童中，非白人儿童占大多数。

与孩子谈论种族

　　1968 年 4 月 5 日，也就是马丁·路德·金被暗杀后的第二天，教师简·艾略特（Jane Elliott）开启了一堂后来广为人知的"蓝眼睛，棕眼睛实验"的课程。她当时在教的小学三年级学生，全班都是白人，她询问他们对黑人的了解，得知孩子们听说的都是关于黑人的负面刻板印象，她决定是时候让孩子们体验一下仅仅因为外表（在实验中是他们眼睛的颜色）而受到负面评判的感觉。

　　实验的第一天，艾略特宣布："蓝眼睛的人不如棕眼睛的人聪明、干

净或文明。"她告诉他们，棕眼睛的学生将享受所有的优待——比如，只允许他们使用饮水机、在操场上玩耍或者在午餐时加餐。第二天，实验发生了变化，蓝眼睛的学生则享受到了所有的特权。

实验结果让人大开眼界，这个原本大部分孩子都是朋友的班级，开始变得分裂起来。基于孩子们眼睛的颜色而告知他们的这些特征，被他们接受和内化，视为自己真实特征的一部分。艾略特发现，被归类为较差的学生，那一天的课堂表现开始变差，而被告知很优秀的学生则变得更加自信大胆。他们开始相互攻击，甚至发生肢体冲突和相互谩骂。"我就这样看着那些曾经优秀、体贴、合作无间、亲如一家的好孩子，变成了令人厌恶、尖酸刻薄、充满歧视的小学三年级学生。"艾略特说道。

共情成了一个强大的转折点。实验结束后，孩子们如释重负地重新聚集在一起，成为一个和睦团结的班级。歧视的巨大压力一扫而空。

"地球上只有一种种族，那就是人类。"90 岁的艾略特最近写信给我，她仍然对自己的工作充满热情，"你无法改变肤色，但你可以改变态度。"

这需要从我们自身开始。我们需要帮助孩子们站在别人的立场上，培养他们对那些与自己不同的人产生共情和同理心。研究表明，同理心越强，歧视、霸凌和偏见就越少。

然而，芝麻街工作室（Sesame Workshop）最近的一份报告（这份报告汇集了 6000 多名 3 ～ 12 岁儿童的家长，以及 1000 多名从学前班到五年级的教师的观点）揭示了如下事实：

- 只有大约 10% 的家长表示他们经常和孩子讨论种族问题。
- 略高于 20% 的黑人家长表示他们"经常"和孩子讨论种族问题，而白人家长中只有 6% 的人这样做。

- 家长中不足三分之一的人会和他们 3 ～ 5 岁的孩子"有时"或"经常"讨论种族和族裔问题。
- 超过 60% 的家长"很少"或"从不"和自己的孩子讨论关于种族、族裔或社会等级的问题。
- 但是，却有 99% 的家长承认孩子的种族 / 族裔会对他们未来的成功概率产生影响。

为何我们会回避这个话题呢？家长们可能感到不舒服或自己无法胜任，正如他们在应对其他困难或复杂的对话时那样，或者他们认为孩子只有到一定年龄时才会意识到种族的存在。然而，研究告诉我们，事实并非如此。根据波士顿大学最近的一项研究，无论被研究的群体是黑人还是白人，平均来看，家长预估孩子能意识到种族差异的时间比实际要晚 4.5 岁。事实是：

- 即便年仅 6 个月大的婴儿也能注意到肤色的差异，倾向于喜欢与自己种族背景相同的人的面孔。
- 2 ～ 5 岁之间的孩子，已经能够捕捉到关于种族的信息和观念，运用种族分类来识别、归类自己和他人。针对不同种族的社会评价，那些或微妙或明显的信息，都会让孩子内化自己的种族偏见。
- 到了小学阶段，孩子们就可以相当准确地定义种族，往往表现出对自己种族群体的强烈亲和力。

研究还表明，在这个问题上的沉默，为成见和偏见的形成以及种族主义的暗中强化提供了空间。即使我们认为自己开放的价值观会渗透到

孩子的思想中，他们也可能从其他来源获得负面观点。正如肯塔基大学（University of Kentucky）多样性、公平性和包容性中心教授兼副院长克里斯蒂亚·斯皮尔斯·布朗（Christia Spears Brown）所讲："如果家长不和孩子们讨论偏见，不讨论人们常以种族对他人定性的历史原因，孩子们将会接受这样一个观念，即肤色有着真正意义上的差异，并据此对他人进行分类。"

霸凌与种族

在一项针对匹兹堡近 4000 名高中生的研究中，近 10% 的人表示遭受了基于种族的霸凌，近 6% 的人因对方的种族而对他人进行霸凌。那些具有多重被歧视身份的人遭受霸凌的风险最大。也就是说，所有参与研究的人中，属于性少数者群体的黑人和拉美裔青少年被霸凌的比例最高。另外一项研究发现，学校的多样性可能使白人和拉美裔儿童的霸凌行为增加，这是一个出乎意料的结果。人们通常会认为，多样性的增加可以缓解霸凌行为，因为学生可能更习惯于接触各种各样的种族和族裔群体。根据得克萨斯大学纳丁·康奈尔教授（Nadine Connell）及其罗文大学（Rowan University）同行的说法，在他们调查的 3965 名中学生中，种族霸凌现象的增加可能是学生争夺社会地位的结果，或者相反，是由于外部影响，如社区组织混乱和社区暴力等因素。

💬 应急对话指南

"什么是种族？什么是种族主义？"

"大多数情况下，人们提到'种族'时，指的是根据人们的外表特征进行分组，比如人的肤色。从苍白到黝黑，肤色深浅不一。甚至我和你的肤色也不一样，你和你的朋友塞拉，还有你的老师的肤色也不同。就算我们的肤色各不相同，所有人都应该被平等对待，不应因为他们的外貌就受到优待或不公平对待，对吗？但有时人们确实会因为肤色不同而区别待人。当人们因为肤色或种族外貌而不公平或恶劣对待他人时，这就是种族主义。"

用行动促进改变

当与孩子们谈论种族、种族歧视和接纳，还有那些与他们看上去不同的人时，确保你的言行一致。

言行一致： 一项针对欧裔美国父母种族社会化的研究发现，他们子女的种族态度与母亲对种族的态度无关，而与母亲和跨种族朋友之间交往的显著性相关。如果孩子的母亲有着多元化的朋友群体，并且非白人朋友比例较高，那么孩子对不同种族的偏见会较低。也就是说，如果母亲的朋友不怎么多元化，而母亲的非白人朋友也较少，那么其子女对不同种族的偏见相对会更高。

正如《如何培养反种族主义者》（*How to Raise an Antiracist*）一书的作者布拉姆·X. 肯迪（Ibram X. Kendi）博士在我的播客中问道："如果你以友谊为基础带回家的每个朋友都是白人，你是否已经不言而喻告诉了你的孩子，谁对你来说才是有价值的？"应当利用这种示范机会，鼓励孩子们拥抱跨越种族的友谊。根据大量研究发现，这可以减少偏见。

代表性意义重大： 根据我母校塔夫茨大学一项针对儿童电视项目的研究，近年来，尽管电视和电影中多样化角色的数量有所增加，但在针

对最受欢迎的儿童电视剧里超过 1500 个角色的样本研究中，

- 只有 5.6% 的角色是黑人。
- 11.6% 是亚裔美国人。
- 1.4% 是拉美裔。

而且这些角色当中的一部分还被刻画成负面形象，或仅仅是为了满足表面上的多样性或包容性，象征性地选择一两个有色人种角色，又或者是为了陪衬主角而存在的配角。如反种族歧视学院创始人兼教育家布兰迪·布洛克尔·安德森（Brandee Blocker Anderson）所述，这可能导致有色人种孩子自尊心的降低及困惑，同时也在潜移默化中教导所有的孩子，非白人的少数族裔群体"并不如白人有价值、有趣或者可亲近"。

书籍的情况似乎正在慢慢改善。威斯康星大学合作儿童图书中心（University of Wisconsin's Cooperative Children's Book Center）编制了关于儿童和青少年的有色人种主题书籍的数据，自 2014 年以来，种族多样性角色呈现出稳定的增长。根据美国人口普查显示，鉴于超过一半的从学前、小学、中学到高中阶段的美国儿童属于非白人的少数族裔群体，所以我们还需要努力提高代表性。威斯康星大学合作儿童图书中心的图书管理员玛德琳·泰纳（Madeline Tyner）给我写信说，2021 年该中心收到的书中有 36.47% 是关于有色人种角色或者主题的（这里的有色人种包括阿拉伯人、黑人、亚洲人、土著人、拉美裔、太平洋岛民，以及肤色为棕色但未明确说明血统／种族的角色），高于 2018 年的 34.65%。一切都在朝着正确的方向发展。

指出差异性： 如果你在电视、书籍和电影中看到缺乏多样性或没有多样性，你可以告诉孩子："我注意到我们正在追的这个剧里面，除了一位在学校工作的食堂阿姨外，没有其他有色人种。你怎么看这个问题？这和你学校或者大多数学校的情况一样吗？我希望他们在电视上展示更多的多样性，还有更多种族间的友谊，因为朋友并不需要看起来都一样！"

欢迎多样性的娱乐活动：看一看你家中有哪些书。你通常给孩子读哪些儿童书籍？你又为孩子准备了哪些娃娃和玩具？当我的女儿塔莉开始进入对各种时尚洋娃娃感兴趣的儿童阶段时，我不只买了一堆金发碧眼的芭比娃娃，我还给她买了各种肤色和身材的娃娃。当 2023 年由非裔美国演员哈莉·贝莉（Halle Bailey）出演的真人版《小美人鱼》上映时，我们全家都去看了。

注意你的固有偏见：即使书籍和玩具已经反映出一个更加充满多样性的世界，我们的固有偏见也可能会阻碍我们。肯迪博士指出，当黑人和白人父母给孩子展示多样性的书籍时，他们往往关注的是与自己相同种族的角色。相反，我们要换一种视角。你可以指着一个跨种族的角色问孩子："你怎么看待这个人现在的感觉？"以及"你觉得种族在这个故事中扮演了什么样的角色呢？"

挑战贬损性的笑话：面对一种贬低他人或不恰当的笑话时，为孩子以身作则，不要保持沉默，更不要去附和这样的笑话。事实上，那种贬损的态度可能会助长有偏见的行为。我们可以说："笑话本来应该很有趣，但是对于传播仇恨和歧视的笑话，可不是有趣，而是很不恰当。如果你听到这样的笑话，可以试着打断这个笑话，同时改变谈话的走向。例如：'嘿，别再讲那样的笑话了。我觉得不好笑。你还记不记得有一次你讲的那个三只狗和一只鸡的笑话？那个很有意思。'对了，你还有什么其他的办法，可以传达信息，让对方感觉这个笑话其实是不适合讲的？"

消除错误信息：我们的孩子很容易获得虚假信息，这些信息是建立在过时的观点、偏见和群体思维基础上的。我们可以教育孩子成为"积极干预者"，正如《崛起的麻烦制造者》（*Rising Troublemaker*）一书的作者卢维·阿贾伊·琼斯（Luvvie Ajayi Jones）在"今夜芝加哥：来自黑人的声音（Chicago Tonight: Black Voices）"节目中所提及的，又或者像凯瑟琳·桑德森（Catherine Sanderson）在她《为何我们行动》（*Why We Act*）一书中所描述的"道德叛逆者"。这些人愿意揭露扭曲的真相或虚假的宣传，即使他们是周围唯一有勇气这样做的人。反偏见和反种族主义（ABAR）教育家、《ABAR 指南：从这里开始，现在开始》（*Start Here, Start Now*）一书的作者莉兹·克莱因罗克（Liz Kleinrock）建议孩子及父母使用这个有力的"思考框架"："我过去一直认为……但是后来我从……中了解到……现在我明白了……"这可能听起来像："我过去一直认为（关于这个群体的信息是正确的），但是后来我从（书籍、人物、文章等）中了解到这实际上是错误和不尊重他人的，现在我明白了（实际上正确的信息是什么）。"这样的方法巧妙地传递了信息，并显示了自己思维的成长变化，和那种站在道德制高点上，把自己的道德准则强行灌输给他人的行为完全不同。

帮助孩子接纳的提问方式

"我不想牵凯特琳的手！她的皮肤是棕色的！"

当孩子说出这样的话时，父母通常会感到尴尬，本能地会让孩子闭嘴，严厉地说："不能那样说，这很没礼貌！"或者假装没听见孩子的冒犯性言论。（希望不回应就能让孩子不再那么说）然而，这并非儿童的错。根据研究，他们可能从幼儿园时期开始，就注意到了社会偏见的存在。这意味着我们需要与孩子讨论这些问题，让他们接纳我们反对偏见的价值观，而不是放任自流。

我们可以通过提问来引导他们，比如："你认为凯特琳现在是什么感觉？"并尝试使用更多的修复性问题，比如："我们怎么帮助凯特琳让她感觉好一些呢？"你可以试试以下方法：

表示好奇：为良好的交谈建立基础，而不是让孩子心里充满抵触和难堪。从对孩子好奇的角度开始提问，而不是指责或羞辱。"你为什么不想牵她的手，能不能和我多谈谈？因为她的皮肤是棕色的吗？"

引发同理心：可以说，"让我们看看凯特琳的脸，看看她现在的表情。就因为她的皮肤颜色，你就不想牵她的手，你觉得这会让她有什么感觉呢？"

换位思考：反转问题以创造换位思考的机会，像简·艾略特在"蓝眼睛，棕眼睛"的实验中所做的那样。你可以说："问问你自己，如果有人因为你的皮肤颜色（粉色、白色、棕色）就不牵你的手，你会有什么感觉？"正如肯迪博士所说，共情和换位思考能够让孩子"站在那些肤色与自己不同的人的立场上，这样他们可以批判性地思考问题，并向自己提问"。一旦我们能够共情和换位思考，"我们就可以讨论，这个世界上各种肤色的人种，都是平等和美丽的"。

揭示误解：你可以问："你知道她的肤色比你的深吗？"或者"当有人肤色比你深或者浅时，你能看出这个人的内心是怎样的吗？"或者"你觉得当你牵住她的手，会发生什么？"你不需要给孩子上一堂关于黑色素的漫长科学课（除非这是孩子感兴趣的内容！），也不需要长篇大论地讲有色人种受压迫的历史，这种时刻非常适合传递一些简洁的信息，

比如关于人种差异的基本知识。这些信息将渗透到他们以后的思维方式和决策过程中，成为他们个人的一部分，并体现在他们的行为和态度中。

通过提问和讨论答案，我们可以在孩子身上建立一种期望的行为模式，使孩子们在种族问题上成为我们的盟友。这样的对话可能会让大家有些不舒服，然而却如肯迪博士所说，"让孩子们经历一些积极和有益的不适感"是可以接受的，因为这是他们学习、成长和发展的方式——这对父母同样适用。

与孩子谈论残障

纳特厌倦了学校里的孩子们总问他为什么"走起路来怪怪的"，所以他选择主动出击。他制作了一个展示 PPT，解释脑瘫是什么，以及脑瘫如何影响他走路。于是孩子们不再关注他的走路方式，反而开始关注他作为一个双胞胎的生活体验——问题得到了解决。

我赞赏纳特这种积极主动的态度，但我对他的做法一点都不感到惊奇。他的妈妈，也是我的好友，从纳特上幼儿园起，就开始解释为何他在操场上要戴头盔。纳特长大后和妈妈的做法如出一辙。

我问道："关于残障，如果让你选择一件事——你觉得父母和孩子谈论相关话题时最好表达清楚的，你觉得是什么事？"纳特迅速回答："他们最好告诉孩子们，残障人士的身体依然能够工作——只是方式与他们不同。更有可能令他们惊奇的是，我们或许比他们更聪明，或者在某些事情上更胜一筹！"

按照美国人口普查数据，18 岁以下的残障孩子中，

- 172 000 名男孩和 134 000 名女孩有听力障碍。

- 173 000 名男孩和 156 000 名女孩有行走障碍。

- 235 000 名男孩和 237 000 名女孩有视力障碍。

- 1 600 000 名男孩和 793 000 名女孩有认知障碍。

因此，你的孩子可能会遇到患有某种残障的其他孩子。以下是他们需要了解的一些重要事实：

每一种残障，就像每一个人一样，都是独一无二的："残障有很多种。没有一种残障是完全相同的，即使人们被诊断出患有相同的残障，他们的感受和经历也不尽相同。因为每个人的情况都不一样！"

残疾人并不比其他人"差"："虽然你的同学克里斯有残疾，在学校里面临一些与其他同学不同的生活挑战，但这并不意味着他比你或你的其他朋友'差'，对吗？许多身患残疾的孩子和他们的父母，都真心希望我们所有人都明白，残障儿童希望被接纳和善待，并且能和大家成为朋友，就像我们这些没有残疾的人渴望的一样。下次课间休息的时候，你和你的朋友们能不能和克里斯一起玩呢？"

使用适当的语言：向朋友们确认一下他们更偏向于什么样的表达，例如"失调""障碍""异常"等词，可能被一些人视为冒犯，但有的人则并不在意。许多残障人士更倾向于使用"残障"一词，而非"特殊需要"。实际上，2016 年的一项研究发现，相较于被称为残障人士，被称为有"特殊需要"的人更易受到负面对待。麦卡利斯特·格雷纳·胡恩（McAlister Greiner Huynh），一位来自北卡罗来纳州罗利市，自称"无障碍专家"的教师，在接受《早安，美国》（*Good Morning America*）采

访时说："我们平常所传达的信息都认为，残障在某种程度上是一件坏事……但实际上，残障是完全合理的一种人类存在方式，就像种族、性别或性取向一样。"莉塞特·托里斯－杰拉德（Lisette Torres-Gerald）是全美拉丁裔残障联盟的董事会秘书，她患有一种无法治愈的慢性疾病——纤维肌痛，她提出了不同的观点："我的残疾不仅仅来自身体，同时也受到社会态度和歧视的影响。我的需求并不'特殊'——它们只是与所有人一样的人类需求。"的确，我们应当避免说出像"她就是身体这部分患有残疾"这种话，或者在没有必要的时候提及别人的残障。（比如这一句"我的朋友，她有阅读障碍，音乐剧中的安娜由她来扮演"。）

如果犯了错误，承认错误并改正：你是否曾经对残疾人有一些毫无根据、想当然的看法，之后发现自己完全错了？是否无意中对残障人士使用了已经过时的观点或冒犯的词语？每个人在学习过程中都会犯错。通过以身作则，与你的孩子谈论如何纠正错误。也可以与孩子讨论他们所敬仰的人，看看那些人是如何实事求是改正错误的。比如美国歌手莉佐（Lizzo），在她的歌曲《暴女》（GRRRLS）中不小心用了对残障人士不尊重的词"怪人（spaz）"，在网上受到批评后迅速采取行动。"你有没有听说，莉佐发现她在新歌中使用了不当词语后，她立即道歉并马上修改了歌词？这件事你怎么看？"

当你不确定或有疑惑时，先征得许可：虽然人性本好奇，但并非所有提问都是适当或受欢迎的。麦肯齐·桑德斯（Mackenzie Saunders），一位哈佛法学院（Harvard Law School）的残障法学硕士生，建议在提问前先征得对方的允许。我们可以鼓励孩子这样说："如果我现在问你一个关于你残疾的问题，你觉得可以吗？"我们也可以提醒他们要有同理心："当你自己没有残疾时，可能很难理解残疾是什么感觉。但在你问朋友问题之前，先问问自己：'除了我很好奇之外，知道答案对我来说真的很重要吗？'以及'如果有人问我这类问题，我会感到不舒服吗？'"

　　残障人士像你我一样具有自己的长处：有时，人们看待残障人士，只看到他们面临的不便和障碍，而忽视了他们其他的能力和长处。然而，二者都是存在的，因此我们与孩子讨论残障人士的困难和能力很重要，这样才能看到他们作为个体的全面性和多样性。例如，《孤独的孩子》（*Disconnected Kids*）一书的作者罗伯特·梅利洛（Robert Melillo）博士谈道："一些患有注意缺陷多动障碍或孤独症谱系障碍的孩子，在某些技能上领先了同龄人 4 ~ 8 岁。"《揭示孤独症》（*Unmasking Autism*）一书的作者，德文·普赖斯（Devon Price）博士（他本人也是孤独症患者）强调了这一事实，他提醒我们："孤独症患者应得到接纳，不是因为像我这样的孤独症患者无法控制或改变我们的大脑，而是因为孤独症其实是件好事。那些有身体残疾的人如何成为杰出的艺术家、音乐家、学者或运动员呢？现在正是讲故事的好时机！告诉孩子们那些人是怎样通过坚忍不拔的毅力，最终取得了辉煌的成就！""你一定要看看埃兹拉·弗雷奇（Ezra Frech）的视频，简直太不可思议了！他装着义肢成为残奥运动员，年仅 16 岁就参加了东京残奥会比赛。看看他跳得多高！"

　　残障人士不应该为他们的不便和困难受到指责：行动不便的孩子可能需要更多的时间才能走完走廊，患有注意缺陷多动障碍或孤独症的孩子可能会在你与他们交谈时不断地敲击铅笔或移开视线——这些特征都不是他们的"错"。我们必须教育孩子要既温柔又有耐心。临床儿童心理学家莫娜·德拉胡克在我的播客中谈道："我们必须用爱和共情来帮助弱势儿童，而不是把他们那些不便和困难的行为归咎于他们本身。"让我们像这样提醒孩子们："我知道艾希莉看起来是故意想要伤害你的感情，但她的行为背后完全有另外一个原因。在玩耍的时候，她有时需要在安静

的空间里独处几分钟——不是因为她无礼或冷漠，而是因为她那时需要空间来处理自己的强烈情绪。"

残疾歧视语言

残疾歧视语言，即歧视残疾人的词语和短语，已经深深根植于我们的词汇中。我们甚至可能不知道自己正在使用它，或者已为孩子树立了负面的语言榜样。像"那真蹩脚！"这样的说法虽然很常见，但对那些有精神或身体残疾的人（比如腿脚不便的人），这些言论却可能带有贬损意味，给他们造成伤害。其实，我们有很多更好的替代词汇！

不要说……	这实际上意味着……	试着说……
那太蹩脚了！	由于受伤或生病而导致行走困难。	·那很无聊！ ·那太闷了！
你真疯了！	精神障碍 / 精神错乱。	·你失控了！ ·你太狂野了！
你真弱智。	这其实是指智障（这是一个过去的说法，极具伤害性和侮辱性）。	·你真是可笑（奇怪、荒谬）。
我有多动症 / 强迫症。	·多动症：一种神经发育障碍，包括注意力、活动过度等方面的困难和冲动行为。 ·强迫症：无法摆脱的思维模式（强迫意念），驱使人们进行重复的行为（强迫行为）。	·我很难把注意力集中在这上面。 ·我无法注意到那些。 ·我喜欢我的房间井井有条。 ·我对此非常挑剔。

续表

不要说……	这实际上意味着……	试着说……
你瞎了吗?	这其实是视力障碍,无法看清或无法看见。	·你忽视了这一点。
你聋了吗?	其实这意味着听力受损,听力障碍。	·你在听我说话吗?
我就是抽风,咋了?	这其实是与肌肉紧张或痉挛有关,通常是脑瘫或多发性硬化症患者的症状。	·我有点笨手笨脚。 ·我太笨拙了(无能)。

霸凌与残障

残障儿童遭受霸凌的可能性是非残障儿童的两到三倍。这些孩子可能因缺乏社会权力而特别容易受到伤害,可能被视为"与众不同",并且无法像正常人那样快速做出反应。根据联合国教科文组织(UNESCO)对 300 多篇国际科学论文的审阅结果,与非残障的同龄人相比:

- 在美国的农村学校中,残障女孩被霸凌的可能性几乎是普通女孩的 4 倍。
- 在美国的农村学校中,残障男孩被霸凌的可能性为普通男孩的 2.5 倍。

联合国教科文组织还发现,相对于其他残障学生,患有情感和行为障碍的学生遭受霸凌的风险最高。

💬 应急对话指南

"为什么露西那样说话？"

定义："露西有口吃。你知道那是什么意思吗？她其实知道自己想说什么，但很难顺利地表达自己的想法，可能会重复某些声音和词语，或者在某个字上面卡住。"

这对同伴们意味着什么："当有人口吃时，保持耐心并让他们把话说完很重要，就像你也希望别人这么对你一样。我敢肯定，她需要的是一个善良、有耐心的朋友。"

强调重要性："你知道吗，有七至八成口吃的孩子因为他们讲话的方式而受到过欺凌。"

讲一个励志的故事："你知道吗，乔·拜登总统（President Joe Biden）、艾德·希兰（Ed Sheeran）、查尔斯·达尔文（Charles Darwin）、妮可·基德曼（Nicole Kidman）、沙奎尔·奥尼尔（Shaquille O'Neal）、塞缪尔·杰克逊（Samuel L. Jackson）和卡莉·西蒙（Carly Simon），他们在成长过程中都有过口吃的经历。"

"为什么康纳的腿上装着支架，还用那些特别的拐杖走路呢？"

提供事实："有些人的身体机能和我们不一样。为了方便康纳走路、玩耍，让他能做所有喜欢的事情，他使用拐杖和支架来保持平衡，让自己能四处走动。"

建立不同于相似之间的联系："他可能和你走路的方式略有不同，但他也能做很多你会做的事——比如打球或做手工！"

开启对话："说到康纳的支架和拐杖，你还有别的问题吗？"

"蒂莉说她的家人寒假要去滑雪。但蒂莉需要坐轮椅，所以她不可能滑雪，对吗？"

澄清误解："很多使用轮椅的人都参与各种各样的运动——从曲棍球到篮球，甚至滑雪！"

更多励志故事："使用轮椅（支架、拐杖或义肢）的人有时候需要辅助器具，或只是调整他们使用辅助器具的方式，就可以参加运动了。比如，世界上最好的射箭运动员之一，来自艾奥瓦州的马特·斯图兹曼（Matt Stutzman），出生时就没有双臂，他用脚射箭！埃米·珀迪是《纽约时报》畅销书《靠自己的双脚》（*On My Own Two Feet*）的作者，也是世界上最好的滑雪运动员之一，她的双脚因为严重感染而被截肢，但她在冬残奥会中赢得了三枚奖牌！她使用特制的滑雪板和特制义肢来做她喜欢的事情。"

用新知识重新审视最初的问题："那么现在，你觉得你的朋友蒂莉会怎样使用辅助器具和家人一起滑雪呢？"在这个简短的交流中，改变观念的知识可以引导孩子们产生不同的认知，让他们带着全新的观点去看待辅助器具、残障人士以及他们参与体育活动的方式。

揭秘真相

根据哈佛医学院（Harvard Medical School）的数据，五分之一的儿童有神经多样性问题，其中包括患有孤独症谱系障碍以及其他神经或发育疾病（例如注意缺陷多动障碍或学习障碍）

的儿童。畅销书作家兼 Tilt 育儿网（Tilt Parenting，一个旨在为不同思维方式儿童的父母提供全球资源的网站）创始人德博拉·雷伯（Deborah Reber）认为，最好以一种简单、易懂、不具威胁性的方式来与孩子们讨论神经多样性："当你这样做时，孩子们就可以为这些儿童挺身而出。如果我们在孩子很小的时候就开始这样做，他们就会认为'这只是这个人的一个方面，我可以支持和理解他们，不会把他们看成异类'。"

与孩子谈论性别

很多人都是在一个"非此即彼"的世界里长大的。不是男孩就是女孩、不是粉色就是蓝色、不是毛绒公仔就是玩具卡车。商店的货架上都标有"男孩专属"或"女孩专属"的字样。正如《假小子》（*Tomboy*）一书的作者莉萨·塞琳·戴维斯（Lisa Selin Davis）所说："性别是如何被生产和销售出来的，它又是如何将男孩和女孩'正常'范围的界限变得狭隘，这个过程既隐秘又可怕。"

明显的性别界限存在几个问题：

1. **这可能会阻碍孩子们发现他们真正喜欢的东西。** 显然，女孩可以喜欢恐龙，男孩也可以喜欢玩偶娃娃。美国有一些非常有才华的化妆师是男性（据职业规划网站 Zippia，比例为 12%），而有些机器人工程师是女性（据职业探索者 Sokanu，比例为 19%）。如果我们告诉孩子这些玩具和职业"不适合女孩"或"不适合男孩"，他们可能永远不会知道自己真正的热情所在。事实上，《哈佛商业评论》上讨论了德勤（Deloitte）对3000 名美国全职员工的一项调查，只有 20% 的人表示他们对自己的工作充满热情。或许，如果我们不再将职业贴上"男性领域"或"女性领域"的标签，将有更多人能找到并追求他们生活中真正的热忱所在。

2. 它们限制了想象力、创造力和技能发展。 根据蒙茅斯大学（Monmouth University）教授莉萨·迪内拉（Lisa Dinella）的说法，如果我们把孩子限制在特定的单一轨道上，他们不仅可能失去在特定时刻探索的能力，也会影响到他们的整体发展。如果女孩得到的都是洋娃娃、美容工具和家居玩具，而男孩得到的是卡车、科学套装和玩具积木，他们的想象力将局限于这些物品之中。

沙迦美国大学（American University of Sharjah）文学理论、性别和妇女研究教授纳瓦尔·阿尔 – 哈桑·戈利（Nawar Al-Hassan Golley）说："性别化的玩具遵循明确的性别二元论。"这意味着它们代表了固有刻板的男性形象，如力量、攻击性、行动和冒险，以及女性的固有刻板印象，如温柔、关怀品质和建立在外表吸引力基础上的某些美的标准。"随着时间的推移，"戈利说，"男孩和女孩很可能将这些刻板印象与他们的性别和生活中的角色联系起来，并且抵制'跨越性别界定'，甚至即使通常分配给对立性别的是一些有益特征和品质，他们也会抵制接纳。"

当我们在游戏中避免设定性别界限时，我们的孩子就可以自由探索——使一切皆有可能。［我以前喜欢看我儿子和女儿把玩具混合在一起玩，比如当"爱探险的朵拉（Dora the Explorer）"开着遥控赛车到动物医院，为她的猴子布茨（Boots）找"塔莉医生"和"诺亚医生"治疗。］但

是，来自吉娜·戴维斯（Geena Davis）媒体性别研究所的研究表明，我们正在与固有刻板印象，或与我说的"性别框定"作斗争：

- 父母鼓励男孩学编程的可能性是鼓励女孩的 2 倍。
- 父母鼓励女孩做饭或烘焙的可能性是鼓励男孩的 3 倍。
- 父母鼓励男孩从事编程游戏、运动和玩乐高积木的可能性是鼓励女孩的 3 倍。
- 父母认为科学家和运动员是男性的可能性是女性的 6 倍。
- 父母认为工程师是男性的可能性是女性的 8 倍。

通过消除玩具、职业和技能发展中的性别框定，我们给所有的孩子传达了这样的信息：他们可以做任何事或成为任何人，没有任何限制。

3. **它们形成了限制性的性观念。** 当我们只提供特定性别的玩具，引导孩子进行特定性别的活动，并告诉他们"那是给男孩（或女孩）的"时，我们传达了有关性别的局限性理念。虽然年幼的孩子会随便玩所有的东西，但在 3 ~ 5 岁之间，他们变得更容易受到社会传递给他们的性别"规则"的影响。

4. **它们可能影响发展。** 印第安纳大学 – 普渡大学（Indiana University-Purdue University）的一项研究表明，如果我们想帮助孩子发展身体、认知、学术、音乐和艺术技能，最好的办法就是远离强烈性别化的玩具。研究者提醒，强烈性别化的女孩玩具与外表吸引力有关，强烈性别化的男孩玩具与暴力和攻击性有关。那些更接近中性的玩具（适度男性化或适度女性化）有可能鼓励孩子发展特殊技能、科学技能、建造技能、护理技能，以及烹饪和清洁等家务技能。有趣的是，东康涅狄格州立大学（Eastern Connecticut State University）的另一项研究表明，那些传统上被视为"男孩的"玩具，如建筑工具和玩具车，让女孩的玩耍质量变得最高。

　　根据世界经济论坛 2022 年全球性别差距报告（World Economic Forum's Global Gender Gap Report 2022），从领导岗位到财富积累、政治代表权、护理工作和 STEM（科学、技术、工程、数学）教育等方面，我们要实现性别平等还有很长的路要走。然而，我们为孩子们提供的机会和资源越多，他们在自身发展上取得的进步就越大，他们就能更积极地影响周围的世界。换句话说，当我们拓宽性别角色时，我们有机会缩小性别差距。

突破性别框架

　　我们的孩子每天都从社会中收到一致的性别信息——告诉他们应该成为什么样的人，应该喜欢什么，应该如何行动。我们怎样帮助孩子树立更灵活开放的性别角色、性别兴趣和性别期待的观念，让他们不要被可能并不是那么不同的"差异"所限制呢？

　　告诉他们性别和兴趣无关："有些消息告诉你某些玩具、话题或职业'只适合男孩子'或'只适合女孩子'，实际上并非如此。你觉得是应该让广告商来决定什么对你来说最有趣，还是你自己可以选择更好呢？"

　　举例说明："有一些非常有天赋的男性电影化妆师，你知道吗？金·凯瑞主演的《圣诞怪杰》（*How the Grinch Stole Christmas*）用的就是男性化妆师瑞克·贝克（Rick Baker）。他因为在电影场景化妆艺术方面的高超表现赢得了 11 次奥斯卡提名（7 次获奖）。我们来看看他被提

名的都有哪些电影，哦，看，我们看过的那一部，《哈利和亨德森一家》（*Harry and the Hendersons*）！"或者"我最近看了一部很酷的电影《隐藏人物》（*Hidden Figures*），它是根据真实事件改编的。电影中，女性角色凯瑟琳·约翰逊（Katherine Johnson）在数学方面非常出色，她的精密计算使得美国宇航局（NASA）的飞行员在 1969 年成功登月。想和我一起查一下她的资料吗？"

指出固有成见："我正在为你和你妹妹找一套恐龙积木套装。我很奇怪，在电视上看到的场景都是爸爸和儿子在玩这套积木。你认为这是什么意思？如果你负责推广这套积木，你会有什么不同的做法？"你可以鼓励孩子发表他们的观点，鼓励他们发信息或者给公司写一封信，直接告诉他们："我希望在您的营销中看到更多的性别多样性。"或者更简单地说："我是一个女孩，我喜欢恐龙。让大家知道女孩也喜欢你们的积木套装吧！"

留意你的赞美："孩子们喜欢做那些能得到关注和夸赞的事。如果他们生活中的重要成年人对着一个男孩称赞：'哇！你看！你真是个厉害的忍者！'但如果这个男孩拿起玩偶娃娃时，这个成年人却无动于衷或表现得不以为然，那么这个孩子会培养出哪种兴趣就显而易见了。或许你可以这样说："谢谢你和我一起做烘焙，查理！我真喜欢你在蛋糕上撒的粉色、黄色和绿色的糖粒。你知道吗，有些顶级的烘焙师可以把蛋糕做成任何他们想要的形状。有位名叫达夫·戈德曼（Duff Goldman）的著名烘焙师，他做的蛋糕看起来甚至像一大盒彩色蜡笔！你想和我一起查一下他的资料吗？"

将行为与现实生活联系起来：例如："亚瑟，你对那个玩偶娃娃非常温柔友善。你见过爸爸也这样慈爱地抱着孩子吗？"或者"啊！艾拉，你以一己之力建造了整个乐高世界！我想世界上最厉害的建筑师和设计师，都是像你这样开始迈出第一步的！"

鼓励男女友谊：研究表明，虽然孩子们会从同性友谊中学习重要技能，但性别多元化的友谊，有助于孩子们对异性的态度和感情更积极健康，更可能产生共情、理解和尊重。你可以这样说："看起来菲奥娜跟你一样喜欢玩外星人超级英雄大战。我们可以邀请她过来一起玩，你觉得怎么样？"或者"我真开心，你和 AJ 都喜欢做饭。今天你们在玩具区设计的餐厅非常新颖。让我们找个时间再和他一起玩吧。"让我们传递这样的信息，孩子们的友谊应建立在共同的兴趣和彼此尊重的基础上，而不仅仅是性别。（注意：请避免将这些友情过度浪漫化。就如我女儿和儿子常说的，没有什么比把异性朋友称为自己的"男朋友"或"女朋友"更尴尬的了。关于跨性别的友谊，如果以这种方式给孩子的朋友贴上标签，可能无意中给孩子带来困扰和不适。）

创造机会：去公园、游乐场、溜冰场和其他可能吸引所有性别的孩子的地方玩耍，友谊可能会自然而然地发展。你也可以组织堂兄弟姐妹、邻居或同龄的孩子一起玩耍，提供多样化性别的游戏机会。有时，社交活动不局限于孩子们通常的朋友圈，可以让他们更自由地探索自己的不同方面，尝试新的技能和参与新的活动。

如果我们有意识地揭示错误性别设定的根源，我们的孩子就有可能享受到最为真实和完整的自我表达所带来的好处，同时，他们还可以收获新的技能，挖掘新的兴趣，建立新的友谊，这些东西会让他们终身受益。在我看来，这才是性别定义的真正意义。

"教育是改变社会规范的关键。"萨拉·坎宁安（Sarah Cunningham）在给我的信中写道，"与性少数者群体在一起，阅读相关书籍、观看电视节目并了解包括性少数者群体在内的历史。作为父母，我们必须营造一

个安全的环境，让我们的孩子了解性少数者的世界，并掌握合适的言辞来表达自我。"

这是生死攸关的问题。来自特雷弗项目（Trevor Project）的报告揭示，自杀已经成为年轻人死亡的第二大原因，其中性少数者青少年群体在考虑、计划或尝试自杀方面，远超他们异性恋同性别身份的同龄人。事实上据估计，在美国，每 45 秒就有至少一名 13 ~ 24 岁之间的年轻性少数者尝试自杀。此外，2022 年全国青少年性少数者心理健康调查的主要发现进一步表明，过去一年里有 45% 的青少年性少数者认真考虑过自杀，然而——

- 若青少年感觉自己家庭对他们十分支持时，他们尝试自杀的可能性不及未受到支持或稍微得到支持者的一半。
- 认为学校支持他们的青少年性少数者自杀企图率较低。
- 在接纳他们的社区居住的青少年性少数者尝试自杀的可能性显著降低。
- 最重要的是，如果青少年性少数者认为，在他们的生活中至少存在一个接纳他们的成年人，他们尝试自杀的概率将减少 40%。

认识并理解青少年性少数者的危急状况势在必行，但这只是第一步，关键是我们如何回应。

应做什么	不应做什么
应当更多地了解性少数者以及他们所经历的困难。从无家可归现象加剧、自杀，到遭受霸凌、歧视以及人身攻击，很多青少年性少数者正在承受着痛苦，他们需要我们的理解和支持。	不要使用粗鄙或贬损的词汇，这些可能会进一步煽动恶劣情绪和歧视行为。因为"同性恋"和"跨性别者"仅仅是描述一个人的形容词之一，它们只会把人简化为一个刻板单一的标签，比如"一个同性恋"或者"一名跨性别者"，所以停止使用这些过时的词汇。
询问与孩子的性别认同相关的问题。来自英国和美国的研究表明，年轻人对性别的思考和言谈方式发生了变化，包括词汇和意识的转变。	不要对歧视性的言论、笑话和误导信息无动于衷。比如，当有人用"那太像个娘娘腔的同性恋了"这样的句子，来形容某些他们觉得不酷或者无聊的事情，你可以这样处理："你能详细解释一下你的意思吗？"或者更直接地说："你是不是想说'太无聊'？"你的孩子们都在静静地聆听和观察。
与性少数者群体的人交往或者谈及他们时，展现包容与友善。无论你的立场和对他们的了解如何，排挤、伤害、骚扰或贬低与你有差异的他人，都是错误的行为，我们必须让孩子明确认识到这一点。	不要等到孩子长大并讨论性别时，才第一次引入性别认同的话题。性别认同并不等同于生理上的性别，它贯穿于个体的一生。事实上，根据梅奥诊所（Mayo Clinic）的报告，大多数孩子在 3 岁的时候就能明确自己的性别，所以，和孩子进行关于性别认同的对话是正常且自然的事情。

霸凌与性少数者 +

　　根据 2019 年男女同性恋和异性恋教育网络（GLSEN）全国学校氛围调查（National School Climate Survey），超过 16 万名 13 ~ 21 岁的孩子，绝大多数（86.3%）儿童性少数者都经历过针对个人特征的骚扰或攻击，包括性取向、性别表达、性别、实际或被认为信仰的宗教、实际或被认为是某种种族和民族，以及实际或被认为是某种残疾。

词汇表

性别和性取向的概念及其表达方式始终在变化中。保持对性别和性取向话题的更新开放，并将新的词汇纳入我们的理解，有助于我们更好地了解今天的孩子和他们生活的世界。请记住，虽然现在人们使用的是这些术语，但它们也可能会发生变化。让我们继续与时俱进。

LGBTQ+：代表女同性恋、男同性恋、双性恋、跨性别者、酷儿／寻问者，以及"+"代表那些非异性恋者，但其性别认同或性取向并未包括在 LGBTQ 首字母缩写之中。（注意：有时你会看到扩展版本，LGBTQIA2S+，其中 I 代表双性人，A 代表无性恋／无爱情者，2S 代表双灵人。）

性别认同：人们如何为自己定义性别的个人理念——男性、女性、介于两者之间、不在性别范围内或混合的性别。

性别表达：人们选择向外展示其性别认同的方式，例如，通过服装、发型、行为或身体特征。

二元性别：一种性别分类，提供两种严格的性别分类选项——男性或女性。

顺性别者：该术语用于描述性别认同与其出生时指定性别相匹配的人。

跨性别者：性别认同与出生时指定性别不同的人的总称。

非二元性别者：对那些将自己的性别归类为二元之外的人的描述。有些人可能觉得自己介于男性和女性之间，认为自己既是男性又是女性，或者将自己描述为完全不属于任何性别范围。一些非二元性别的人也将自己标记为"跨性别者"，但有些人则不然。

性别流动者：一个在各种性别标识之间"流动"的人，其性别认同不固定，不受任何特定分类的束缚。

性别错称：使用别人不认同的性别化称谓描述对方。性别错称可能是故意的也可能是无意的。例如将一个自认为女性且使用女性代词"她"的人称为"他"或"先生"，或将一个自认为男性且使用男性代词"他"的长发人士称为"她"或"女士"。

性别多样化：一种包容并超越二元框架的性别描述方式。

性别认同与名字更替

出生时被认同为女孩的派顿，他自 3 岁起就明确地向母亲表明他是男孩。但是在整个幼儿园阶段，他的同学们一直称呼他为女孩，他的母亲察觉到他似乎很沮丧。

"当我们在家中开始使用'他 / 他的'代词称呼他，他的同学与老师在学校也采取了相同的方式后，"派顿的母亲在电话中向我透露，"派顿现在变放松了。"他早已剪去了长发，选择了裤子而非裙子，并多年来一直更偏爱蝙蝠侠而非芭比。"以前每当有人将他看作女孩并用女性代词称呼他时，他都会感到极度痛苦。但现在这种微小的改变带来了深远的影响，他变得更加开朗，对自己新的性别身份感到满意。"

代词和名字的变化，反映了性别的转变，对于许多人来说有挑战性。因为这些人出生在一个性别代词在出生时就已经确定并一直固定下来的时代。然而，代词和名字是非常个人化的——它们指的是一个人是谁，以及他们如何看待自己！虽然对某些人来说，它们似乎只是一些词语而已，但对另一些人来说，它们却是在承认性别身份的同时表达尊重的一种重要方式。事实上，根据特雷弗项目关于性别认同的研究简报，使用孩子选择的称呼，相比于出生时父母决定的称呼，可以使孩子的自杀意念降低 29%，自杀行为减少 56%。《写给同性恋孩子父母的书》（*This Is a Book for Parents of Gay Kids*）一书的两位作者克里斯汀·拉索（Kristin Russo）与丹·欧文斯 - 里德（Dan Owens-Reid）谈道："使用你孩子选择的名字和代词是一种很明确的表态：'我认可你，我相信你，我接受你，我爱你。'"

如果你的孩子是顺性别者，并且向你透露他 / 她的一个朋友，如派顿，宣告自己的代词和名字已经改变，那么现在就是开始讨论性别和友谊的最佳时机。我采访了一些朋友和同事，他们的孩子是跨性别者或非二元性别者，或自我认定为这两种当中的一种。以下是他们给出的一些策略：

建立一个对话的基调，开启对话："你对此怎么看？"

阐述其重要性："对于任何要求你使用他们自己选择的名字或代词来称呼他们的人来说，你其实很容易做到，而且这是一个很简单的友善行为。我们尽一点小小的善意，却可以对他们产生巨大的影响。"

在家一起练习使用正确的名字和代词："你能问问你的朋友万斯这个周末她会去独奏会吗？"正如《少女时代：写给我跨性别身份女儿的一封信》（*A Girlhood: Letter to My Transgender Daughter*）的作者卡罗琳·海

斯（Carolyn Hays）所说，这样做有助于我们按照他们希望被人看待的方式，去"重新认识那个人"。

让孩子知道如果他们搞错了应该怎么办："如果你忘记使用别人所选的代词或名字，你可以直接纠正自己并继续，如：'他说——我是说，她说她的科学笔记在她包里。'养成新习惯可能需要一些时间来适应，这没关系。继续努力就行。"

记住，对于一些人来说，他们的性别认同仍在不断演变："有些人可能会在找到自己感觉舒适和恰当的代词之前，多次更改他们希望别人称呼他们的代词。这样做并不是故意给他人制造麻烦或者惹恼别人——他们只是在寻找最适合自己的方式。表现善意的方式就是尊重他们的想法，调整我们的语言。"

如果你的朋友担心你如何接受他们："提醒你的朋友：'我们是朋友，是因为我喜欢你本来的样子——你很有趣、喜欢游泳、喜欢开有趣的玩笑——这一切和你的性别是哪一种没有半点关系。'"

语言随着时代而变化：今天常见的，可能明天就过时了。然而，如果我们在处理自己身为家长的沮丧、挫败的情绪之前，能坚持把尊重他人放在首位，表现出善意和共情，我们就能与孩子保持畅通沟通，同时帮助我们周围的人感到被理解和接纳。

那些产生巨大影响的微小变化

根据联合国的说法，使用性别包容的语言是"促进性别平等并消除性别偏见"的一种方式，对于每个人，这听起来都像一场胜利！事实上，通过微小的转变，就很容易体现出语言的性别包容性：

不使用		使用
哥们	→	你们大家
早安,男孩女孩们!	→	早安,孩子们!大家好!
你有哥哥或妹妹吗?	→	你有兄弟姐妹吗?
跟我说说你的爸爸和妈妈吧!	→	跟我说说你的家长或照顾你的人吧!
你的父母一定为他们的儿子/女儿感到自豪!	→	你的父母一定为你/他们的孩子感到自豪!

"妈妈,我是同性恋。"

"儿子小时候和我亲密无间,"朋友克丽丝对我说,"然而,当他六年级向我坦白自己是同性恋的时候,我不知道该说什么。我为他感到害怕,也为自己担心。所以我当时的反应是,很尴尬地说:'你还太年轻,不知道自己喜欢什么,要不,就把这件事当作我们之间的秘密吧。'"

克丽丝并非个例。当孩子对父母开诚布公地说出这类深入心灵的事实时,许多父母都感觉措手不及。面对孩子们带来的情绪冲击,他们可能会语无伦次、结结巴巴,又或者像我一位朋友那样,感到自己的大脑一片空白,内心不停地催促自己:"说点儿什么!做出反应!"

面对这类话题,以下是一些可以尝试和应当避免的做法:

1. 当孩子向你坦白自己同性恋身份时,避免回应:"我就知道!"或"你确定吗?"这一刻,我们不能把关注焦点放在自己的情绪上,感觉像是一场对孩子的审讯。相反,应借此机会表达共情,建立和孩子的联结。你可以这样说:"谢谢你告诉我这些。我很高兴你信任我,愿意让我了解你心灵深处的这一部分,我爱你,我会永远爱你。"

330

2. 如果你对孩子的安全感到担忧：许多父母对于自己的性少数者孩子表示担忧，因为他们可能面临歧视和暴力。然而，性少数者问题顾问克里斯汀·拉索建议，不应告诉孩子："你不能告诉任何人！这不安全！"相反，提出问题来了解他们对安全的看法："你觉得自己在学校 / 社区安全吗？你感到安全吗？你们学校还有其他性别身份的学生吗？他们有什么经历？你觉得学校里有没有理解你、支持你的大人？"

3. 要不要寻找最合适的措辞：不需要。性少数者拥护者和非二元性别畅销书作者杰弗里·马什（Jeffrey Marsh）谈道："我从不渴望有一个完美的妈妈——我只希望她能坦诚地对我说：'我对这些性少数者的问题还不太了解，感到有点害怕。'真的不必非得给出所有的答案，甚至不必非得有答案。我们追求的不是完美，而是沟通、理解和支持。"

💬 应急对话指南

"莫利说她的妈妈和妈咪是同性恋。那是什么意思？"

"'同性恋'是指一个人被同性所吸引并产生爱意。当莫利说她的妈妈和妈咪是同性恋时，表示她们彼此吸引、彼此相爱。就像爸爸和我相爱那样。"

"两个男人或两个女人能结婚吗？"

"是的，许多同性恋伴侣（在同性婚姻合法的国家）已经结婚了。"

"恐同是什么意思？"

"当一个人恐同，意味着他害怕或讨厌同性恋。"

"如果亚历克斯是同性恋，因为我们是朋友，我也会变成同性恋吗？"

"不，事情不是那样的。你不可能像感冒一样'感染'同性恋。你就是你，只有你自己知道你是谁！同样的道理我也会对你的朋友亚历克斯说。"

"有些孩子说乔丹是女孩，但他却说自己是男孩。他到底是男孩还是女孩？"

"乔丹是男孩。我不知道你以前是否听说过'跨性别'这个词，乔丹就是一个跨性别男孩。这意味着他出生时是女孩的身体，但在他的大脑和内心里，认为自己是一个男孩。他以男孩的身份生活，同时使用的是代词'他'。"

"艾瑞说他是一个非二元性别者，那是什么意思？"

"当某人称自己为非二元性别者，他们可能会觉得自己既不是男孩也不是女孩，或者可能感觉自己两者都有一点。成为非二元性别者并没有固定的形式。"

揭秘真相

对跨性别孩子来说，重要的是，我们不要问："你喜欢用哪种代词称呼你？"这似乎暗示代词是可以选择或随意决定的。我们应该直接问："你的代词是什么？"

我们都有所不同，我们又实质相同

黑人、白人、男性、女性、非二元性别者、残疾人……我们每个人在很多方面都是不同的，但又是相同的，这构成了讨论我们之间共性和各自独特性的基础！你可以尝试以下建议：

书籍

真实或虚构的故事都能帮助我们更好地理解多元文化人物的生活。书籍有助于我们理解拥有不同肤色、性别和能力的人是如何体验生活的。当一个人在书中看到与自己相似的角色，或看到与自己有类似的经历、感受和身份的人物得到呈现，这种体验是非常有力量的。正如教育家亚历克斯·科比特（Alex Corbitt）所说，"一本好书应该能帮助我们更好地理解自己"。

- "你和我（你的朋友、这本书中的人物）彼此有何相同或不同之处？"
- "你是否曾感到自己与朋友或同班同学有所不同（像这个人物角色那样的感觉）？这种感觉是什么样的？当有人提及这一点时，你认为（这个角色）会有什么感觉？"
- "让我们回头看看前几周我们读过的那些书籍中的人，他们之间有哪些相同？又有哪些不同？这些人物是不是和我们现实生活中的人很像？"

艺术 / 创意项目

艺术，以各种形式让我们有机会理解他人并表达自我。孩子们可以利用绘画、拼贴画、诗歌、创意写作、舞蹈等方式，以独特且丰富的方式表达自我，超越日常交流语言的约束。有一个有趣的想法：大家可以试试用肤色蜡笔、各种颜色的纱线、贴纸、杂志等材料，让家里的每个人都创作一幅自画像！

创作前期："画一幅自画像，涂上颜色，然后从这些书或杂志中选一些文字写到你的画作里，也可以选一些图片剪下来贴到你的作品上，前提是这些文字或图片能够反映真实的你，还有你喜欢做的事情。"

创作后期："为什么你选择这个小提琴图案呢？"或者"能不能告诉我你为什么选择这些颜色？看，你把你的皮肤涂成了浅杏色，我把我的皮肤涂成了浅玫瑰色。再看看你的朋友们，他们把自己的皮肤涂成了中度偏深的杏色，还有很浅的金色。我们每个人的皮肤色调都不同。肤色较深的人皮肤黑色素更多，肤色较浅的人黑色素较少——每一种都很美。要不我们来看看我们这些人当中，谁的黑色素最多？谁的最少？"

食物

食物就像盘子里的艺术品！它为我们提供了另一种途径来讨论相似点和差异。高中时我和朋友克里斯蒂娜决定每个月都尝试一次不同国家的美食。那是充满了探险精神的一年！我们品尝了来自西班牙的海鲜饭，来自印度的咖喱，来自墨西哥的法西塔等美食。

动手烹饪：每周或每月选择一种来自新地方的食物，然后在家烹饪美食。"这种食物的味道与我们以前吃过的食物有哪些相似，又有哪些不同？这种美食来源于西班牙，那里的人说西班牙语，还有其他的一些语言。你知不知道西班牙语里有些单词很有意思？咱们一起来学习几个吧。"

去餐厅："我知道你有多喜欢米饭。上个月我们试过了西班牙海鲜饭，这周我们试试中国炒饭怎么样？我们来看看这两种饭，有哪些地方看起来和尝起来是一样的，还有什么地方看起来和吃起来都不一样。你知道你的朋友梅梅是从中国来的吗？她妈妈告诉我他们家经常吃炒饭，还有很多其他中国菜。我们一起来看看菜单吧，看看还有什么好吃的！"

文化

你不需要去遥远的地方旅行就能体验不同的文化、见识不同的群体。对我们许多人来说，近在咫尺就有各种接触和体验不同事物的机会。从食品卡车活动，到多样文化节庆、戏剧表演、舞蹈、体育活动、庆典、游行和节日狂欢派对，都为我们提供了机会去了解各种各样的人。你可以深入了解你自己的家族历史，让自己和家人接触新的文化，甚至去帮助边缘化群体争取权益。

参加文化活动："阿莎的妈妈邀请我们，参加这周末举行的印度胡里节（Holi）。我们去之前先一起了解一下这个节日好吗？看看为什么人们要庆祝这个节日，这样我们就能理解它对印度人为什么很重要。你愿意和我一起上网看看吗？"

参观博物馆：博物馆有各种各样的展览，透过那些亲历其中的人们的视角，为我们详细介绍不同的文化观点和历史。如果博物馆比较远，看看它们是否提供虚拟展览！"记得我们前几天谈论过种族主义（性别歧视、残障歧视、多样性）吗？附近有一个专门讨论这个主题的艺术展。我们周六过去看看怎么样？"

投入自己的时间：有许多公益事业、游行活动和事件都需要志愿者的参与才能发挥作用。我侄女菲比和侄子欧文在上小学的时候，参与了一个为残障儿童服务的项目。在那里，他们与一个患有唐氏综合征的女孩成了朋友，项目结束后他们仍然保持着友谊。《毫不留情：公正与救赎的故事》（*Just Mercy: A Story of Justice and Redemption*）一书的作者布赖恩·史蒂文森（Bryan Stevenson）在得克萨斯路德大学（Texas Lutheran University）的演讲中指出："如果我们回避社会中存在的不公正和不平等，我们就无法创造正义，我们不仅不能回避，还必须直面这些不公平。"

虽然许多人都曾被教导要忽视差异，只能低声谈论它们，但是现在让我们反其道而行之，认同、欣赏我们的差异。正是这些差异，造就了每一个独一无二的我们。请记住，差异并不会否定我们的相似之处，而是使相似之处更加突出，将我们所有人连接在一起。

具有积极意义的不适感

我们不应该仅凭对他人的第一或第二印象做出的猜测，就判断已经了解了一个人的大概。《别给我贴标签》（*Don't Label Me*）一书的作者伊沙德·曼吉（Irshad Manji）谈道："如果我们把人们划分为我们主观认定的固定群体，那就忽略了他们独特鲜活的个性。"

让我们鼓励孩子深入了解。我希望我们能朝一个更包容、更接纳的世界迈进，培育出能够认识到歧视和偏见，并致力于根除它们的一代人。正如诗人兼社会活动家阿曼达·戈尔曼（Amanda Gorman）在美国公共广播公司儿童节目中解释的那样："改变并非一蹴而就，而是一步一个脚印、循序渐进的过程。"如果能让孩子们认识到，我们其实都是大家庭中的一分子，每个人都希望被看到、被听到、被关爱、被重视和得到尊重，我们就可以更进一步。

我们需要大量艰难的对话，对存在不公平的规则或制度进行广泛的谴责。我们需要勇于承担我们的错误，也需要更多的成长和共情，这就是布拉姆·X.肯迪所说的"走出舒适区的有积极意义的不适感"。朝着一个更具包容性和接受性的未来世界进发，不仅能帮助那些与我们不同的人，还能让所有人受益。因此，即使面对一些具有积极意义的不适感，是不是也很值得呢？

💬 谈话要点

问题	你的答案
我的孩子和家庭目前是否有机会与不同族裔、不同才能、不同性别和性取向的各类人士建立联系？如果有的话，有没有我希望改变的事情？	
我是否在谈话中提及、介绍和强调过，对与我们不同的人表现出友善和开放态度的重要性？具体表现在哪些方式上？	
与孩子们一起参与哪些活动可以让他们在多样性方面学习和成长呢？	
在我家，关于我们需要欣赏差异，并通过相似之处建立联系的理念，我是如何推动大家接受和理解的？如果我还没有具体的计划，接下来的几天、几周和几个月我可以采取哪些行动来传达这个信息？	

续表

问题	你的答案
我是否会有意识地使用包容性和最新的语言，来指代不同的群体？我是否会制止或讨论具有偏见、过时或刻薄伤人的说法？	
如果评分标准是 1 ～ 10 分，我家中的书籍、电影、电视剧和其他媒体作品中的那些人物角色，在呈现多样化人物方面表现如何？我如何能将这个评分提高至少 1 分？	
我希望与我的孩子进行哪些关于多样化群体的对话，我是否能确保自己以善意和全面的方式促进他们的理解，同时回答他们关心的问题？	

第 9 章

如何与孩子谈论
离婚和非传统家庭模式

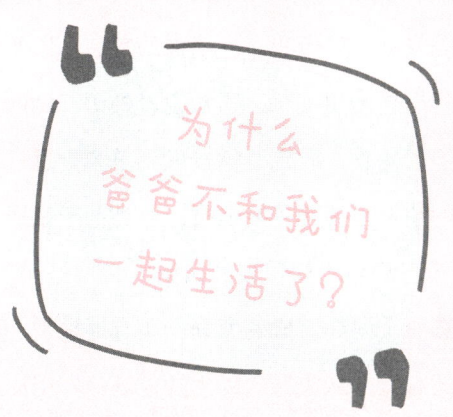

为什么
爸爸不和我们
一起生活了？

当我在英国牛津大学新学院（New College of Oxford University）读书时，每周都会与我的社会科学导师碰面，讨论心理学的一些观念。有一次他要求我写一篇论文，围绕"何为家庭？"这个明确而具体的问题展开。起初，我根本不确定：为了回答这样一个小问题，我真的能写出足够内容来支撑一篇长达15页的论文吗？但最后事实证明，关于这个主题，需要探索的内容真的很多。

我在一个"传统家庭"——爸爸、妈妈和几个孩子——中长大。所有家庭成员之间都有血缘或婚姻关系，我们生活在同一屋檐下。在我身边的社会环境中，这种定义在我阅读的儿童书籍中、观看的电视节目里，以及大部分同学的家庭中，一再被呈现、反复被强调和体验，毫无争议。直到中学，我才遇到了领养家庭（就像我自己现在的家庭）以及别的各种家庭，这些家庭有的还有同住的祖父母，通常说着外语，做的饭菜也是我们没有见过或并不熟悉的餐食。我也开始接触到单亲家庭、重组家庭，还有一些家庭将亲密的朋友也视为家庭成员，以类似于亲属关系的称呼，亲切地称那些朋友为"萨莉阿姨"或"山姆大叔"，还有的家庭是由两个爸爸组成的，也有两个妈妈组成的家庭，还有那种由一个强大的祖母主导的家庭，甚至还有完全从头开始创建的家庭——当原来的家庭成员离世或退出了他们孩子的生活，这些家庭开始重新组合起来。随着时间的推移，我逐渐明白了什么是家庭，套用《阿甘正传》(*Forrest Gump*)里的一句话：家庭就是家庭成员的行为和互动。

正如我在牛津的那篇论文中详细阐述的，"家庭"被定义为由两个或两个以上人组成的群体，他们通过血缘、婚姻、领养或相互承诺和关心等各种关系而相互关联，不受性别、年龄、地点、种族或民族的限制。在过去的五十多年里，家庭规模变小，而且许多家庭不再是"传统"的结构。美国人口普查局(U.S. Census Bureau)报告，尽管美国 7370 万 18 岁以下儿童中的大多数（69%）生活在有一对父母的家庭中，但其中一些可能是再婚或重组家庭或双亲都为爸爸、或双亲都为妈妈的家庭，或者包含了两个祖父母的家庭。（第二种常见的家庭模式是单亲家庭。例如，有 23% 的儿童和单亲母亲一起生活。）然而，尽管电视、电影和在线媒体越来越擅长强调多样化的家庭模式并无不妥，但目前还没有与宣传的理念相符的反映或对应。传统家庭模式在社会中仍然占主导地位，被视为一种默认的家庭模式。

来自克拉克大学(Clark University)的阿比·戈德伯格(Abbie Goldberg)教授说："我们一直坚持这种'怀旧'观念，认为一个爸爸、一个妈妈和两个孩子就代表着理想的家庭模式。"她出版了四本关于家庭的专著，包括《开放领养和多元家庭》(*Open Adoption and Diverse Families*)等。她谈道，"然而，具有讽刺意味的是，即使这个'理想'的家庭并不总是那么快乐或健康，即使我们见证了身边各种充满了快乐和健康的多元化家庭的存在，我们还是坚持着'怀旧'观点。"

当我们只描述一种家庭模式并将其理想化时，它传递的信息就是，这才是所谓的"正常"，而其他的家庭模式就不那么"正常"。"我们生活在一个所有人都在谈论核心家庭和亲生孩子的世界中。"休·康布鲁斯

（Sue Cornbluth）博士说，她同时也是专注为离婚、寄养、抚养、领养和家庭纠纷提供帮助的家庭教练。"这种观点广泛存在于社会和媒体当中。当你发现自己的家庭和别人的不一样时，就像有人在你心里挖了一个洞，你开始质疑自己。"

因此，与孩子谈论家庭的时候，重要的是用科学和务实的准确内容来反驳狭隘定义的叙述：

- "家庭有很多种，它们的构成模式、规模大小和背景，各不相同。"
- "没有哪种家庭模式比另外一种更优越——它们只是不同而已。"
- "真正重要的，是家庭模式内发生的事情（而不是家庭模式本身），其中的核心是关于爱、支持、接纳和联系等原则。"
- 你可以提出这样的问题：
  - ☐ "这个家庭是否温馨有爱？"
  - ☐ "家庭成员是否相互支持，有效沟通，紧密联系？"
  - ☐ "这个家庭是否让人感觉安全可靠？"
  - ☐ "家庭环境是否稳定和可信赖？"
  - ☐ "家庭氛围是否积极，成员能否经常相互陪伴？"

重新定义我们谈论家庭的方式——比起家庭的外在组成，更关注家庭的内在体验——将帮助孩子对家庭的真正含义有更细致的理解，这是很关键的一步。

谈论离婚

和幼儿园的一个新朋友玩耍之后，我 5 岁的女儿问："为什么艾比的爸爸没有和她住在一起？"关于家庭，关于人们在建立关系、生活方式和爱的表达上的不同，有太多的问题，这只是其中的一个——在这个案例中，提出的是有关离异家庭的问题。

根据大量可靠的数据来源，美国的离婚率（连同结婚率）一直在下降，大约有一半的孩子仍有可能经历父母婚姻破裂的情况。对孩子来说，离婚这个概念可能令人震惊，因为他们可能只见过或经历过双亲家庭，以及他们反复被教导"从此幸福快乐地生活"，而在问题出现时被告知"拥抱一下"或"和好如初"就可以解决。

重要的是要用具体清晰的词汇解释离婚，不要让自己的观点（比如，也许你认为艾比的爸爸是个大混蛋）影响事实：

1. 清晰回答："艾比的爸爸不和她住在一起，因为她的爸爸和妈妈离婚了。"

2. 检查理解程度："你以前听过'离婚'这个词吗？"

3. 根据需要进行解释："离婚是指两个已婚的成年人决定不再继续婚姻关系，不再住在一起。"

4. 回答问题："为什么他们不再继续婚姻关系会过得更好？"你可以说："婚姻可以给两个人带来很多快乐。当然，并不是一直都会快乐，夫妻之间偶尔也会争吵和生气，这是正常的！但是有些夫妻发现他们在一起的大多数时候并不快乐。他们可能经常争吵或彼此不再坦诚。他们

意识到，分开或离婚意味着整个家庭的压力会减轻很多，争吵也会少很多，并且会有更多平静的时光。有时候夫妻会意识到，彼此不再以夫妻需要的亲密、关爱的方式相爱，无法共同应对困难时刻，离婚的情况就会发生。"

5. **当存在困惑时，尝试使用比喻来解释：**"你记不记得有一次，你玩具卡车的轮子和它旁边那一小片塑料一起脱落了？我们试过用胶水粘、胶布贴，但仍然没办法修好小卡车。有时候婚姻就像那样。有些东西一旦坏了，就没办法修复了。当一段婚姻破裂而且无法挽回的时候，夫妻俩可能就会选择离婚，各自生活。"

6. **对孩子进一步的提问保持开放的态度。**"如果你对离婚、婚姻、家庭或我们今天讨论的任何问题，还有任何疑问，随时欢迎向我提问，我始终在你身边。"

孩子们初次接触到离婚这个概念，可能会有接续的疑问，这很正常。他们可能会想，自己的父母会不会也离婚，父母会不会和孩子离婚，或者所有的冲突都会导致离婚："既然艾比的爸爸妈妈离婚了，那我们家是不是也会离婚！"

尽可能地回答他们的问题，既可以给他们以安慰，也可以启发他们："尽管没有婚姻是完美的，争吵在任何一段婚姻中都是正常且健康的存在，但我们并没有离婚的想法，我们仍然深爱对方，我们很高兴能结婚。"或者"虽然妈妈和我离婚了，艾比的父母也正在离婚，但这并不意味着所有的婚姻最后都会以离婚告终。有些夫妻，像奶奶和爷爷一样，他们一辈子都维持着自己的婚姻。"以及"当你长大后，如果你选择去经营一段婚姻，你也会决定最适合自己的方式。每个人都不一样，每一段婚姻也不一样，每个家庭也不一样——这都没关系！"

小诀窍

就在女儿问我关于离婚的问题时,《芝麻街》播出了有关"阿比·卡达比（Abby Cadabby）"的一段节目。这个五彩斑斓的小仙女，深受小朋友们喜爱，她在节目中说明了她父母是如何离婚的，以及她是如何在两个不同的家庭中生活的。为了让塔莉能理解离婚是怎么回事，进一步了解她的朋友可能正在经历什么，我让她观看了这期节目，希望她能从中学到：

- 离异或单亲家庭也是家庭模式的一种。
- 经历父母离婚的孩子和非离异家庭的孩子一样，都被人疼爱。
- 离婚绝不是孩子的错。

当你面临离婚时

当你与孩子谈论自己即将离婚时，谈话内容会发生变化。这个时候，孩子的情绪可能会非常强烈，你需要解释一些很私人、赤裸裸且通常很痛苦的情况，同时你可能还需要处理一些法律问题，直面自己的痛苦，制订抚养协议，并为将受到这个决定影响的直系家庭成员确定生活安排。

在这个阶段，孩子则会陷入《关于儿童与离婚的真相》(*The Truth about Children and Divorce*）一书的作者罗伯特·埃默里（Robert Emery）

博士所说的"情绪大杂烩"。他们也许会想："那我该怎么办？接下来会发生什么？我还有家吗？"尽管离婚的是父母，但正如临床心理学家乔安妮·佩德罗－卡罗尔（JoAnne Pedro-Carroll）博士在《把孩子放在首位》（*Putting Children First*）一书中所写："孩子们频繁将父母离婚的事情称为'我的离婚'，频率之高，令人震惊。"（我的朋友卡伦曾对我说过，她9岁时父母离婚，在她坚强的外表之下，伤害就像"石化"了一样封锁了她的一切，她变得不再信任任何人、沉默寡言且自我封闭。）

研究表明，来自离婚家庭的孩子面临长期适应问题的可能性是在完整家庭中长大的孩子的两到三倍——这包括情绪问题、身体健康问题、同伴关系问题和自杀念头。离婚已被证明会对孩子的学习和表现造成负面影响，增大患上抑郁症、从事危险行为（例如过早发生性行为和使用非法药物）的可能性。此外，一项亚利桑那州立大学研究与教育促进儿童健康研究所［Arizona State University's Research and Education Advancing Children's Health（REACH）Institute］进行的纵向研究发现，离婚或分居后，孩子们在父母敌对冲突时，会经历害怕被遗弃的恐惧。

作为孩子最珍贵的依靠、最大的支持者、安全感的源泉以及真实信息的来源，在处理离婚事宜时，你如何与孩子交谈并倾听孩子的意见，对于孩子的幸福和心理健康至关重要。根据研究，需要以清晰明确且适合孩子年龄的方式与其谈论离婚：

- 开启关于情绪、担忧或疑虑等问题沟通的大门。
- 帮助他们了解这不是他们的过错。
- 强调这是成人的问题，他们无法做任何事情使父母继续婚姻或重修旧好。
- 让孩子"了解"他们的家庭模式，从而更好地控制对未知的焦虑。

- 尊重和理解孩子在离婚过程中经历的变化对他们的情感和心理的影响。

何时开始对话

1. 应该何时告诉他们：规划一个时间。即使让人感觉很不愉快，这样的对话也不能仓促进行。但如果孩子忙碌了一整天，已经筋疲力尽，或者正为了重要考试或其他项目需要长时间集中精力做准备，就要避开这些时间。

2. 谁应该在场：如果是父母友好分手，两人能一起告诉孩子这一事实，这可以成为一个优势。这体现了父母团结一致的立场，以及双方的责任感和承诺。如果父母间存在敌意，难以在不争吵的情况下进行有效沟通，那么最好由每个父母独立地与孩子谈话。此外，如果你有不同需求、年龄或性格的孩子，最好分别告诉他们，这样你可以针对每一个孩子的特性全心全意陪伴他们。

3. 应该在哪里告诉他们：选择一个舒适但不会分散孩子注意力的地方。这个地方应该尽可能远离屏幕、其他人和可能的打扰——一个安全、私密的空间，让孩子可以自由表达他们的情绪，而不必压抑或感到尴尬。（例如，避免在餐厅等公共场所告诉他们。）

4. 应该告诉他们什么：没有完美的剧本，因为我们的情感不是线性的。关键是建立联系、坦诚交流，同时要注意讲述内容符合孩子年龄。研究建议，父母需要尽力在清楚明确的表述和避免过度分享之间取得平衡。（这确实很难做到，我知道！）要时刻关注和应对孩子当下的需求。

🗨 应急对话指南

背景信息

年幼的孩子: "我们遇到了一些大人的问题，我们无法解决。这就是我们为什么一直在争吵。很抱歉让你听到我们在吵架，这一定把你吓着了。"

年龄较大的孩子: "你可能已经注意到，我们的关系不太好，我们经常吵架（或者我们几乎没有什么交流）。我们遇到了一些困难，也一直在努力解决，我们甚至还得到了一些帮助，但我们还是没能解决。"

主要信息

年幼的孩子: "我们必须做一个困难的决定，这可能会让你有很多情绪。我们也有很多很大的情绪。我们要离婚了。这意味着我们不再是夫妻了。"

年龄较大的孩子: "我们意识到，尽管我们真的希望我们的婚姻能够继续，但事实并非如此。在一段成功的婚姻中，两个人在一起时都应感到幸福和快乐，但遗憾的是，我们在一起时无法再有这种感觉。我们确实努力过，但我们还是需要做出这个艰难的决定，可能你会很难接受，但我们已经一起决定要离婚了。"

这对你的家人意味着什么？

年幼的孩子: "（妈妈／爸爸）会继续住在这个房子里，而我会住在另一个家里。你会有两个住所，每个地方都有你的房间。你会见到我们两个人，并与我们共度时光。尽管（妈妈 / 爸爸）和我要离婚了，但我们永远都是你的父母，我们都非常爱你——永远永远。"

年龄较大的孩子："你知道，这意味着（妈妈 / 爸爸）和我不再住在一起，也不会继续保持婚姻了。（妈妈 / 爸爸）要搬到另一个家，而我会留在这个家里。你在这个房子里的房间不会变，而在（妈妈 / 爸爸）的家里，你也会有另一个房间。（妈妈 / 爸爸）和我会制订一个时间表，让你能够见到我们两个人并和我们共度时光。"

永远不要忘记

- "我们俩都爱你胜过一切。"
- "即使我们不再住在同一个家里，我们仍然是一家人。"
- "我们永远都是你的父母。"
- "我们会继续照顾你，在你需要的时候出现（带你去看比赛，观看你的钢琴演奏会）。"
- "离婚是我们之间的事，而不是我们和你之间的事情。"
- "离婚不是你的错，你无需将责任归咎于自己。"
- "我们一直都会在这里，随时听你诉说，拥抱你，回答你的任何问题。"

　　由于孩子需要时间思考家庭变化对他们和其他人的意义，这些对话可能需要反复讨论。他们可能会问为什么会发生这样的事，询问具体细节和安排："那这个周末的田径比赛谁会去为我加油呢？"我们越能给予安慰、越有耐心和爱心，即使婚姻即将结束，我们也越能与孩子保持紧密联系。

当安全性、法律或精神稳定出现问题

讨论离婚时，如果父母其中一方做出了违法或其他不当行为，无法安全地出现在某个场合进行这个对话，那就可能无法与父母双方同时保持联系：

强调你随时都在：如果你知道你的前夫／前妻，在可预见的将来无法和孩子保持联系，M. 加里·纽曼（M. Gary Neuman）博士建议只谈你自己，例如"我将永远在你身边"和"我的感情从没有，也永远不会改变"。这可不是对话中一个微不足道的"敷衍"部分，因为你的孩子感觉自己生活中很重要的一个人在行动上或情感上抛弃了他们，继而可能会感到不安，产生不信任感。

始终如一地贯彻落实行动：正如蒂娜·佩恩·布赖森所说："出席吧，这就是孩子最需要的。当我们提供机会，让孩子以可预期的方式，感受到安全、被关注和被抚慰时，我们就实现了第四个'S'，那就是'安全（secure）'。"正是这种安全感，在这个令人困惑和反复无常的时刻，为孩子提供了稳定的环境和情绪。

强调安全性：我们希望孩子知道他们的幸福和安全永远排在第一位。例如，你可以说："我知道你爱妈妈，妈妈也爱你。但是如果妈妈喝了太多酒的时候，就不能做出安全的选择，所以她今天缺席了。妈妈和我总是希望你能够保持安全。"

保持客观和适合孩子的年龄：虽然对于缺席或参与犯罪行为的父母，我们不想过于美化对他们的解释，但我们在讲述这些信息之时，措辞仍然需要小心谨慎。《与孩子讨论离婚》（*Talking to Children about Divorce*）

一书的作者琼·麦克布赖德（Jean McBride）谈道："陈述事实，而不是去责怪或让孩子夹在中间。"她建议告诉年幼的孩子，比如可以说："爸爸现在有一些大麻烦需要去处理，在他处理好之前，未来很长一段时间他都没办法回来。"

对于年龄较大的孩子，则可以告知更多信息，比如妈妈／爸爸在哪里或到底发生了什么事。切记，我们的目标是引导他们理解，而不是挑起他们对另一位家长的反感。无论发生什么，对他们来说，对方仍是他们的父亲或母亲。你可以这样对他们说："你的爸爸正饱受酒精成瘾的困扰，为了尽快好转，他即将去一个康复中心接受治疗。接下来你所有的时间都会和我待在一起，等爸爸重新找到一个安全又稳定的住所，同时大家都觉得他做好了准备时，就可以安顿你在他那里过夜，你就可以和他碰面了。他希望自己能够快点恢复健康，他很爱你。"

小诀窍

解释离婚或者为什么婚姻有时会破裂时

利用孩子已知的知识： 离婚指导师克里斯蒂娜·麦吉（Christina McGhee）在她的《分居育儿》（*Parenting Apart*）一书中询问离婚小组中的一个孩子："你最喜欢吃什么？"孩子回答："甜甜圈。"然后麦吉告诉他，她最爱的食物是比萨，并进一步问道："如果我们把各自最喜欢的食物放在一起，做一个比萨-甜甜圈三明治，你觉得怎么样？"但那个孩子并不觉得比萨和

甜甜圈一起食用会美味。接下来麦吉暗示他，也许他父母的关系也是如此。你可以这样说："就像比萨和甜甜圈混合在一起口感没有那么好，但是单独吃时它们都很美味一样，也许你的父母在一起也不太好，分开后各自生活会更好。"

使用准确的词汇：例如，可以说"我们将要离婚"，而非"我们要休息一段时间"。避免为了减轻对孩子的打击而说谎，例如，"爸爸只是需要搬到离上班近一点的地方。"研究显示，当父母隐瞒信息或被视为掩盖真相时，会给父母和孩子的关系带来负面影响。模棱两可的说辞或缺乏足够的相关信息，会让孩子产生各种自我解释和猜测，并归咎于自己。克里斯蒂娜·麦吉说："我们的孩子将来要走出去，踏入社会，他们需要用语言去表达正在发生的事情。'离婚'这个词并不是一个负能量的词汇，它只是代表了家庭的一种变化。"

💬 应急对话指南

"即使你不住在这里，我们也还是一家人？"

"我们永远是你的家人。一个家庭就是一群彼此相爱、互相关心的人——和居住的地点没有关系！举个例子，奶奶就是我们家的一员，但她并没有和我们住在一起，对吧？最重要的是，身为你的父母，无论发生什么事，我们都会继续爱你、关心你，并且时刻支持你，这一点毫无疑问。"

"你和爸爸／妈妈会和好吗？"

乔安妮·佩德罗-卡罗尔博士透露，79%的孩子认为与父母离婚相关的家庭问题是他们的错。所以，很多孩子抱着能让父母和好如初的期盼，这并不奇怪。重要的是，不要向孩子传递含糊不清的信息或者虚假的希望。如果答案是否定的，就明确告诉他们："我们不会复合，但我们会永远爱你，我们永远是你的父母。"（在《芝麻街》里面，戈登和阿比·卡达比之间有一场很温馨的对话，阿比经历了父母的离婚。她说："我希望我能做点什么来阻止他们离婚……或许有什么魔法？"戈登解释说："魔法甚至都无法改变这种情况。你没法修复他们的关系，离婚也不会像你希望的那样消失。"）

"谁来照料我？谁会为我做最爱的烤奶酪？"

双亲家庭环境中的孩子，习惯了父母双方都会各自承担家庭中某些特定的工作。转变为两个单亲家庭后，孩子可能会担忧或者困惑这些与自己有关的工作如何完成。孩子们需要的是一种安全感，需要确保他们的需求会得到满足。"尽管我们以后不再生活在一起，但我们永远是你的父母。当你和爸爸在一起时，他会照顾你，为你做烤奶酪，帮你做好上学的准备，晚上给你盖被子。当你和我在一起时，我也会做所有的这些事。我们会一直照顾你，因为我们爱你，这一点永远不会改变。"

"我需要转学吗？我还能继续上芭蕾舞课吗？"

孩子们总是渴望着一种稳定性和可预见性。如果可能，尽量让孩子们的生活日程与之前保持一致，这可以帮助他们适应离婚期间和离婚后的生活。"虽然我们不再一起生活，但你还是会在以前的学校上学，和你

的朋友们在一起。我们还是会上丽莎小姐的芭蕾舞课。每周二我会送你去上芭蕾舞课，周六爸爸会带你去上芭蕾舞课。"（如果你无法保持原来的日程，讨论哪些部分能够保持不变，哪些会有所调整。）

共同抚养

共同抚养，合作抚养或"双家庭理念"都是相对较新的观念。几十年前，当婚姻走到尽头时，孩子们通常会留在母亲身边，父亲平时则以探访孩子的形式保持联系。这种单一家庭的模式，是希望通过安排某一个主要的住所，为孩子建立起一个稳定的生活基础和环境，获得安定感。

然而，父亲"探访"孩子的这种观念，常常会让他们的父亲沦为"访客"，并在父亲和孩子之间产生距离。这也常常在孩子和有监护权的父母（通常是母亲）之间造成压力，有时甚至影响孩子和母亲之间的亲密互动。虽然这种模式仍然被广泛使用，也有成功的案例，但是现在越来越多的父母选择共同抚养模式——两个家长分别在两个独立的空间，花费同样的时间陪伴孩子。

共同抚养可能并不适合所有家庭。经常有人问我："如果我无法忍受和我离婚的那个人怎么办？"我非常喜欢珍妮弗·赫维茨（Jennifer Hurvitz）的观点，她是《一次愉快的离婚》（One Happy Divorce）一书的作者，也是"离婚时的恰当做法（Doing Divorce Right）"节目的主持人。她在接受《欧普拉杂志》（Oprah Magazine）采访时说："当你处于共同抚养的关系中，你必须爱你的孩子胜过恨你的配偶。"

然而，研究显示——只要父母们都是安全的、稳定的、对孩子充满关爱的——共同抚养会给孩子带来许多好处，包括改善人际关系、提高学习成绩、减少风险行为，并提升整体的心理健康。共同抚养模式下的年轻人出现焦虑和问题的时候，也更可能向父母双方寻求帮助。

双家庭理念下的家庭规则

在实践共同抚养时，请考虑和孩子讨论两个家庭中的规则和日常流程。这样做可以达到清晰、明确且可预见，同时强调："我们都在同一个团队——孩子的团队！"尽管一些常见的规则和惯例可能还是会保留（如睡前刷牙），但有关屏幕使用时间，什么时候关灯睡觉以及孩子可以吃什么零食等规则，在两个家庭中可能会有所不同。对于这些分开设定的规则和日程，最重要的一点是，要清楚、明确地传达这些规则，并且坚持执行：

1. 用孩子能理解的方式来定义规则：例如："在这个家，我们不能窝在沙发上边吃东西边看电影。我知道，这和我们之前那个家的规矩不一样。"

2. 为何我们要遵守规则："在客厅里吃东西会产生食物碎屑，这些东西可能会掉进沙发缝隙里，招来很多小虫子。还记得我们在上一个沙发中发现了什么吗？太恶心了！我们可不希望房间有虫子，对吧？"

3. 我们可以做什么来代替："你可以在餐吧或者厨房的桌子上吃东西。"

4. 不遵守规则的后果："如果你看电影的时候在沙发上吃东西，你需要立即关掉电影并马上用吸尘器清洁沙发，这样就不会招虫子了。清楚自己需要做什么了吗？还有别的问题吗？"

耐心地解释规则可以帮助孩子理解应该做什么，以及为什么每个规

则都很重要。请记住，如果你制定了家庭规则，那么每个家庭成员（包括你自己）都要遵守它。

对于小孩子，为了更加顺利地执行规则，有一个视觉提示来提醒规则和例行事项可能会更有帮助。例如你可以说："打开电视之前，让我们一起查看一下这张时间表。我们一起来读一读：'麦迪每天可以看一个小时的电视。'这意味着，如果现在是早上九点，你可以观看两场半小时的节目，然后在十点之前关掉电视。或者你可以现在只看半小时的节目，直到九点半，然后下午四点舞蹈课结束后，再看半小时的节目。你想怎么做呢？"

格林家族最重要的 10 条家规

第 1 条：
把自己弄乱的东西收拾干净。

第 6 条：
与人为善最重要。

第 2 条：
麦迪每天可以看一个小时的电视。

第 7 条：
室内请小声说话。

第 3 条：
做完所有的作业才能玩耍。

第 8 条：
无论有多难，诚实讲真话。

第 4 条：
每日需整理床铺，同时收拾地板上的衣物。

第 9 条：
门关着时，请敲门再进入。

第 5 条：
不能随意用手脚触碰他人。

第 10 条：
所有电子产品在睡前需放在妈妈房间。

作为格林家族的一员，我特此声明这些规则很重要，我将努力做到。遵守这些规则是爱与尊重的表现。

　　当孩子觉得遵守这些规则很难，或者高呼"和爸爸在一起时我能看两个小时电视！"该怎么办呢？记住两条建议："坚持界限"和"接纳情绪"。例如，你可以这样告诉孩子："你希望能像在爸爸家一样多看一小时电视。我知道当你正在看自己喜欢的节目时，关掉电视确实很难。但是在这里，每天只能看一小时的电视。现在是关电视的时候了。你现在想去公园玩还是听我读故事呢？"如果孩子仍然不愿意关电视，不要为了"维持和平"而放弃规则。相反，你可以再次对他们现在的心情和境况，表示理解和接纳，然后坚定地执行规则。"你现在不愿意关电视是因为你在看最喜欢的节目。有时候，关电视确实很难，但现在已经到了关电视的时候了，所以我来帮你关吧。"

　　随着孩子渐渐长大，只要你能够保持一致性，坚守规则，他们就会习惯不同环境下的不同规则。即便如此，当孩子们面对不同规则，产生负面情绪和沮丧感时，你也要给予他们情绪表达的空间，安慰他们："接受两种不同的规则是很难，但这就是这里的规矩，我并不是想让你生气或束缚你的乐趣，而是我觉得这样对你的身心健康最好。"你也可以和孩子们一起思考不同的规则，通过提问来引导他们进行讨论，比如："你对屏幕使用时间怎么看？"和"我们来讨论一下就寝时间规则吧。"然而，作为家长，你拥有最终决定权。

双家庭的日常生活和日程规划

　　不论你们的共同抚养方式是交替周、延长过夜时间，还是特殊的两天、三天或四天的轮换计划，一份具体的双亲日程时间表，能让你们的沟通更顺畅。你可以尝试像下面这样的日程规划，其灵感来自伊莱恩·威尔逊（Elaine Wilson）为俄克拉何马州立大学继续教育学院

（Oklahoma State University's Extension School）共同抚养系列课程设计的日程表。

你可以这样对孩子解释："这是我们二月份的安排日历。你看到大大的'M'字母了吗？这个代表妈妈，这意味着你会在我这里待到星期三。星期天我们会和格兰一起到外面吃早午餐，星期一放学后我会带你去打篮球，星期三我会带你去上吉他课。然后你看，从星期四开始（或者对年纪小一些的孩子，我们也可以说"再过 × × 个晚上"），你爸爸会去学校接你，然后接下来的星期四、星期五、星期六、星期天、星期一、星期二和星期三，你都会和爸爸在一起。当然，虽然那个周末你不会在这里过夜，星期六的时候，我还是会去你的篮球比赛现场为你加油的！下个星期四，你会再回到我这里。明白了吗？还有没有什么问题？这份日程表你留着，我还会在厨房靠近微波炉的墙上贴一份。如果你对日程安

二月

星期天	星期一	星期二	星期三	星期四	星期五	星期六
1 M 和妈妈、格兰一起吃早午餐	2 M 下午5点打篮球	3 M	4 M 下午4点吉他课	5 D	6 D 历史课测验	7 D 上午10点打篮球
8 D 和爸爸一起看电影	9 D 下午5点打篮球	10 D	11 D 下午4点吉他课	12 M 拼写测验	13 M	14 M 下午2点打篮球
15 M 拉雷的溜冰聚会	16 M 下午5点打篮球	17 M 实地考察	18 M 下午4点吉他课	19 D	20 D	21 D 上午11点打篮球
22 D 和爸爸一起看电影	23 D 休息	24 D	25 D 下午4点吉他课	26 M	27 M	28 M 上午10点打篮球

排有疑问，或者有什么担忧的事，都可以告诉我或者爸爸。"

诋毁

　　情绪激动时，人们往往会说出一些过激的话，比如我丈夫的祖母经常说："你爸让你吃了那么多糖，结果在牙医那里花了几千美元，看你爸怎么办！"或者"当然，你熬夜你妈可不管，她根本不关心任何人的作息时间！"然而，这种诋毁另一方的行为往往会适得其反，让孩子与诋毁者（而非被诋毁的家长）之间产生隔阂。

　　这种情况还会让孩子伤心，陷入两难的境地，感觉必须在父母之间做出选择。正如克里斯蒂娜·麦吉所说："他们被迫成为法官和陪审团，去判断谁对谁错。"研究一再表明，孩子们不应被迫，哪怕是微妙地陷入所谓的"忠诚的纠结"，他们不应该被迫认为父母的一方比另一方更好或更值得爱。此外，由于许多孩子认为自己是"妈妈和爸爸的各一半组成的"，因此贬低前任会影响孩子对自己这一方面的认知。

　　加州大学圣巴巴拉分校（UC Santa Barbara）的塔玛拉·阿菲菲（Tamara Afifi）及其同事的研究告诉我们，当父母向孩子揭露另一方的负面信息时，不仅对另一方造成了伤害，而且由于孩子年龄太小，会对此类信息过于敏感，也不适合充当父母的倾听者或顾问的角色。这已经超越了他们的年龄和能力范围，这会对孩子的身心健康造成不良影响。

　　因此，在你发送那封带有伤害性质的邮件之前，在你发出那条尖酸刻薄的短信之前，在你交接孩子时又再次重提过去的问题之前，请自问这些问题：

　　• 孩子们会如何看待我现在的言论？

- 我现在这样做，这种方式是否真的符合孩子的最大利益？
- 这个问题反映了我的孩子的意愿，还是只是我的意愿？
- 这些信息是否有助于减少孩子的焦虑或疑虑？

我们希望能够帮助孩子更好地应对困境，应对那些颠覆了他们生活的至暗时刻。不断有研究告诉我们，只要条件允许，与父母双方保持积极的关系是维护孩子身心健康的最佳方式。

离婚和共同抚养中的正确做法与错误做法

正确做法： 在你的新家为孩子预留一块空间，让孩子在生活细节上具有一定的发言权。

科学说： 尽管各国的研究表明，处于离异父母的两方居住安排下的孩子，通常能够表现得很好，但有一个需要注意的地方——除了没有持续的冲突之外，孩子在对生活环境的细节方面拥有决策权，能够发表意见时，他们会表现得更好。牢记这一点，帮助你的孩子开辟自己的空间。

你可以问：

☐ "你想把房间布置成什么颜色？"

☐ "你认为我们应该把沙发放在哪？"

任何能传达"你也是这里的一部分"和"你的舒适度和意见很重要"的信息，对于帮助孩子适应两个家庭的生活而言至关重要。

错误做法： 在谈论孩子的另一方父母时说"前夫/前妻"。

科学说： 当我们希望传达的信息是"我们仍然是你的家人"时，用

"前夫 / 前妻"来称呼孩子的父母，可能很微妙地暗示了他们也是一个"前任父母"或者"前家庭成员"。

相反，在注意自己的语气和肢体语言的同时，使用其角色称呼，如"你的爸爸"，或者在孩子能听见的范围内谈论他们时，可以说"梅梅的妈妈"或者"吉尔"。可以遵循育儿指导师梅根·莱希（Meghan Leahy）关于离婚的观点："无论你决定说什么，你的育儿指引原则就是不能搞分裂。"

正确做法： 及时了解孩子的重要活动和日程。

科学说： 在分居或离婚期间，保持生活的可预见性、熟悉性和稳定性对孩子的幸福至关重要。当家庭发生变化时，这会给你的孩子带来不安全感。研究表明，在正常且安全的情况下，当父母双方都参与其中时，孩子往往会表现得更好。

☐ "尽管你生日那天不在这里，我仍然会在你上学前，带你去吃生日早餐，就像往常一样。"

☐ "你今天去复查你的膝盖情况如何？"

☐ "今天的数学考试你感觉怎么样，和上次比没那么焦虑了吧？"

错误做法： 将离婚的冲突带入孩子的体育比赛和活动中。

科学说： 体育和其他课外活动可以缓解孩子因为父母离婚带来的复杂情绪。然而，当父母将冲突带入这些场合时，这些活动的益处可能会大打折扣。下面的对话供你和孩子的另一位家长参考：

"我们显然在一些日程安排问题上意见不统一。我知道我们今天会在艾玛的足球比赛上见面。见面的时候，我们不要谈论这个话题好吗？在电话里讨论吧，晚上六点或八点三十分通电话，你看呢？"

正确做法： 创造新的传统。

科学说： 离婚通常会改变家庭的一些传统，因为大多数父母在离婚之后不会继续一起庆祝节日和一些家庭纪念日。传统与精神抚慰、有意义和归属感息息相关，因此，一些家庭传统的消失可能会让孩子感到难受。我们需要正视这种改变，并讨论新的可能性。

☐ "你想和我一起学做面包吗？这样的话今年过节的时候，我们就可以一展身手，尝尝自己的手艺了。"

☐ "我知道你一直喜欢每天晚上和我一起打球。我们要不每周六在小区里来一次父子足球赛？"

☐ 从安排一起做志愿者活动到一次共同出游，建立新的传统，都可能成为送给孩子的一份珍贵礼物。

错误做法： 在谈论前夫／前妻时，或对他们说话时，使用贬损的语气或语言。

科学说： 自查一下。与对方交谈时，试着以孩子为中心，以一种类似于"商业关系"中的交流方式，采用更专业、冷静和客观的语调进行沟通。当你和孩子谈论你的前夫／前妻时，问问自己，如果孩子的爸爸／妈妈使用同样的词汇或者语气来谈论你，你是否会觉得舒服？

避免在日常对话中使用像"探视""监护权""没有监护权的父亲／母亲"等词汇。相反，尝试使用更中性的语言，如"目前负责照顾的父母""与妈妈／爸爸在一起的时间""妈妈／爸爸的家"和"亲子育儿时间"，这样对跨越了各个家庭的亲子关系会起到积极促进的作用。

单亲抚养

并非只有离婚才能造成单亲家庭。有些父亲和母亲独自养育孩子，原因可能是另一位家长无法或者不会参与（例如，因病、去世、遗弃或被监禁），或者是因为开始时就没有另一位家长参与其中。美国有四分之一的父母从未结过婚，皮尤研究中心的数据显示，超过 50% 的未婚家长是单身母亲（即在没有配偶或伴侣的情况下抚养至少一个孩子的人），而其中 12% 的人是单身父亲。

如何回答孩子们对单亲家庭的相关问题？

"为何萝丝只有爸爸？萝丝的妈妈在哪？" 如果你能简洁明了地回答这个问题，你可以用适合孩子年龄的语言来解释。"几年前，萝丝的妈妈由于心脏病离世了。她的心脏病很严重，无法治愈。"或者"有时人们只有父亲或母亲，有些人有父亲和母亲，有些人是由祖父母或其他照顾他们的人抚养长大的。萝丝有一个非常爱她的爸爸，她虽然没有妈妈，但这没有关系。"如果还有后续问题，继续为孩子解答！只有我们尽可能地正视单亲家庭（因为这已经越来越常见），孩子们才会越少质疑它，也不会把它视为一种缺陷。

"我什么时候也能有爸爸 / 妈妈？" 在采访纳芙蒂蒂·奥斯汀时，她是《母性如此"白"：美国种族、性别和育儿回忆录》（*Motherhood So White: A Memoir of Race, Gender, and Parenting in America*）一书的作者，她向我讲述了她儿子还在小学时，对她说过的一段话："我不需要圣诞礼物了，你也不需要再给我买生日礼物了。我只想要一个爸爸。我什么时候能有一个爸爸？"作为一名领养孩子的单身母亲，她承认："这真的很

痛苦。"这个类型的问题，有时会被误认为是孩子对现状表示不满，继而会引发父母方的情绪反应。试一试以下策略：

承认孩子的感受："我知道你真的很想有一个爸爸，特别是你现在已经开始参加童子军了，你可能看到了其他孩子与他们的父亲一起参加活动，我理解你内心的痛苦。"

强调家庭差异是可以接受的：纳芙蒂蒂实事求是地解释了这种情况："虽然每个人都有母亲和父亲，这是生物科学的规律。然而，并非每个孩子都和亲生父母或其中的一方住在一起。"你可以指出与你的家庭类似的家庭，以及其他具有不同家庭模式的家庭。有时候，孩子们只需要知道，单亲家庭也是许多孩子都会经历的家庭模式——不是只有他们，他们并不孤单。

找一些替代的家长角色：无论在单亲家庭还是双亲家庭，有时候孩子们都能从生活中另一位强有力的家长角色中受益，他们可以作为孩子的引导者或者倾诉对象。这可以给他们带来不同的视角，或提供另一种生活体验，也可以让他们有人陪伴参加一些亲子活动，如"父女舞会"或者"母子晚宴"。（你可以在自己的大家族中、孩子的学校、球队、宗教组织、青少年团体中找到这样的人。）你可以对孩子说："我一直在你身边，如果有些事你更愿意与另一个成年人讨论，你可以随时打电话或发短信给你的丹尼斯姨妈！"或"我们可以和你的斯科特叔叔视频通话，看看他能否参加几个星期后的那个父子露营活动？上个月，你提过很喜欢和他在一起！"

我们不要忘记，单亲家庭是由一个妈妈或爸爸支撑起来的，他们通常需要付出双倍的努力来抚养孩子和辛勤工作，同时给予孩子所需的全部的爱，让他们茁壮成长。这是我们在当今社会中需要向孩子传达的信息。

重组家庭

因离婚、单身或丧偶的父母，开始新的恋情、再婚，并将各自的家庭融合、重组家庭的现象越来越普遍。根据美国人口普查局的统计，约六分之一的孩子生活在重组家庭环境中，即家庭中存在着继父母、继兄弟姐妹或同母异父、同父异母的兄弟姐妹。无论是西班牙裔、黑人还是白人孩子，都有可能生活在重组家庭中。

重组家庭因为其家庭构成的独特性，面临着许多特殊的挑战。他们不仅要解决离婚和过去的情感纠葛带来的痛苦，更要面对新关系的复杂性，以及两个家庭合二为一带来的独特挑战。作为父母和继父母，如果我们采用积极的家庭用语的话，我们需要承担起责任，积极与孩子进行关于恐惧、失落、包容、同理心的重要谈话，包括我们之间的联结，是什么将具有血缘关系的家庭成员和新的家庭成员联系在一起，这些话题都至关重要——同时也要处理好个人的挫败感和情绪压力。

"除非你先做好自我工作，否则无法真正融合，无法共同抚养子女，也无法成为一个优秀的人。"《重组家庭：共同抚养和创造平衡家庭的秘密》（*Blend: The Secret to Co-Parenting and Creating a Balanced Family*）一书的作者马松达·蒂夫雷尔（Mashonda Tifrere）这样说道。她与前夫斯威兹·贝茨（Swizz Beatz）及其妻子、曾获格莱美奖的歌手艾丽西亚·凯斯（Alicia Keys）创建了一个共同抚养团队。当然，这并不容易，但当每个人为了孩子的利益共同努力时，重组家庭肯定有其优势。"重组是一种生活方式，"蒂夫雷尔说，"如果我们能培养有思想、有爱心、能共情的孩子，我们所有人就都是赢家。而这个过程始于家庭，始于父母和照顾

者。拯救我们的家庭，就是拯救我们的现在和未来。"

在我的播客中，我与《与重组家庭一起构建爱的联系》（*Building Love Together in Blended Families*）一书的作者之一罗恩·迪尔（Ron Deal）讨论了关于重组家庭的两个棘手问题：

作为继父母，当孩子们开始在我面前谈论他们已故的父母时，我真不知所措。我应该留下来吗？我应该走开吗？我应该加入吗？

解析：虽然你可能从未见过"继子女（bonus children）"已故的亲生父母，然而当孩子们谈论这位特别的人时，你在场的陪伴或许会传达出善意、关爱和共情。事实上，当你允许孩子在你面前自由表达对逝去的父母的思念时，这才是最真挚的爱的表现。

参考对话："哇，他真的好棒！我真希望我能有机会见到他。他做过的那件事真的很有意思，你能再给我讲讲吗？"当他们感到悲伤时，留下来陪伴他们；当他们需要独处时，给予他们空间。

结语：迪尔的建议是："当你能和他们一起共同经历悲欢，走进他们内心最深处，他们会视你为人品高尚、值得尊重的人，甚至是值得亲近的人，因为他们可以把那些难以承受的事情交托给你，信任你。"此外，你也在向他们表明，他们认为重要的东西对你也很重要。毕竟，已故父母是他们的一部分，永远都是。

我新配偶的女儿不打算喜欢我，因为她想对她的妈妈忠诚。我知道这对她来说很难。我该如何伸出橄榄枝？

解析：在《禅悟育儿》（*Zen Parenting*）一书中，凯茜·卡萨尼·亚当斯（Cathy Cassani Adams）写道："如果我们的孩子有不同的观点，我们可能会立刻认为他们不尊重我们。如果他们提出问题，我们会认为他们在'顶嘴'。"这样做会阻碍对话，无法产生任何进展、理解或共情。此外，孩子们可能会问的一些问题，也可能触发我们自己的痛苦和恐惧，例如没有归属感、害怕不被爱或无法被爱。找一个私人时间，你们可以在一起，没有必要进行紧张的面对面交流，不需要很正式的环境，例如，可以在车里或其他私密的场合，以更轻松的方式建立联系和对话。

对与她的关系表示感激。

- 接纳孩子内心的挣扎，并表明你将与她一起解决这个问题的决心。

- 强调她妈妈的角色和你的角色，让她明白你和她妈妈是不同的。

- 说出你喜欢她的哪些方面，指出你们之间关系的独特之处。

- 不要让她因为与你的感受不同而有任何负担。

- 倾听。

参考对话： 在我的播客中，罗恩·迪尔建议父母强调他们并不是想要竞争和比较。例如可以说："我只是想让你知道，我真的很关心你，我很珍视我们之间的关系。我明白，可能你在处理我们的关系上会有些困难，因为你很爱你的妈妈。我想让你知道，你和你妈妈之间的关系是很美好的，我不会做任何阻碍你们关系的事情。我并不是要取代你的妈妈，只是希望能和你有独特的、与众不同的关系。我真的很喜欢你，如果你觉得很难喜欢我，也没关系，完全没问题。"然后，只需倾听，让孩子畅所欲言。

结语： 当你主动这样做时，你正在努力表达你理解孩子的感受，同时也在宣示你并不想取代孩子的父母。

领养

我在孩子出生之前，就已经和他们谈论过关于领养的话题。

我领养的孩子们，还在他们母亲肚子里的时候，他们的亲生父母就开始给他们播放我和丈夫唱的睡前儿歌 CD，给他们讲述有关我们领养的故事。我们希望他们知道，他们在出生的那一刻起，就被我们——他们的领养父母及亲生父母深深爱着。因为我们实施的是开放式的领养计划，所以我的孩子们从不需要担心他们来自何处，或是为何被领养的问题。他们出生后，我们便在家里摆放了一些照片，是他们还在自己妈妈肚子里的时候，我们陪同他们的亲生父母一起拍 B 超，一起做其他孕检的一些亲密合影照片。我也继续向他们讲述他们的领养经历，哪怕他们还是婴儿。这或许听起来有些荒谬，但我希望每当谈起这些话题时，自己能够淡定自若，就像说怎么做花生酱和果酱三明治一样，轻松畅谈、流利自然。

领养，是非亲生父母合法监护孩子，并像抚养自己亲生子女一样抚育这个孩子。这些非亲生父母可能与孩子有其他血缘关系，也可以是通过寄养系统、领养机构、律师或非正式的亲属协议来选择的。在美国，每年有超过十万个不同类型的领养案例。

封闭式领养：领养家庭与孩子几乎不知道任何有关亲生父母的信息，也不知道孩子被领养的原因。亲生父母与领养家庭之间没有任何联系。

半开放式领养：亲生父母与领养父母会提供一些不涉及身份识别的

信息，并通过领养机构或律师彼此沟通。

开放式领养： 亲生父母与领养父母相互提供身份信息和沟通，保持开放的信息交流，并在领养过程中和结束后继续保持联系。这种类型的领养方式可以根据具体情况进行解读：一些家庭可能会互相拜访，一同参与节日庆典和各类活动，而另一些家庭可能会不时通过短信或发送照片进行交流。

什么时候开始和孩子讨论领养的事情呢？越早越好。蒙特克莱尔州立大学（Montclair State University）的阿曼达·巴登（Amanda Baden）教授指出，推迟告诉孩子他们被领养的事实会带来一些负面影响：包括心理压力，以及愤怒、背叛、抑郁和焦虑等情绪。尤其是那些在 3 岁或更大时才得知他们被领养的孩子，相较于那些在幼年期就得知自己被领养的孩子，他们感受到的压力更多，对人生满意度评价更低。

虽然年幼的孩子可能无法理解其中的细微差别，但在日常的讨论中引入有关领养的语言描述、书籍、照片和故事，有助于让他们认识到这其实很正常。"就像你在成长过程中，是逐渐意识到自己的名字是什么，而不是突然某个瞬间记住了自己的名字，所以你也不希望孩子是在某一刻才突然得知他们是被领养的。"卡丽·戈德曼是首屈一指的领养话题博客《领养的方方面面》的博主，她曾如是说。她家最大的孩子也是领养的。她说："就算孩子们还很小，你也可以偶尔插入一些句子，比如：'我们真的很高兴领养了你。我们喜欢做你的爸爸妈妈。'"

说什么，不说什么	为什么
说什么 · 他以前是被领养的 · 他们以前是被领养的 **不说什么** · 他是被领养的 · 他们是被领养的 * 除非该人明确告诉你他们自己是这样认定的	传统上谈论领养时，强调是过去的事，是使用"积极的语言谈论领养"的一个典型例子。对许多人来说，领养被视为一次性事件，就像出生一样，发生在过去；因此使用"我以前是被领养的"这样的措辞，就像谈论我过去是哪一年出生的一样。然而，有些孩子不一样，他们将领养视为他们生活中的一个决定性时刻，并将其作为描述自己的方式，作为他们"我是……样的"陈述的一部分（"我是被收养的"）。在这种情况下，根据孩子的提示，"他是被领养的"或"他是被领养的人"这种措辞，是可以接受的。
说什么 · 生母（生父、生父母） **不说什么** · 真正的妈妈（爸爸、父母）	所有的父母都是"真正的"父母。在谈论领养时，人们需要区分生育孩子和抚养孩子的父母时，将亲生父母称为"生母"（"生父""生父母"）。
说什么 · 父母 · 妈妈 / 爸爸 · 母亲 / 父亲 **不说什么** · 领养父母	除非需要加以区分，在日常生活中，领养孩子的父母简单地就是称其为父母。他们就是以各种方式百般照顾孩子的人！
说什么 · 孩子 · 儿子 · 女儿 **不说什么** · 领养的孩子	除非需要在亲生子女和被领养的孩子之间进行区分，否则孩子就是孩子，儿子就是儿子，女儿就是女儿。

续表

说什么，不说什么	为什么
说什么 · 真正的孩子 · 你自己的孩子 **不说什么** · 亲生子女 * 如有特殊需要区分可以	所有的孩子都是真正的孩子，并完全是家庭的一部分。
说什么 · 领养系统中的儿童 **不说什么** · 领养儿童	根据《领养和永久性中的七个核心问题》（*Seven Core Issues in Adoption and Permanency*）一书的作者之一、收养专家艾莉森·马克森（Allison Maxon）的说法，使用以孩子为中心的语言很重要。"没有所谓的寄养儿童"，而是一个曾在寄养系统中的孩子。
说什么 · 安置领养 · 制定了领养计划 · 选择领养 **不说什么** · 放弃了孩子 · 把孩子送走 · 他们的孩子是被放弃的 · 把孩子送去领养 · 自动放弃抚养权，把孩子送去领养 · 被送出去领养	领养是亲生父母做出的一种深思熟虑的、充满真切关爱的选择，他们计划把孩子交给能够照顾他们的父母，这些父母能够将孩子视若己出，抚养长大。许多亲生父母根据详细的档案、照片和生活细节选择将自己的孩子托付给哪些人来抚养。（我和我的丈夫就制作了这样的档案，我们孩子的亲生父母就是这样选择我们的。）被领养的孩子并不是被送走或被放弃的——这些词可能会伤害到无辜的孩子、他们的生母以及参与收养的每个人，暗示了整个事件中的轻率和消极态度。
说什么 · 付费领养 **不说什么** · 买 / 卖孩子	在合法的领养过程中，领养父母并不是在买孩子，而亲生父母也不是在卖孩子。领养过程涉及的费用可能很多，从代表领养事宜的律师费用到生育父母的开销，还包括医疗护理费，有时甚至包括跨国的机票、申请签证、海关手续的各种费用。完成一次领养需要各方的努力和支持。

"如果我们从未告知孩子他是被领养的会怎样？"

也许你担心孩子的反应，或者你接受了错误的建议，选择将领养的事情作为秘密。不论原因如何，开始这种温柔而细致的对话交流永不嫌晚。你甚至可能需要求助专业人士来帮忙规划。以下是一些指导意见供参考：

- 如果你认为自己在这方面做了一个错误的决定，那就坦诚承认吧："对于没有及早告诉你，我们真的很抱歉。对你隐瞒这件事是一个很大的错误，我们现在知道这是一个错误的决定。"

- 详细解释为什么你没能早些告诉孩子。研究家庭模式的阿比·戈德伯格教授表示，虽然现在对领养保密的情况已经不是那么常见了，但过去有些人会隐瞒这些信息，因为他们被告知最好将孩子抚养成"完全属于自己的孩子"，就像一张未经书写的"白纸（没有任何背景）"一样。你可以试试这样说："我们从（领养机构、律师等）那里收到了一些错误的建议，他们告诉我们，如果你不知道自己是被领养的，对你来说是最健康、最容易的。直到最近我们才了解到，这个建议是错误的，并且对你产生了负面影响。我们非常抱歉，但我们很高兴你现在知道了。"

- 保持开放的态度并陪伴他们。你可以说："我们知道这对你来说一定是一个巨大的冲击和挑战，你可能也会对我们现在告诉你的事情有着各种各样的情绪反应。我们愿意倾听，也有专业人士可以帮助你分析我们告诉你的所有信息，你也可以和他们交谈。我们非常爱你。"

你想要传达的重要信息是："我们没有早点告诉你，是因为我们以为那是正确的选择。"

关于出身的故事

每个孩子都有权了解他们的出身故事——他们是谁和他们从哪里来的故事。正如著名作家亚历克斯·黑利（Alex Haley）在他的小说《根》（*Roots*）中写道："没有这方面丰富的信息，就会有一种空洞的渴望；无论我们在生活中取得了多么辉煌的成就，那种令人不安的孤独感仍然会如影随形。"

研究表明，当我们的孩子对自己的出身信息一无所知或知之甚少，或者不被允许询问或谈论时，他们的身心健康可能会受到影响。而当我们在他们的出身问题上撒谎时，根据阿比·戈德伯格教授的纵向研究，"一旦孩子发现真相，可能会感到遭到背叛，也会加剧孩子因最初隐瞒领养的秘密而产生的羞耻和内疚感"。

正如戈德伯格教授所说，最好让被领养的孩子在青少年时期就知道自己的全部故事，就像他们的父母知道的一样。即使透露这些难免会涉及像意外怀孕、贫困、毒瘾、性侵或监禁这样的负面信息，也可以加强父母与孩子之间的联系，孩子与自己的关系，以及与他们的身份和家庭历史的关系。这样的讨论也能阻止被领养的孩子用不真实的信息或误解的信息来填补他们自己不了解的部分。

出身故事可能包括你的孩子出生时的周围环境，亲生父母家庭的传统（如他们特别的传统、文化、节日和语言），亲生父母的个人背景，以及孩子的领养经历。

戈德伯格教授建议，孩子应该"成为他们出身故事的中心"。你可以

把孩子的出身故事融入到日常生活中:"你出生那天就下着这样的雪!"或者"你的亲生父亲很喜欢把闹钟拆开,然后再组装起来——我猜你的动手能力可能就是从他那儿来的。"或者每年生日或"领养日"(孩子与你开始同住的那天)重述他们的出身故事,即使你并不清楚所有的细节:"你是中国的农历新年出生的,所以全中国的人那天都在欢天喜地地庆祝!我肯定到处都是烟花,到处都张灯结彩,就像我们现在面前的这些东西。那天还正好是新月,所以我们才一直叫你'月亮小公主'呢。"

被领养的孩子应该能自信地谈论自己,他们从何而来,他们将前往何处。正如伊利诺伊州立大学唐纳森领养研究所(Illinois State University's Donaldson Adoption Institute)的教授珍妮·霍华德(Jeanne Howard)博士在鲁德领养会议(Rudd Adoption Conference)上的演讲中所说:"领养(Adoption)这个单词开头有时是大写的 A,有时是小写的 a。"对于孩子来说,领养是人生中很重要的一部分,还是一个小小的部分,这因人而异。孩子的出身故事,即使不是他们全部的故事,无论是在此刻起着重要作用,还是将来会融入他们的生活,它都始终存在,并将会和他们的身份认同始终联系在一起。

出身故事 vs. 领养故事

出身故事:我们是谁以及我们是如何来到这个世界的故事,我们的背景故事。"超人,钢铁之躯,出生在氪星,但当他的家园面临危险时，他亲爱的爸爸妈妈将他放入一艘特殊的宇宙飞船中，送到了地球上，恰巧降落在乔纳森和玛莎·肯特（Jonathan and Martha Kent）的农场上。"

领养故事：孩子如何成为你家庭一分子的故事。"一对夫妇在他们的农场上发现了孤独的超人，他们决定领养他，给他起名为克拉克·肯特（Clark Kent）。他们抚养他长大，教给他坚定的道德价值观；与此同时，他们并没有告诉他他是被领养的。"

领养的快乐与痛苦

作为领养孩子们的妈妈，我一直将我们的领养经历看作是一种美丽、积极的幸事。但是假设每个人，包括我们的孩子，始终百分之百地对此感到快乐，这可能否定了他们的存在的一部分，也否定了他们的真实感受。

德博拉·西尔弗斯坦和沙龙·卡普兰（Deborah Silverstein and Sharon Kaplan）于 1982 年提出的研究［并于 2019 年由沙龙·卡普兰·罗齐亚和艾莉森·马克森（Sharon Kaplan Roszia and Allison Maxon）更新］告诉我们，与领养相关的七个核心问题是：失去、拒绝、羞耻和内疚、悲伤、身份、亲密、掌握及控制。当领养孩子的父母允许这种二元对立的存在时，也就是允许对于领养产生的积极和消极情绪，都能以健康的方式表达出来——孩子在成长和发展过程中会更加适应自己的身份。

作为一个领养孩子的母亲，作家卡丽·戈德曼在她主持的以辩证法为基础的领养问题工作坊上建议，在讨论领养时使用"同时"这个词，

而不是"但是"，有助于证实孩子的完整经历（以及你的经历）。例如：

使用"但是"		使用"同时"
"我希望我能了解我的亲生父母家庭，但是我爱我的妈妈和爸爸。"	→	"我希望我能了解我的亲生父母家庭，同时我也爱我的妈妈和爸爸。"
"我与我的家人有所不同，但是我们也有一些相似之处。"	→	"我与我的家人有所不同，同时我们也有一些相似之处。"
"我对被领养的事实感到挣扎，但是我知道我的家庭会始终支持我。"	→	"我对被领养的事实感到挣扎，同时我知道我的家庭会始终支持我。"

通过承认两种矛盾的情感，父母给孩子传递了以下信息：

- "同时存在这两种感觉是正常的。"
- "许多被领养的人也有同样的感觉。"
- "你可以随时向我表达这些感受，因为它们是你身上的一部分，而且我爱你。"

我的女儿在谈论领养时，也有自己的辩证观点，其中一种是，"我对自己的领养身份感觉很平静，这件事我只会告诉我最亲密的朋友"。当我请她多讲讲这个时，她说："当别人发现我是被领养的，他们总是很惊讶，然后开始烦人地问我'你真正的父母'在哪儿。你们就是我真正的父母呀！"这些辩证又对立的观点，可以开启一些非常有趣的对话，引出新的观点，揭示领养的细微差别，进而反映出你的孩子如何看待他们自身和他们的个人经历。

💬 应急对话指南（适用于年幼的孩子）

"为什么我不是从你的肚子里出来的？"

"你的亲生母亲布列塔尼生下了你，所以你没办法从我的肚子里出来。当你被领养，说明你的生母生下你之后，由另外的父母来抚养你、照顾你。我很高兴布列塔尼生下了你！如果你是从我肚子里出来的，你就不会是现在的你了呀——你会是另一个孩子！我们爱的就是现在的你，不会有任何改变。"

"为什么我的亲生父母没有将我留在身边？"

你的回应需要根据孩子的具体情况灵活调整，但总的来说，即使孩子的出身故事有些令人不快，也要尽量用简洁和适合他们年龄的语言进行回答。

- "当时杰伊和加丝敏两个人都很年轻，生活也比较拮据。他们想要确保你有足够的食物，有安全的住所，有温暖的衣服穿。他们选择将你送给领养家庭，是因为他们深爱你，希望给你最好的一切。"
- "我们对你生母的情况并不是十分了解，但我们知道的是，你的妈妈当时无法照顾你，因此做出了让你被领养的选择。我想她一定会为你现在的成长而感到骄傲。"
- "你的亲生爸爸当时不能给孩子一个安全的环境，而你的安全是最重要的，所以你的妈妈决定让你被领养。"

"为什么苏菲看起来像你，但是我看起来和你不像呢？"

- "孩子们通常看起来像他们的亲生爸爸或妈妈，或者他们亲生父母家族中的其他人。因为我是苏菲的生母，所以她的绿色眼睛和浅色的肤色和我更像。而你的亲生爸爸妈妈是凯尔茜和马可，所以你看起来更像他们，你有凯尔茜的蓝眼睛，还有马可的橄榄色的皮肤。"

"为什么你们要领养我？"

同样的，对此类问题的回答取决于你孩子的具体情况。

- "组建一个家庭有多种方式，我选择通过领养来组建我的家庭。记住，我的父母——也就是你的外公和外婆——也是领养了我，所以我也选择了领养。"
- "我们想要一个家，但我无法怀孕，所以我们决定去领养。我们很高兴做出了这个决定，因为我们非常爱你。"
- "我们一直都想领养，当我们遇到了你的生母梅梅，知道她不能照顾你的时候，我们就决定领养你。我们非常高兴你成为我们家庭的一员。"

"我的亲生爸爸妈妈长什么样呢？"

如果你有孩子亲生父母的照片，在孩子感兴趣的时候确保他们可以随时翻看这些照片。如果你无法获得这些照片，可以和孩子一起想象他们是什么模样。

- "我也很想知道你亲生父母的模样，我也经常在想这个问题！我猜想他们也有美丽的棕色眼睛，和你一样！他们也像你一样高！你认为他们是什么样子呢？"

领养是次优选择吗？

关于领养，可能会有一种负面含义——因为有时它是个人或夫妻构建家庭的"第二种途径"，所以有人认为它是"次优的"或者"不够好"。然而，事实并非如此！在阅读关于领养的文章时，我经常会梳理评论，了解被收养者的观点。发布在有关领养教育的一个非营利组织——"创建家庭（Creating a Family）"上的一篇文章，里面一位评论者的观点深深打动了我，他完美地捕捉到了来自被领养者的这种情绪，并阐述了这种感受："我父母一直非常坦诚地对我说，在领养我之前，他们尝试了多年以'常规方式'生孩子，但我从没有觉得自己是他们的第二选择或者次优选择。我就是他们梦寐以求的孩子，他们翘首以待的孩子，是他们费尽心力才得到的孩子。领养对于他们来说不是凑合或将就，让我成为他们的孩子是一种胜利，而不是折中妥协。"你可以对孩子说："我们想让你知道，不论你是如何来到我们生活中的，你都是我们的第一选择，是我们一直想要的孩子，我们会永远爱你。"

后 记

这本书虽然涵盖了我们与孩子进行的一些最具挑战性的对话，但并非详尽无遗。任何父母都知道，假如我们正和孩子谈论性、金钱或死亡的话题，孩子可能会令你猝不及防地问："那些在飓风里无家可归的人可怎么办呀？"以及"为什么奶奶喝了酒之后那么搞笑呀？"，讨论了这么多艰难的话题之后，希望大家能记住，我们谈话的全部内容往往会随着时间的改变而有所不同，随着新的信息、新的经验和成长而发生变化。这意味着，为了向孩子们传达真实和准确的信息，我们需要持续学习、不断重新评估和倾听他们的声音。为了实现信息通达、充分理解的健康沟通，请确保你完成了 LAPS 四步骤。

倾听和学习（L：Listen and Learn）。我们不了解的东西很多。读书、聆听那些研究我们这个时代各种问题的人的声音，并与孩子谈论他们所知道的事情。当我们从不同的视角来看待一系列主题，比如欺凌、歧视、种族、失败、金钱和焦虑等，这些主题就会呈现出新的意义。那些人的生活为我们讲述了怎样的故事？他们表达了哪些关切？他们如何解读周遭环境里的所见所闻？即使他们的观点与你不同，请你仍然关注并倾听他们的声音。

善于提问（A：Ask questions）。了解你的孩子在想什么。对于他们在学校感受到的压力或如何看待当今的性别偏见，如果你不主动提问，你就无法得知他们的想法。回想一下，当你还是孩子的时候，你的世界与父母的世界之间的差异，你就会意识到孩子的想法和认知与你对当今世界的理解和看法大相径庭。试试这样说："我正在读一本书，讲的是孩子们现在面临的一系列艰难问题，我想知道，你对要取得好成绩有压力吗？你有什么感觉？"或者"我小的时候，男孩子们总是被教导不能轻易表露自己的情绪，你怎么看这个问题？你觉得现在还是一样吗？你觉得这是为什么？"

过滤与沉淀（P：Percolate）。接收孩子所说的每一句话，让它们在心中慢慢沉淀下来。这可能是最难的一步，因为很多时候，我们自己对某个主题的思考方式已经固化。当存在冲突时，问问自己：我从哪里得到"我所相信的东西就是真理"这一观念？是谁告诉我这些信息的？我的看法是事实还是观点？我们的人生经历和教育背景塑造了我们看待生活的视角——有时它有助于我们去伪存真，有时也会阻止我们客观地看待真相。关键还是要区分什么是事实，什么是观点。

保持开放学习的心态（S：Stay open）。随着我们从科学研究、他人真实的经历以及孩子的视角获得更多的信息，我们自己的观点会发生转变。随着我们获得更多的洞察力和不断成长，我们可以以更加细致入微的方式与孩子们交谈，并根据我们增长的见识和经验，不断调整和改变我们的交流方式，成为孩子们在现实生活中面临艰难问题时更好的求助对象和资源。

孩子们把这些对话真的都听进去了吗？

事实上，我们所有人有时都会质疑，是不是在我们开始说话的那一刻，孩子就已经开始走神了。我也有这种感觉，但是后来发生了一些有

趣的事。我听见女儿对她朋友说："在新学校里结交朋友需要时间——你必须主动出击才行。"我还听到儿子指出，他的同学在学校刻薄对待一个身体有残障的孩子，这一切是多么不公平。"这只是他大脑的特殊运作方式，他没办法控制自己的行为呀。"每每听到这些，我总是在心中默念："原来那些和孩子的谈话正在产生作用。"

相信我，我依然会犯错误、说错话、等太久、说太多，并且质疑自己是否做得对。我可能没有做好，但这没关系。人们总说，追寻月之所向，纵使交错而过，也将置身于繁星之间。记住，重要的并不总是你说了什么，而是你如何去做。你可能没有掌握所有恰当的表达方式和语言，但在你修行成为一个出色沟通者的漫长旅途中，你将培养出一个优秀的沟通者。

这不是告别，我期望听到你为人父母的故事，你的成功感悟和困扰你的问题。我们并不孤独！欢迎在我的社交媒体页面上访问留言，加入讨论。期待与你相遇！

——罗宾博士

扫码查看本书配套书单推荐
让这些书成为你和孩子交谈的"强有力助攻"

致　谢

2017 年，我萌生了一个想法，那就是启动一档名为《如何与孩子无话不谈》的播客节目。对于那些艰难又棘手的育儿话题，我想采访众多这方面的杰出专家，把他们的策略传递给那些最需要它们的人——父母！在这本书中，我汇聚了很多这样的声音。接下来，请让我用老套又矫情的话语，向你们表达我真挚的感谢：

为本书第一章的专家们点赞！我对蒂娜·佩恩·布赖森、阿莉萨·布莱斯克·坎贝尔、乔安娜·法伯、克里斯汀·加兰特、贾娜·哈洛伦、德赫拉·哈里斯、西莉斯特·黑德利、唐·许布纳、凯蒂·赫尔利、内德·约翰逊、琳恩·肯尼、茱莉·金、蒂娜·马戈林、劳拉·马卡姆、埃米·莫琳、丹·雷登伯格、丹尼尔·西格尔、乔纳森·辛格、比尔·斯蒂克斯鲁德（Bill Stixrud）、安德烈亚·昂巴克、罗萨琳德·怀斯曼、卡伦·扬和温迪·扬的感激之情难以言表。

为第二章鼓掌！我想对尊敬的各位同事致以最深的敬意：休·阿特金斯、朱莉·博加特、米歇尔·博尔巴、常识媒体团队、德斯蒂妮·安·戴维斯、德沃拉·海特纳、莱克茜·凯特、琳赛·凯特、夏洛特·马基、丹尼尔·米勒、梅琳达·温纳·莫耶和雷切尔·西蒙斯。他们为探讨自尊心和身体形象话题贡献了自己最专业的知识。

第三章，感谢你们的出色表现！让我们也将他们视为一生的朋友吧：丽莎·达穆尔、莉迪娅·登沃斯、米歇尔·伊卡德、艾琳·肯尼迪·穆尔、卡洛琳·马圭尔、凯尔·梅纳德、米奇·普林斯坦和瓦妮萨·范·爱德华兹。

让我感激无比的第四章，感谢你们向我们倾力证明，在通往成功的道路上，我们可以有失败，可以犯错。（当然！在写作的过程中，我也遭遇了诸多困难，通过不断学习，我得以成长和进步。）感谢你们：菲莉丝·法格尔、安德鲁·希尔、薇姬·霍菲尔、阿尔菲·科恩、杰茜卡·莱希、朱莉·利思科特－海姆斯、希瑟·特金和朱莉·赖特。

坚守规则、不忘初心的第五章！你们在金钱管理方面的独到见解，无不价值连城：切尔茜·布伦南、蕾切尔·克鲁兹、马克·加德纳、尼尔·戈弗雷、保罗·戈尔登、贝丝·科布林纳和查德·威拉德森。

轮到谈谈第六章了。我对你们的感激，真的是难以言表！本章承载了你们温柔的智慧，还有那些关于死亡和临终关怀的深远研究和著作，你们的言辞温柔有力、恰到好处，正是我们需要的：杰丁·格卢克（Jadyn Glueck）、玛丽莲·普赖斯－米切尔、乔·普里莫和温迪·范·德·波尔。

第七章，万岁！与孩子们探讨性可能是一个敏感话题。感谢迪娜·亚历山大、盖尔·丹斯、洛根·莱夫科夫、佩姬·奥伦斯坦、邦妮·J.拉夫、戴·谢里登、理查德·韦斯布尔德和桑迪·沃特尔的帮助，是你们让谈论这个话题变得自然和轻松。

致敬精彩纷呈的第八章。诸位的观点使我们得以提升自我，成为更好的自己。我从克里斯蒂亚·斯皮尔斯·布朗、西玛·布莱恩特、亚历克斯·科比特、萨拉·坎宁安、莉萨·塞琳·戴维斯、莫娜·德拉胡克、简·艾略特、纳瓦尔·阿尔－哈桑·戈利、卡罗琳·海斯、布拉姆·X.肯迪、莉兹·克莱因罗克、伊沙德·曼吉、杰弗里·马什、罗伯特·梅利洛、纳特·帕波特（Nate Popat）、德文·普赖斯、德博拉·雷伯和克丽斯汀·拉索身上，学到了很多关于多样性的知识，以及我们必须和孩子进行的对话。

第九章有太多令人叹为观止的谈话技巧！感谢你们让我们了解到家庭的多元定义：凯茜·卡萨尼·亚当斯、纳芙蒂蒂·奥斯汀、休·康布鲁斯、罗恩·迪尔、阿比·戈德伯格、卡丽·戈德曼、梅根·莱希以及克里斯蒂娜·麦吉。

显然，要完成一本书，不仅仅需要提供专业内容的专家，所以请允许我也向以下这些人表示衷心的感谢：

感谢我的经纪人，Stonesong 出版集团的朱迪·林登（Judy Linden）。自我们 2008 年相识以来，你一直坚定地支持我，为我加油打气。你对本书自始至终都充满了热情，深深感动着我。感谢你将我介绍给名单上的下一位我想要表达感激的人。

安娜·米歇尔斯（Anna Michels），在整个写作过程中，你对本书友善和持续的鼓励，使我坚定信念、砥砺前行。我高兴地听到，你不仅以编辑的身份，而且从为人父母的角度，赞赏每一章的建议和对话。当你提供反馈，告诉我你已开始使用书中的一些话术与自己的孩子对话时，总是让我欢欣鼓舞。感谢你的无尽耐心，让我有足够的时间完成这本书，使其达到我们所期望的高度。能和 Sourcebooks 出版集团的工作人员共事，我感到无比荣幸。我想让你们每个人都知道，我对你们的深深感激。

感谢我优秀的写作老师迪娜·桑托雷利（Dina Santorelli），一想到我能有幸认识你，我就感动得想哭（实际上我确实哭过）。你是良师，更是益友。在过去的 12 年里，每当我的写作陷入瓶颈，你总是对我充满信心，鼓励我继续前进。你总是提出恰到好处的问题，使我得以尽可能完善每一章。然而，也许最重要的礼物（尤其对于我这种容易喋喋不休的女性

来说），是知道何时使用解剖刀，对文章有针对性地进行细节处理；你也知道何时拿出战斧，大刀阔斧地修改。

感谢我的家人和朋友们，我不知道自己为何如此幸运，能拥有你们无尽的包容和支持。你们可能永远不会知道，你们对我有多么重要。

感谢那些鼓励我、逗我笑、倾听我的朋友，谢谢你们。希瑟·波帕特（Heather Popat），在写作这本书的整个过程中，你始终如一的友谊对我来说意味着整个世界。兰迪·菲什曼（Randi Fishman），这已经是我们认识的第47个年头了，在我最需要的时候，你温暖的鼓励总能让我重整旗鼓、轻装前行。感谢我的朋友们，你们一直在倾听和分享：莉萨·玛克丝（Lisa Marx）、卡丽·戈德曼，还有我的整个贝德福德（Bedford）团队、《语言的力量》大家庭、健身班人员、POOG老友们、来自北卡和新泽西的姐妹们，以及东海岸到西海岸的知己们，感谢你们的故事和不断的关注。同时感谢"语言的力量：品格培养（Powerful Words Character Development）"社区的人们，你们自始至终、坚定不移支持本书。你们的热情、你们对谈论关于孩子们真正重要的事情的坚定承诺，让我深深感激。

对于我的家人，你们一直以来都是最棒的，我深知有你们在我身边，我是多么幸运。你们一直给予我坚定的支持，无论顺境逆境，周而复始，我始终知道你们相信我。我深爱着你们。

对于我的丈夫和孩子们，这是一个特别的时刻。感谢在那些压力山大的日子里，你们总是陪伴在侧。感谢每次按时完成阶段性书稿的时候，有你们陪我一起欢笑；感谢最终从编辑那里听到"最棒的消息！"时，你们和我一起欢呼庆祝。请相信，这本书是我们所有人共同付出了爱和努力的结果。对于那些"我点了一份比萨，这样你就不用做饭了"的夜晚和"你最近一章的进度怎么样？"的关切询问，我深表感激，我真的很爱你们！塔莉和诺亚，能够和你们探讨这些艰难的话题，将成为我一生中最值得回味、最闪亮的高光时刻之一。我希望你们听到我响亮、清晰、坚定的回答：无论发生什么，我都会在这里倾听你们的诉说、耐心和你们交流。我会无条件地爱你们。

我要特别感谢我的丈夫杰森。一个作家总是需要不断深入探索各个方面，尽可能地阅读他能找到的书籍资料，详尽地查阅研究，采访所有他能找到的专家，以及书写无数的文字。面对这种全情投入和深入研究的过程，需要一个特殊的人来给予支持。你就是那个出色的人，你是那样了不起！你可能并不知道，在我写作本书的过程中，有时候我会在半夜醒来，脑海中回荡着思绪，提醒着我重新书写句子。那时，我会停下来，在深邃的黑夜中看着你，心中默默感谢你千万次，感谢你一直在我身边。

对于你，亲爱的读者，我对你心怀感激。这本书花了很长时间才完成，多年来，我一直在想象你是如何阅读这本书中的每一行文字。这本书为你而写。为了那些艰难的时刻、困扰的问题和令人担忧的日子，同时，也是为了那些对话，是它们让我们更紧密地联系在一起，让生命变得更有意义。

扫码查看本书资料来源

译后记：对话即教育

2023 年寒假的时候，我和从美国回国探亲的心理学教授蒋玫博士聚会，谈到我正在翻译本书，她非常欣喜地告诉我，此书在美国广受欢迎。她个人在阅读本书的时候，觉得这是讲述家庭教育和亲子沟通的经典之作。

如今，教育是父母最关注的问题。与学校教育、社会教育共同构成现代教育体系的三大支柱之一的家庭教育，有着学校教育和社会教育难以取代的特殊功能。当今的家庭教育，虽然在父母的焦虑中常常脱离正确的轨道，许多家长仍然带着明显的功利主义倾向，对孩子教育的理解和实践还未脱离"学业中心主义"；但大部分家长已经转变了自己的理念，逐渐意识到实现孩子的个性发展、品格塑造、心理健全与人格完善才是家庭教育的终极目标。

理念比方法重要，但并不意味着方法没有价值。相反，只有好的方法才能让好的理念真正落地。作为儿童心理学家，同时也是一位母亲，在本书中，作者以真诚而谦虚的态度，严谨而细腻的笔触，毫不吝惜地向读者分享了她数十年的研究经验以及与上百位专家的访谈见解，同时还有自己为人父母实践经验的总结和智慧。本书为我们呈现了一系列可操作的交流策略和对话指南，让我们在面对孩子或酝酿已久或心血来潮的问题时，不至于措手不及、惊慌失措。它为我们提供了与孩子交流时应具有的洞察、话术和技巧，让孩子在交流过程中始终感觉到被爱、理解与安全；它为我们展现了蕴藏着正确理念的有效家庭教育方法，让我们在面对孩子不断抛出的、具有挑战性的新话题时，保持开放学习的心态，根据自身增长的见识和经验，不断调整和改变我们的交流方式，成为孩子们困难时刻最信赖的依靠和最重要的资源。

正如作者所言，在真正为人父母之前，我们总以为自己能够无所不知地面对孩子提出的问题，以为自己在面临这些问题背后蕴含的复杂情感时，能够保持思维清晰、沉着冷静。然而，当我们真正面对这些重要话题时，却发现自己难以开口、语无伦次，不知道该谈论什么，以及如何谈论。实际上，我们都只是普通人，并非万事通，也不是百科全书，我们有不同的成长经历和教育背景，对各种话题的了解和接受度也各不相同。因此，在与孩子交流的这些关键时刻，要想立刻给出充满智慧和深刻见解的答案绝非易事。

陶行知提出"生活即教育"，主张让教育活动回归生活，在生活中进行教育。而在生活中对孩子进行教育则需要通过大量的对话、讨论和谈论来实现。我们通过对话与孩子建立深入联结，得以实现家庭教育的有效性，发挥其核心作用。罗宾博士的这本书强调了与孩子交流和对话的重要性，以及如何通过学习掌握这种对话的艺术。这其中包含了现实生活中的具体实例，说明在哪种主题上应该对孩子们说哪种话，涵盖了最常见的九大话题。无论是从友谊到金钱这种日常话题，还是谈论强烈情绪、性、爱情、离婚、死亡和多样性等艰难话题，本书都囊括其中。她为我们提供了一本关于家庭教育和生活教育的操作手册和指南，而广大父母也能通过阅读此书，获得相关科学知识、专业指导和实用技巧。

在每一章的写作中，作者以列举生活中常见的某个与孩子对话的情

景开头，让我们感觉似曾相识，或也曾身临其中，由此产生兴趣和共鸣，而作者也借此自然而然展开相关话题的铺陈和探究。此后，作者会通过大量的文献资料和实证研究数据，依次向读者呈现该话题背后蕴含的相关概念、科学原理、底层逻辑、研究结果和通过与上百位专家对话获得的专业建议。而书中具体的实用工具、测量量表、有效对话的方法和技巧，则通过每章的"应急对话指南（创设具体情景给出具体对话参考）""我家的做法（作者自己的育儿实例）""小诀窍（一些可立即尝试使用的具体操作步骤）""谈话要点（每一章最后的知识要点总结表格）"等部分，一一为读者娓娓道来。

罗宾博士的基本观点是：对话是孩子成长的关键，对话的内容和方式，对于建立深入的联结和培养健康稳定情绪的孩子来说至关重要。面对孩子的强烈情感、复杂情绪，以及他们提出的那些棘手晦涩的话题，首先，我们需要做到充分倾听、同理共情，真正理解孩子的感受，接纳包容孩子的一切情绪，让孩子感受到被看见、被听见、被理解和尊重，由此建立与孩子的联结，让孩子愿意交付自己的信任、托付自己的情感，主动与父母沟通和交流。其次，当面对书中所提到的一系列艰难话题，从谈论人的性格特质、身体形象再到对话生活中的错误和失败，我们需要和孩子一道，重新建构看待事件的视角和调整我们的观念。有时候只需要改变一个审视的角度，甚至只需要换一个形容词或一句措辞，就能改变整个事情的发展方向和孩子的情绪，促进孩子的成长。最后，通过保持宽容、好奇和开放的心态，启发、激励和鼓励孩子，致力于解决问题，培养孩子的自主性，协助他们自己找到解决问题的方法，由此塑造出拥有自尊和自信的性格。归根结底，对话的目的是培养孩子健康的思维和心态，让他们在未来的道路上能够独立掌控自己的命运。

家庭教育并不仅仅是对孩子的教育，更是父母的自我教育。父母的成长是孩子成长的前提。孩子的成长离不开父母的成长。当你读罢此书，用心梳理孩子的教育问题，反思自己的家庭教育，也许你就能回顾和化解自己成长过程中的种种问题，或醍醐灌顶，或恍然大悟，最终实现父母精神生命的第二次发育，再次成长。这也许是本书带给你的另外一个意外之喜。

总的来说，本书提供了一份全面而实用的家庭教育指南。它帮助我们认识到每个孩子都是独特而有价值的个体，需要我们以尊重、宽容和鼓励的态度来引导他们成长。希望阅读本书的父母和专业人士能够学习到家庭教育的真谛：对话即教育。当你着手设计和开展一系列与孩子之间的温暖、睿智、清晰和有趣的对话和交流之时，你就踏上了与孩子一同成长、自我追寻的旅程。

祝愿我们的旅程一路都硕果累累！

肖坤雪

2024.4.28

青豆读享 阅读服务

帮你读好一本书

《与孩子无话不谈》阅读服务：

解读音频　25分钟快速了解本书主要内容和核心观点。

思维导图　梳理各章内容及知识重点，9张图带你速览全书精华。

实用工具　提供"感觉轮盘图"电子版，方便你下载打印，随时和孩子谈论情绪。

知识卡片　归纳整理书中6个谈话技巧，方便你结合不同场景速查适用的谈话工具。

配套书单　整理作者引用书目及相关主题童书，方便你和孩子交谈时查阅。

书友热议　快来看看，本书的书友们在讨论些什么吧！

……

（以上内容持续优化更新，具体呈现以实际上线为准。）

每一本书，都是一个小宇宙。

扫码使用配套阅读服务